러시아 한국학의 출발점:
'한국 기록문화유산의 해제'

러시아 한국학의 출발점:
'한국 기록문화유산의 해제'

초판1쇄 인쇄 2020년 11월 20일
초판1쇄 발행 2020년 11월 30일

지 은 이 페트로바 올가 페트로브나
옮 긴 이 코뱌코바 울리아나
펴 낸 이 신일희
펴 낸 곳 계명대학교 출판부
출판등록 제347-1998-1호(1970. 9. 1)
주 소 대구광역시 달서구 달구벌대로 1095
대표전화 053-580-6233
팩 스 053-580-6235
홈페이지 www.kmupress.com

ISBN 979-11-6516-052-4 93700 정가 22,000원

이 도서의 국립중앙도서관 출판예정도서목록(CIP)은 서지정보유통지원시스템 홈페이지(http://seoji.nl.go.kr)와 국가자료공동목록시스템(http://www.nl.go.kr/kolisnet)에서 이용하실 수 있습니다. (CIP제어번호: CIP2020045134)

러시아 한국학의 출발점:
'한국 기록문화유산의 해제'

페트로바 올가 페트로브나 지음
코뱌코바 울리아나 역주

계명대학교 출판부

CONTENTS

한국 기록문화유산의 해제 (상)

한국 기록문화유산의 해제 (하)

일러두기

1. 이 책은 페트로바 올가 페트로브나(Петрова Ольга Петровна)가 1956년, 1963년에 간행한 『한국 기록문화유산의 해제(Описание письменных памятников корейской культуры)』라는 책의 상·하권을 역주하여 한 권으로 편집한 것이다.

2. 외래어 표기는 국립국어원의 외래어 표기법 규정을 따랐다.

3. 원문의 해제에서는 서적의 제목을 한자, 또는 한자와 한글로, 그리고 러시아어 문자로 표기하였다. 본문에서는 서적의 제목을 원문에 표기되어 있는 그대로 표기하였다.

4. 원문 중에서 일부 명확한 오류와 오기가 있는 경우에는 별도의 언급 없이 수정하였다.

5. 추가 설명이 필요한 경우에는 각주를 붙여 설명하였다. 각주 중 역주자의 주석은 '역자 주'라고 별도로 표기하여 원문의 주석과 구분하였다.

6. 각 권의 끝에 수록된 서적의 도판은 원문에 실린 도판이다.

7. 본문에 실린 사진은 동양필사본연구소(구 동방학연구소)가 제공하여 출판 허가를 한 사진이다.(Фотографии, размещенные в предисловии, предоставлены Институтом восточных рукописей РАН и публикуются с разрешения ИВР РАН.)

8. 표지와 도비라에 실린 사진은 동양필사본연구소(구 동방학연구소)가 제공하여 출판 허가를 한 사진이다. 사진작가는 자하로바, 셰벨친스카야이다.(Фотографии, размещенные на обложке и шмуцтитулах, предоставлены Институтом восточных рукописей РАН и используются с разрешения ИВР РАН. Фотографы: Н. В. Захарова, С. Л. Шевельчинская)

역주자 서문

역주자는 러시아 야쿠츠크 국립대학교에 다니던 학부 시절, 러시아어로 번역된 〈춘향전〉, 〈홍길동전〉 등을 읽곤 하였다. 1950~60년대 러시아 한국학자 선생님들이 한국어로 된 작품을 번역했다는 사실에 놀랐던 기억이 아직도 생생하다. 하지만 그때에는 선생님들이 한국어를 어떻게 익혀 한국 문학 작품을 연구하게 되었는지를 알지 못하였다. 역자는 한국학중앙연구원 대학원 박사과정에 진학해서부터 러시아 한국학의 역사를 본격적으로 공부하게 되었다. 올가 페트로브나 페트로바(О. П. Петрова, 1900~1993)가 편찬한 한국 고서 해제도 이 시기에 알게 되었다.

2008년 겨울 방학에는 상트페테르부르크 동방학연구소를 방문하였다. 동방학연구소가 있는 노보미하일롭스키 궁전(Ново-Михайловский дворец)에 들어가 한국 고서를 펼쳐 보았을 때는 마음이 설렜다. 열람하고 있는 고전 소설을 100여 년 전에는 영국 외교관 애스턴이 읽었고, 그 이전에는 어떤 필사자가 제작했다는 생각이 들자 심장이 뛰었다. 이 책들은 동방학연구소에 어떻게 들어가게 되었을까? 역자가 자료를 검색할 때 사용한 카탈로그는 언제, 누가 만든 것일까? 자료들이 이곳에 와서 정리된 여정이 궁금해졌다. 페트로바가 근무하던 건물에서 자료를 관람하는 동안 그 시절의 해제 작업이 마음에 와닿았다. 그때부터 역자는 이 해제가 한국어로 소개되길 바라게 되어 번역하기로 결정하였고, 해제의 초벌 번역을 대학원 시절에 마무리하였다.

페트로바는 러시아 제국 시기부터 동방학연구소로 유입된 한국 고서를 정리하여 해제를 각각 1956년, 1963년에 걸쳐 두 권의 책으로 출판하였다.

그 당시는 러시아의 한국학이 태동하는 때였다. 그렇기에 페트로바가 한국학 전문가, 러시아어 전문 서적, 관련 자료 등이 부족한 환경에서 이 해제를 저술하였다. 페트로바는 여러 외국 문헌을 참고하여 각 서적의 저자 또는 편찬자, 창작 과정, 주요 내용, 형태적 특징과 가치 등을 서술하였다. 고서의 편찬, 시대적 배경, 역사적 사건 등의 서술에는 한국의 역사, 문화, 사회도 함께 소개하였다. 또한 자료의 학술적 가치를 설명하고 평가하였다. 페트로바의 해제는 동방학연구소 소장 한국 고서에 대한 정보를 제공하여 한국학 연구의 기틀을 마련하였다는 의의가 있다. 이 책은 한국의 출판문화, 한국의 고서, 그리고 여러 자료에 대해 학술적으로 저술된 러시아 최초의 책이다. 상·하권이 출간된 지 50여 년이 지난 오늘날, 이 책은 당시 러시아에서 한국 고서를 어떻게 인식하고 이해했는지, 그리고 어떠한 점들을 중시했는지 보여주는 사료적 가치도 가지게 되었다.

역자는 초벌 번역을 다듬고 완성하지 못한 점을 오랫동안 과제로 여기고 있었다. 그렇기에 몇 년 전부터 번역 원고를 수정하고 보완하는 작업을 시작하였다. 해제의 본문을 온전히 이해하고 수록된 서적을 검토하는 데에는 오랜 시간이 소요되었다. 이 작업은 혼자의 힘으로는 할 수 없었다. 많은 분의 가르침과 도움을 바탕으로 이 책의 번역을 마무리할 수 있었다. 학부를 갓 졸업하여 유학 온 시기부터 끊임없는 관심과 배려로 지도를 해주시고 학문의 길로 인도해주신 임치균 선생님께 먼저 깊은 감사의 마음을 전한다. 한국학의 여러 분야에 대해 아낌없는 가르침을 주신 김건곤 선생님, 김병선 선생님, 신익철 선생님, 황문환 선생님, 조융희 선생님, 서지학의 여러 개념에 대해 가르쳐주시고, 본문의 번역을 함께 고민해주신 옥영정 선생님께도 진심으로 감사드린다. 유학 생활의 어려움을 덜어주고 함께 공부하며 이끌어준 대학원 선후배와 동학들에게 고마움을 표한다. 박사 후 과정 때 따뜻한 지도를 해주시고, 해외 한국학을 이해하는 데 많은 가르침을 주신 브리티시 컬럼비아 대학교(UBC) 로스 킹(Ross King) 선생님께도 깊은 감사를 전하고 싶다. 번역 원고를 읽고 여러 조언과 교정을 해주신 계명대학교 조미경 선생님, 박선우 선생님, 김백철 선생님, 김동욱 선생님, 일본어 기록 해독에 많은 도움을 주신 경북대학교 아라키 준(荒木 潤) 선생님께 감사의 말씀을 전한다. 번역과 출판을 허락하고, 사진 자료를 제공해준 러시아 동양필사본연구소(구 동방학연구소 Институт восточных рукописей РАН) 이리나 표도로브나 포포바(И. Ф. Попова) 소장님께, 사진 자료 등을 찾아서 전해주신 알라 알렉세예브나 시조바(А. А. Сизова) 연구원께 감사 인사를 보낸다. 원고를 편집하여 책을 예쁘게 완성해 주신 계명대학교 출판부 최상근 선생님과 직원 일동에게도 감사드린다. 긴 작업의 기간 동안 조언과 격려를 해준 많은 분들께도 고마움의 인사를 전하고 싶다. 끝으로 끊임없이 응원해준 친정과 시댁 가족들, 특히 어머니와 신랑에게도 깊은 감사와 사랑을 보낸다.

이 책이 한국학 연구에 도움이 되기를 진심으로 희망한다. 올해는 페트로바 선생님이 탄생한 지 120주년인 뜻깊은 해이기도 하다. 이 번역의 결과물을 러시아 한국학의 선구자 페트로바 선생님께 바치고 싶다.

2020년 가을 영암관에서 코뱌코바 울리아나 씀

페트로바의 『한국 기록문화유산의 해제』[01]

1. 러시아 동방학연구소와 한국 고서

러시아와 한국(당시 조선)은 1860년에 서로 국경을 접하게 되었다. 러시아는 청나라와 베이징조약을 체결하여 연해주 지역을 영토로 할양받았다. 1863년부터는 한인들이 연해주 지역으로 이주해 정착하여 러시아 내부에서 한인 공동체가 형성되었다.[02] 1884년 러시아와 한국은 조로수호통상조약을 맺어 외교 관계를 수립하였다. 그 이후 러시아 외교관이 한국에 체류하면서 한국에 대한 지식과 이해를 넓혔으며 한국 관련 자료를 수집

---

01 이 글은 역주자가 기존에 발표한 다음의 논문을 바탕으로 작성하였다. 코뱌코바 울리야나, 「러시아의 일본 · 한국학자 올가 페트로바(Ольга Петровна Петрова, 1900~1993)와 『한국 기록문화유산 해제』의 성격 및 의의」, 『한국문화』 78호, 2017.

02 박 보리스 드미트리예비치 저, 민경현 역, 『러시아와 한국』, 동북아역사재단, 2010, 161~162쪽.

하였다. 또한 러시아 탐험대, 학자, 상인 등이 한국을 방문하여 러시아에 한국을 알리는 여러 기록을 남겼다. 1900년에는 러시아 재무부의 지원으로 그때까지 저술된 서양어, 러시아어 자료를 바탕으로 한국의 지리, 역사, 문학 등에 대해 자세한 정보를 담은 『한국지(Описание Кореи)』가 출판되었다. 1897년에는 상트페테르부르크대학교, 1900년 블라디보스토크에 있는 동양대학교(Восточный Институт)에서 한국어 강좌가 개설되기도 하였다. 이처럼 러시아 제국은 한국을 연구하는 데 있어서 적지 않은 성과를 이루었다.[03]

한국 고서는 19세기 말 20세기 초 사이에 러시아에 유입되었고 현재 여러 기관에 보관되어 있다. 한국 고서를 소장하고 있는 대표적인 기관으로는 러시아 국립도서관, 상트페테르부르크에 있는 동방학연구소, 상트페테르부르크 국립대학교 도서관을 들 수 있다. 그 가운데 동방학연구소는 한국 고서를 가장 많이 소장한 기관으로 알려져 있다. 또한 한국 고서에 대한 정리가 가장 먼저 이루어진 기관이기도 하다. 1950년대에는 몽골학·한국학 부서 소속 연구자였던 올가 페트로바(О. П. Петрова, 1900~1993)가 동방학연구소에 소장된 한국 고서에 대한 정리와 연구를 주도하였다. 페트로바는 이 작업의 결과를 『한국 기록문화유산』이라는 제목의 상·하권 책으로 1956년과 1963년에 각각 간행하였다.[04]

러시아는 여러 아시아 국가들과 교류를 하여 왔다. 외교관이나 국제무역상이 동방 국가를 방문할 때 생활 물품과 서적을 다량으로 수집하여

---

03 Концевич Л. Р. О развитии традиционного корееведения в царской России. Энциклопедия корейцев России. 140 лет в России. Ред. Цой Броня. М.: РАЕН, 2003. С. 77–102.

04 Петрова О. П. Описание письменных памятников корейской культуры. Выпуск 1. М.–Л.: Издательство Академии Наук СССР, 1956. Петрова О. П., Описание письменных памятников корейской культуры. Выпуск 2. М.: Издательство Восточной литературы, 1963.

가져왔다. 러시아로 오는 외국 사절단도 선물로 바친 진상품이 점차 늘어나게 되었다. 17세기 말 18세기 초에는 동방학 서적과 물품을 체계적으로 정리하고 연구와 교육의 목적으로 사용할 필요가 생겼다.[05]

1714년에 표트르 1세(Пётр I Алексеевич, 1672~1725)는 '쿤스트카메라(Кунсткамера)'를 설립하여 여러 국가에서 유입된 귀중품을 그곳에 보관하도록 지시하였다. 그 가운데에는 동방 국가에서 들여온 물품과 서적, 동전 등이 있었다. 1724년에 러시아 과학아카데미가 설립되었고, 쿤스트카메라의 도서관은 과학아카데미의 도서관과 병합되면서 동방 서적들은 아카데미 도서관의 일부가 되었다.

러시아 과학아카데미는 프랑스 외교관 루소(J. L. Rousseau, 1780~1831)에게서 1819년과 1825년 두 번에 걸쳐 이슬람 서적을 구입하였다. 그 일에 앞서 과학아카데미 원장 우바로프(С. С. Уваров, 1786~1855)는 그 당시까지 입수된 동방 서적과 문서가 상당히 많고, 또 새로 구입할 서적을 보관할 것을 대비하여 분과를 따로 마련할 것을 건의하였다. 이에 따라 1818년에는 쿤스트카메라 건물 안에 별도의 보관 장소를 마련하여 서적을 옮겼다. 그곳은 '아시아박물관(Азиатский Музей)'이라는 명칭으로 불렸다. 아시아박물관은 동방의 서적과 문서를 보관하고 연구하는 국가 기관이었다.

러시아 혁명 이후에 아시아 국가에 관한 연구는 외교와 학문에 있어서 중요한 분야였다. 1930년에 소련 과학아카데미의 동방학연구소(Институт востоковедения)가 건립되었고, 그 당시 세계에 큰 규모의 동방학연구

05 동방학연구소의 역사에 관한 부분을 작성할 때 다음의 책과 사이트를 참조하였다. Бертельс Д. Е. Введение // Азиатский музей – Ленинградский отдел ИВ РАН СССР, М. Наука, 1972. с. 5–80. http://www.orientalstudies.ru/rus (동방학연구소 사이트, 검색 일자: 2020.07.01.)

센터 중의 하나가 된 아시아박물관의 연구 인력과 소장 자료가 동방학연구소로 이전되었다. 2차 세계 대전 이후 세계에서는 여러 변화가 일어났다. 소련은 아시아 국가와 외교를 하는 데에 학술적 연구가 매우 중요하였다. 1950년에 과학아카데미는 동방학연구소를 모스크바로 이전하고, 고서 분과와 도서관은 레닌그라드에 두기로 하였다. 1951년에 동방학연구소 본관은 모스크바로 이전하였고, 동방 고서 분과는 레닌그라드에 남았다. 1956년에 동방 고서 분과는 '소련 과학 아카데미 동방학연구소 레닌그라드 지부'라는 명칭을 받았다. 1960~70년대에는 '아시아 민족연구소(Институт народов Азии АН СССР)'로 불리기도 하였다. 동방학연구소 레닌그라드 지부에서는 소장 자료의 목록과 해제를 작성, 연구와 번역 작업이 활발히 이루어졌다.[06] 1991년에 '소련 과학아카데미 동방학연구소 레닌그라드 지부'는 '러시아 과학아카데미 동방학연구소 상트페테르부르크 지부'로 명칭을 바꾸었다.

2007년에는 러시아 과학아카데미의 동방학연구소가 재편되면서 상트페테르부르크 지부를 기반으로 하여 '동양필사본연구소(Институт восточных рукописей РАН)'가 설립되었다. 현재 이 기관은 65개 언어로 작성된 십만여 종의 고서와 고문서, 동방학자들의 아카이브, 동방학 역사 관련 문서 등을 소장하고 있다. 그 외에도 동방학 도서관이 있다.

아시아박물관에는 한국학을 담당하는 부서가 따로 없었다.[07] 1930년

---

06 1970년에는 모스크바 본부와 레닌그라드 지부는 연구 방향을 공식적으로 분리하였다. 모스크바 본부는 아시아 국가의 현대를 다룬 반면에 레닌그라드 지부는 근대 이전 동방의 역사, 언어, 문화, 사상 등을 연구하였다.

07 동방학연구소의 한국학에 관하여 부분을 작성할 때 다음의 책과 사이트를 참조하였다. Елисеев Д. Д., Никитина М. И. Корееведение // Азиатский музей – Ленинградский отдел ИВ РАН СССР. М.: Наука, 1972. С. 202–208. http://www.orientalstudies.ru/rus/index.php?option=content&task=view&id=166 (검색 일자: 2020.07.01.)

에 동방학 연구소가 설립되면서 일본학·한국학 부서가 생겼는데, 콘라드(Н. И. Конрад, 1891~1970) 교수가 부서장을 맡았다. 1930년대 초에 콘라드는 '한국에서 일본 제국주의의 확산', '한국 교육 분야에서 일본의 활동' 관련 연구를 진행하였다. 레닌그라드 한국학의 설립자인 홀로도비치(А. А. Холодович, 1906~1977) 교수도 이 부서에서 근무하였다. 홀로도비치는 한국어 어휘와 문법을 연구하여 1937년에 『한국어 문법(Грамматика корейского языка)』이라는 책을 출판하였다. 그 외에 한국어의 러시아 문자 표기법, 한자 발음의 러시아 문자 표기법 등에 관련 연구를 진행하였다. 1938년에 홀로도비치는 한·러 사전 편찬을 진행하였고, 1940년에는 한국 역사에 관한 저술 집필을 시작하였다.

독소전쟁 이후부터 1950년에 단행된 동방학연구소 내부의 재편 시기까지 한국학 연구는 중단 상태에 머물러 있었다. 그러다가 1950년에 몽골학·한국학 부서가 신설되면서 연구가 재개되었다. 당시 한국어에 관심을 가져 한국어 연구를 하고 있던 올가 페트로바가 이 부서로 옮겨왔다. 1954년에는 레닌그라드 국립대학교 동양어학부에서 한국 어문학을 전공한 옐리세예프(Д. Д. Елисеев, 1926~1994)가 졸업 후, 이 분과에 연구원으로 임명되었다. 옐리세예프는 페트로바가 한국 고서에 대한 해제를 작성할 때 보조 작업을 하였다. 1957년에는 니키티나(М. И. Никитина, 1930~1999)와 트로체비치(А. Ф. Троцевич)가 한국 분과에 재직하였다. 1962년에 니키티나와 트로체비치는 동방학 연구소에 소장된 국문 장편소설 『쌍천기봉』의 일부를 러시아어로 번역하였고, 한국 텍스트 영인본과 함께 출판하였다.[08] 1966년에 세 명의 한국학자는 기존 부서와 분리하여 한

08 Ссянъчхон кыйбонъ (Удивительное соединение двух браслетов). Изд. текста, пер. и предисл. М. И. Никитиной и А. Ф. Троцевич. М.: ИВЛ, 1962.

국학 분과를 구성하였다.[09] 엘리세예프, 니키티나, 트로체비치는 한국 고전문학을 활발하게 연구하였고 한국 고전문학 작품을 러시아어로 번역하여 러시아 독자에게 소개하였다. 또한 고전문학 작품, 고전 문학사와 관련해 많은 논문과 단행본을 출판하여 러시아 한국학에 크게 기여하였다.

동방학연구소에 소장된 한국 고서는 페트로바가 두 권으로 출판한 해제를 통해 자세히 소개되었다. 페트로바는 1956년에 출판한 상권의 서문에서 동방학연구소에 소장된 한국 고서를 유입 경로별로 다음과 같이 분류하였다.[10]

① 러시아 외교부의 아시아국 문고

아시아국은 1819년에 러시아 외교부에서 설립한 기관이다. 1823년에는 알렉산드르 1세(Александр I, 1777~1825)의 칙령으로 아시아 국가의 러시아 공사관에 통·번역관, 외교관으로 근무할 인원을 교육하는 부서가 아시아국에 설립되었다. 또한 아시아국은 교육과정에 필요한 아시아 문헌 및 동전 등을 구입하였고, 그 자료를 도서관에 소장하였다.[11] 아시아국은 한국 고서를 포함한 여러 서적을 1864년에 아시아박물관으로 이관하였다. 페트로바의 해제에서 아시아국 문고의 서적은 7종이 확인된다. (『동국사략(東國史略)』, 『동사회강(東史會鋼)』, 『동국역대총목(東國歷代總目)』, 『흠정만주원류고(欽定滿洲源流考)』, 『서전대전(書傳大全)』, 『이계유집초(耳溪遺集鈔)』, 『동의보감(東醫寶鑑)』).[12]

---

09 Елисеев Д. Д., Никитина М. И. Корееведение // Азиатский музей– Ленинградский отдел ИВ РАН СССР. М.: Наука, 1972. С. 202–208.

10 Петрова О. П. Описание. Вып. 1. 1956. С. 3.

11 Ким Г. Ф. Шаститко П. М. История отечественного востоковедения до середины XIX века.— М.: Наука. Главная редакция восточной литературы, 1990. С. 150–167.

12 이 서적들은 1864년 이전에 러시아로 유입되었다. 페트로바는 1954년에 동방학연구소에

② 애스턴 문고

영국 외교관이었던 애스턴(W. G. Aston, 1841~1911)은 20여 년 동안 일본 주재 영국 영사관에서 근무하였고, 1884년~1885년에는 주한 영국 총영사로도 근무하였다. 애스턴은 일본과 한국에 체류하는 동안 일본어와 한국어를 공부하였고, 두 나라의 역사, 문학과 언어를 연구하여 여러 글을 남겼다. 또한 애스턴은 일본과 한국 고서를 대량으로 수집하였다. 동방학연구소에 소장된 애스턴 서적은 1903년 이후 러시아 '극동위원회(Комитет Дальнего Востока)'가 구입한 것으로 1906년에 동방학연구소로 유입되었다.[13]

③ 드미트렙스키 문고

드미트렙스키(П. А. Дмитревский, 1851~1899)는 러시아의 외교관이다. 드미트렙스키는 1875년에 상트페테르부르크대학교 동양어학부에서 중국어, 몽골어, 만주어를 전공하였다. 1891년~1895년에 한국에 있는 러시아 영사관의 총영사로 근무하였다. 그 이후에는 상하이에서 러시아 영사관 총영사로 임명되었다. 드미트렙스키는 중국과 일본 문헌을 바탕으로 한국에 대해 공부하였다. 1884년에 '쓰시마 번 역관의 기록' (『상서기문(象胥記聞)』)을 러시아어로 번역하고 주석을 달아 출판하였다.[14] 한국에 관

소장된 한국 고서에 관한 논문을 발표하였다. 이 글에서는 1844년에 작성된 아시아국 도서관 목록 가운데 『동의보감』이 수록되어 있다고 언급하였다. Петрова О. П. Собрание корейских письменных памятников ИВ АН СССР // Ученые записки Института Востоковедения. Т. 9. М.–Л.: Изд. АН СССР, 1954. С. 4.

13 트로체비치는 애스턴 문고의 유입 과정에 관해 상세히 소개하였다. Троцевич А. Ф., Гурьева А. А. Описание письменных памятников корейской традиционной культуры 2. Корейские письменные памятники в рукописном отделе Института Восточных рукописей РАН. СПб.: Издательство СПбГУ, 2009. С. 13–17.

14 Записки переводчика, составленные переводчиком при Окружном управлении на острове Цусиме Отано Кигоро в 1794. Перевод и предисловие П. Дмитревского.

한 러시아어로 된 자료가 부족했던 당시에 이 서적은 외교관들에게 도움이 되었다.[15] 또한 중국 문헌『예해주진(藝海珠塵)』에 수록된「조선지(朝鮮志)」를 러시아로 번역하였다. 러시아 왕립지리협회는 이 작업을 높게 평가하여 드미트렙스키에게 금메달을 수여하였다. 드미트렙스키는 또한 중국, 한국, 일본 서적을 수집하였고, 동방학연구소는 1908년에 그의 서적을 구입하였다.[16] 현재 드미트렙스키가 수집한 한국 고서는 동방학연구소와 상트페테르부르크 대학교 도서관에 소장되어 있다.[17]

④ 기타 기관과 개인 소장자로부터 유입된 서적

페트로바는 서적의 유입 경로가 확인되는 경우 각 해제의 밑에 그 경로를 밝혔다. 그중에는 러시아 주재 대한제국의 공사 이범진(李範晉, 1852~1911)이 기증한 『대전회통(大典會通)』, 본시텟트(Бонштедт)가 기증한 『의학입문(醫學入門)』이 있다. 또한 러시아 지리학회 문고인 『삼국통람도설(三國通覽圖說)』, 일본 주재 러시아 영사 고시케비치(И. А. Гошкевич, 1814~1875) 문고인 『예수성교성서마태복음』, 프랑스 출신 러시아

Записки Русского Географического Общества т. 12 № 4. СПб. 1884.

15 Хохлов А. Н. П. А. Дмитревский — российский дипломат и востоковед // Корея. Сб. ст. к 80-летию со дня рождения проф. М. Н. Пака. М., 1998. С. 290–291.

16 트로체비치와 구리예바는 동방학 연구소에 1900년에 작성된 드미트렙스키 문고의 목록이 있다는 것을 밝혔다. 그 목록에는 과학아카데미가 1908년에 3월 5일 자로 목록을 수여하였다는 증명서와 1908년 4월 20일 자에 문고를 구입한 영수증이 첨부되어 있다. (Троцевич А. Ф., Гурьева А. А. Описание. 2009. С. 12.) 페트로바는 드미트렙스키 문고가 1907년에 동방학연구소로 유입되었다고 기록하였다. (Петрова О. П. Описание. Вып 1. 1956. С. 3.) 또한, 드미트렙스키 문고의 서적에 관한 해제를 작성할 때 해당 서적이 동방학연구소로 유입된 연도를 1907년이라고 기록하였다. 그래서 본 해제 본문에서도 이에 따라 드미트렙스키 문고의 서적이 유입된 연도를 1907년으로 표기하였다.

17 Троцевич А. Ф., Гурьева А. А. Описание письменных памятников корейской традиционной культуры 1. Корейские письменные памятники в фонде китайских ксилографов восточного отдела научной библиотеки Санкт-Петербургского государственного университета. СПб.: Издательство СПбГУ, 2007.

동방학자 브로세(М. Ф. Броссе, 1802~1880) 문고인『한·중 한자 사전』, 『고금역대표제주석십구사략통고(古今歷代標題註釋十九史略通攷)』, 『유합(類合)』, 『동의보감(東醫寶鑑)』이 있다. 페트로바가 작성한 해제에는 동방학연구소로 유입된 경로가 불명확한 서적도 몇 종이 있으며, 수집 과정에 관한 기록이 없는 서적 또한 몇 종이 있다.

동방학 연구소 소장 한국 고서는 페트로바가 해제를 완성한 이후에도 계속해서 연구되며 다루어지고 있다. 2009년에 트로체비치와 구리예바(А. А. Гурьева)는 동방학연구소에 소장된 한국 고서의 해제를 새롭게 작성하여 출판하였다. 이 책에는 페트로바의 해제에 수록되었던 한국 고서들뿐만이 아니라 해제 출판 이후 발견된 고서들이 함께 수록되었다. 그중에는 조선의 외교 고문이었던 묄렌도르프(P. G. von Möllendorff, 1848~1901)가 수집한 한국 고서 17종과 동방학연구소가 소장하고 있는 중국 고서들 가운데서 발견된 한국 고서들도 있다.[18] 1987년에 하야시 노조무(Hayashi Nozomu) 교수와 케임브리지대학교 코르니츠키(Peter F. Kornicki) 교수는 동방학 연구소를 방문하여 애스턴 문고의 고서를 열람하고 목록을 서술하였다. 그들은 1990년에 케임브리지대학교 도서관 소장 영국 외교관 문고의 목록을 작성하여, 동방학 연구소에 소장된 애스턴 문고 서적을 부록으로 제시하였다.[19] 2015년에는 국외소재문화재단에서 동방학연구소에 소장된 한국 고서의 목록을 출간하였다.[20]

---

18 Троцевич А. Ф., Гурьева А. А. Описание. 2009.

19 Hayashi, Nozomu, Peter F. Kornicki ed. Early Japanese books in Cambridge University Library. A catalogue of the Aston, Satow and von Siebold collections. Cambridge University Press, 1991.

20 국외소재문화재재단, 『러시아와 영국에 있는 한국 전적 1 자료편: 목록과 해제』, 보고사, 2015, 69~169쪽.

2. 집필자 페트로바의 생애와 연구 활동

올가 페트로브나 페트로바는 1900년에 이르쿠츠크(Иркутск)에서 태어났다. 어릴 때부터 일본인들과 소통할 기회가 있어 일본어를 익힐 수 있었다.[21]

올가 페트로브나 페트로바 (О. П. Петрова)
사진 제공: 러시아 동방학연구소

1918년에 이르쿠츠크대학교(Иркутский государственный университет) 몽골·부랴트학과에 입학하였고, 이듬해에는 극동학과로 전과하였다. 대학교 시절에는 국제 공산당부(코민테른, Коминтерн) 소속 일본인 회원들에게 러시아어를 가르쳤다. 대학을 졸업한 이후에는 이르쿠츠크와 치타(Чита)에서 교사로 재직하였다.

1928년에 페트로바는 블라디보스토크로 이주하여 항해학교에서 일본어를 가르쳤다. 선원 국제클럽(Интерклуб моряков)에서 일본어 강사 보조로 근무하고 태평양 노동조합 사무국(Тихоокеанский секретариат профсоюзов)에서 통·번역을 맡았다. 1929년에는 극동지역연구소(Дальневосточный краевой НИИ)에서 연구자로 근무하다가, 1930년에 극동국립대학교(Дальневосточный государственный университет) 일본어과 전임강사로 임용되었다.

---

21 Чигринский М. Ф. Памяти О. П. Петровой // Петербургское востоковедение. вып. 5. СПб., 1994. С. 576.

1933년에 페트로바는 레닌그라드(현재 상트페테르부르크)로 이주하였고, 레닌그라드 철학·언어학·역사학 대학교(ЛИФЛИ - Ленинградский институт философии, лингвистики и истории) 동양어 학과에 전임강사로 임용되었다. 1937년에 이 대학교는 레닌그라드국립대학교 어문학부로 재편되었고, 페트로바는 극동어문학과의 교수가 되었다. 이때 페트로바는 일본어 교재를 만드는 데에 노력을 기울였다. 1937년에 『일본어 회화 교과서(Учебник живой речи японского языка)』, 1940년에는 『고학년 대학생을 위한 일본어(Стабильный учебник японского языка для старших курсов высших учебных заведений)』를 완성하였다.

동시에 페트로바는 해군대학교(Военно-Морская академия)에도 출강하면서 '일본 해군 용어'라는 교과목을 개발하였다. 치그린스키는 '일본 해군 용어' 과목이 유럽 일본학에서 최초로 개설된 교과목이라 강조한 바 있다.[22]

1941년 6월에는 독일과 소련 간의 전쟁(1941~1945)이 발발하였고, 같은 해 9월에는 레닌그라드가 봉쇄되었다. 레닌그라드 봉쇄는 1944년 1월 27일까지 지속되었다. 1942년에 레닌그라드국립대학교는 피난을 떠났다. 하지만 페트로바는 도시에 남아 동방학연구소에서 근무하였다. 페트로바는 연구소 건물과 자료를 지키는 일을 하면서 피난을 떠난 동방학연구소 직원들의 서적과 문서를 수습하여 보관하였다. 동시에 '학자들의 모임(Дом ученых)'의 일원으로 강연 활동도 이어갔다. 페트로바는 그동안에도 개인 연구를 멈추지 않았고, 1943년에는 『러·일 일·러 해군 용어 사전』의 원고를 완성하였다. 하지만 아쉽게도 그 사전은 출판되지 못하였다.

22 Там же.

페트로바는 레닌그라드 봉쇄가 끝난 이후에는 도시복구에 참여하였다. 그리고 '레닌그라드 방어전 포장(Медаль ≪За оборону Ленинграда≫)', '1941년~1945년 대조국전쟁 용맹노동포장(Медаль ≪За доблестный труд в Великой Отечественной войне 1941—1945 гг.≫)'을 수여받았다.

전쟁이 끝난 후 페트로바는 레닌그라드국립대학교 교수와 동방학연구소 연구원을 겸직하였다. 1947년에는 『일본 해군 용어에 관한 연구』로 박사학위를 받았다.[23] 그 후 『일본어문학 입문(Введение в японскую филологию)』, 『일본 한문 교과서(Учебник камбуна)』, 『일본어 어휘의 역사(Очерки по истории японской лексики)』라는 교재를 편찬하였지만, 이 책들은 출판되지 못하였다. 그 외에도 일본 교수 키시다와 함께 『초급 일본어(Начальный курс японского языка)』 교재를 출판하였다. 1953년에서 1960년까지는 레닌그라드국립대학교 일본어학과에서 학과장의 임무를 맡았다.

---

23 Петрова О. П. Японская военно–морская терминология (Историко–лексикологический анализ). Канд. дис. М.,1946. 268 л. (АН СССР. Институт востоковедения). Тезисы дис. М., 1947. 11 л.

1940년대 동방학연구소 일본학 학자들: 왼쪽부터 페트로바(О. Петрова), 라둘-자툴롭스키(Я. Радуль-Затуловский), 카를리나(Р. Карлина), 콜파크치(Е. Колпакчи)
사진 제공: 러시아 동방학연구소

1940년대 동방학연구소 일본학 학자들: 왼쪽부터 카를리나(Р. Карлина), 페트로바(О. Петрова), 콜파크치(Е. Колпакчи)
사진 제공: 러시아 동방학연구소

페트로바는 동방학연구소에서 일본어와 한국어의 기원 및 어휘 관련 연구를 진행하였다. 또한 러시아 일본학의 역사에 대해서도 연구하여 러시아 일본학의 연구 성과를 러시아와 일본에 소개하였다. 1960년에는 18세기 말 이르쿠츠크에서 설립되었던 일본어 학교에 대하여 발표하였다. 그리고 해당 학교 출신인 타타리노프(А. Татаринов)가 1782년에 만든 『러시아어·일본어 사전』의 원고를 연구하여 소개하였다.[24] 그리고 몇 년 후에는 이 사전을 역주하여 단행본으로 출판하였다.[25] 18세기에 러시아를 여행한 뒤 일본에 러시아 문화를 알린 다이코쿠야 코다유(大黑屋 光太夫, 1751~1828)의 자료를 발굴하여 연구를 진행하였다.[26] 1965년에는 「소련 언어학자들의 일본어 연구」라는 논문을 『소련에서의 일본어』라는 학술지에 일본어로 발표하였다. 또한 「레닌그라드 국립대학교 일본어학과 역사」라는 논문도 같은 논문집에 수록되어 있다. 그리고 1965년에는 「18세기 전반 러시아에서의 일본어 연구」라는 논문을 발표하였다.[27]

페트로바는 일본학 연구자 고레글랴드(В. Н. Горегляд, 1932~2002), 이바노바(Г. Д. Иванова, 1927~1999)와 함께 동방학연구소에 소장된 일본 고서를 정리하였다. 그 결과로 1963년~1969년에는 『일본 필사본, 목판본과 구활자본의 해제』 4권을 출판하였다.[28]

---

24 Петрова О. П. Лексикон российско-японский // Труды Двадцать пятого международного конгресса востоковедов. М.: 9–16 августа 1960 г. Том V: заседания секций XVI–XX. М.: ИВЛ. 1963. С. 363–368.

25 Лексикон русско-японский Андрея Татаринова / А. Татаринов; изд. текста и предисл. О. П. Петровой. М.: Издательство Восточной Литературы, 1962.

26 Петрова О. П. 《Росиа-мондзисю》 — первое японское пособие по русской письменности 1796 г. // Письменные памятники Востока. Историко-филологические исследования. Ежегодник 1974. М.: Наука, ГРВЛ, 1981. С. 209–222.

27 Петрова О. П. Японский язык в России в первой половине XVIII в. (по архивным материалам // Народы Азии и Африки. 1965. №1. С. 163–177.

28 Петрова О. П., Горегляд В. Н. Описание японских рукописей, ксилографов и старопечатных книг. Вып. I. М.: Восточная литература, 1963. Петрова О. П., Иванова Г. Д., Горегляд В. Н. Описание японских рукописей, ксилографов и старопечатных книг. Вып. II. М.: Наука, 1964. Петрова О. П., Горегляд В. Н. Описание японских рукописей, ксилографов и старопечатных книг. Вып.III. М.: Наука, 1966. Петрова О. П., Горегляд В. Н. Описание японских рукописей, ксилографов и старопечатных

1953년에 페트로바는 「북한에서의 언어 문제」라는 논문을 작성하였다.[29] 이 글에서는 한국어의 특징, 한문의 사용과 이두(吏讀) 표기법, 훈민정음(訓民正音)의 창제와 한글 문학 등을 소개하였고, 해방 이후 국어사전 편찬, 문법 정리와 같은 학자들이 한국어에 대해 진행해야 할 과제에 대해 제시하였다. 같은 해에는 동방학 연구소에 소장된 한국 문학 작품에 대한 글을 발표하였다.[30] 1954년에는 「한국의 언어와 문자」라는 논문을 출간했는데, 한국어의 기원, 한문과 한글을 다루었다.[31] 그리고 동방학 연구소에 소장된 한국 고서 관련 논문을 출판하였다.[32] 이 논문에서는 한국 고서가 동방학연구소로 입수 과정을 설명하고, 고서를 언어, 문학, 역사, 철학, 법학, 백과전서로 나누어 살펴보았다. 이 논문에서 소장 자료들의 성격과 가치를 다루었다.

그 밖에 페트로바는 사회 활동에도 활발히 참여하였는데, 소련·일본 협회, 소련·한국 협회 레닌그라드 지부의 회원이자 운영진으로도 활동하였다. 그녀는 1993년에 향년 93세를 일기로 세상을 떠났다.[33]

книг. Вып. IV. М.: Наука, 1969.

29 Петрова О. П. Вопросы языка в Корейской Народно-Демократической Республике // опросы языкознания, 3, 1953. С. 112-120.

30 Петрова О. П. Памятники корейской литературы в рукописных фондах ИВ АН СССР // Краткие сообщения Института Востоковедения, 9, 1953. С. 77-81.

31 Петрова О. П. Корейский язык и письменность // Корейская Народно-Демократическая Республика. Сборник статей. М., 1954. С. 166-194.
Петрова О. П. К истории формирования корейского национального языка // Научная сессия 1953-1954 годов ЛГУ. Тезисы докл. по секции востоковедческих наук. Л., 1954. С. 3-8.

32 Петрова О.П. Собрание корейских письменных памятников ИВ АН СССР // Ученые записки Института Востоковедения. Т.9. М.-Л.: Изд. АН СССР, 1954. С. 3-29.

33 페트로바의 생애와 연구 활동을 서술할 때 다음과 같은 자료를 참고하였다. Чигринский М. Ф. Памяти О. П. Петровой // Петербургское востоковедение. вып.5. СПб., 1994. С. 576-577. Троцевич. А. Ф. Петрова Ольга Петровна // Письменные памятники Востока 2(15), 2011. С. 55-57. http://www.orientalstudies.ru/rus/index.php?option=com_personalities&Itemid=74&person=147 (검색 일자: 2020.07.01.)

3.『한국 기록문화유산 해제』의 특징과 의의

러시아는 제국 시기부터 한국에 대한 조사를 시작하여 적지 않은 성과를 얻었다. 1945년 이후 한국학은 독립된 학문 분야로 발전하기 시작하였다.[34] 페트로바가 동방학 연구소 소장 한국 고서의 해제를 정리하였던 1950년대는 러시아 한국학의 초창기에 해당한다. 따라서 그녀는 한국학 전문가, 러시아어로 된 전문 서적 등이 없는 환경 속에서 한국 고서 연구와 해제 작성을 진행하였다. 페트로바는 해제를 집필하기 위해 한국 고서에 관한 정보를 얻을 수 있는 여러 자료를 참고하였다. 이 자료들은 전부가 프랑스어, 영어, 일본어 및 한국어 자료들로 외국의 문헌이었다. 본문의 '참고문헌'에서는 이 자료를 다음과 같이 해제와 목록으로 분류하여 밝혀 놓았다.

[상·하권의 참고문헌: 해제]

Henri Cordier. Bibliotheca Sinica. Dictionnaire bibliographique des ouvrages relatifs à l'Empire Chinois), 1–4, Paris, 1904; supplement et index, Paris, 1922.

Maurice Courant. Bibliographie Coréenne (Tableau littéraire de la Corée, contenant la nomenclature des ouvrages publiés dans ce pays jusqu'en 1890, ainsi que la description et l'analyse détaillées des principaux d'entre ces outrages), 1–3, Paris, 1896.

朝鮮圖書解題, 京城: 朝鮮總督府, 1915.

朝鮮圖書解題, 京城: 朝鮮總督府, 1932.

---

34 Концевич Л. Р. Указ. соч. С. 78–79.

桂五十郎, 漢籍解題, 東京: 明治書院, 1913.
佐村八郎. 增訂國書解題, 1–2, 東京, 1926.
조선어사강독, 평양, 1953.
최현배, 한글갈, 경성: 정음사, 1942.
조선서지학개관, 평양, 1955.

[상·하권의 참고문헌: 목록]

L. Serrurier. Bibliothèque japonaise: catalogue raisonné des livres et des manuscrits japonais enrégistrés à la bibliothéque de l'Université de Leyde, 1896.
R. Kennaway Douglas. Catalogue of Japanese printed books and manuscripts in the British Museum acquired during the years 1899~1903, London : British Museum, 1904.
東洋文庫岩崎文庫和漢書目錄, 東京: 東洋文庫, 1934.
東洋文庫小田切文庫目錄, 東京: 東洋文庫, 1938.
金澤庄三郎, 朝鮮書籍目錄, 1911.
東洋文庫朝鮮本分類目錄, 東京: 東洋文庫, 1939.
前間恭作, 古鮮册譜, 京都: 東洋文庫, 1945~1957.
О. П. Петрова. Описание письменных памятников корейской культуры. вып 1. М. Л.: Издательство АН СССР, 1956. (페트로바, 한국 기록문화유산의 해제, 상권, 소련 과학아카데미 출판사, 1956.).

그 외에도 페트로바는 해제를 서술할 때 번역된 자료를 참고하였다. 예를 들어, 『최충전』의 경우에는 애스턴의 영어로 번역본을 참고하여 작품의 내용을 작성하였다는 것을 알 수 있다.[35] 페트로바는 해제에 수록한 자료의 번역본 목록을 따로 만들지는 않았지만, 수록한 자료가 다른 언어로 번역된 경우에는 그 번역서의 서지 사항을 해당 자료의 해제 아래에 기록하였다.

페트로바의 해제에는 상세한 서문이 있다. 한지의 제작 방법, 활자의 주조 방법, 고서의 형태, 한국의 왕명, 한국인의 성명 등에 대해 서술하고 있다. 이 서문은 한국의 출판문화를 러시아어로 자세히 소개한 최초의 자료라는 점에서 또한 그 의의가 있다.

페트로바는 서문을 작성할 때 활용한 참고문헌을 따로 정리해 두지는 않았다. 하지만 본문의 내용과 각주를 통해 참고한 자료를 다음과 같이 확인할 수가 있다. 우선 모리스 쿠랑(Maurice Courant, 1865~1935)의 『한국 서지』의 서문에 있는 정보를 활용한 점이 확인된다.[36] 한국의 서적, 한지, 필사본의 특징, 목판 인쇄 방법과 활자 인쇄 방법, 목판본과 활자본을 구분하는 기준 등에 관한 정보는 쿠랑의 책을 참고하였다. 해제에서는 각 서적의 저자 또는 편집자를 소개하고 있다. 페트로바는 한국 저자들에 대한 이해를 돕기 위해 서문에서 한국의 본관, 족보 제도, 자·호 문화를 설명하였다. 이때는 드미트렙스키가 번역한 자료와 일본학·한국학 학자 콘라드가 한국을 방문하여 조사한 내용의 보고서를 활용하였다.[37] 한국 서적의 역사에 대해 집필할 때에는 김정도(金正道)라는 사람이 많이 도

35 Aston, W. G. Choi-Chung. A Korean Märchen. Transactions of the Asiatic Society of Japan, v. XXVIII, 1900. pp. 1-31.

36 Courant, M., Bibliographie Coréenne, 1894~1901. 모리스 쿠랑 저, 이희재 역, 『한국 서지』, 일조각, 1994.

37 Записки переводчика, составленные переводчиком при Окружном управлении на острове Цусиме Отано Кигоро в 1794. (перевод и предисловие П. Дмитревского). Записки Русского Географического Общества т. 12 № 4. СПб. 1884.
Конрад Н. И., 1915 рукопись, архив АН СССР ф. 148, оп.1, № 94.

와주어 감사하다는 주석을 남기기도 하였다. 따라서 페트로바가 서문을 작성할 때에는 서양어 자료, 한국에 대한 러시아어로 작성된 자료, 전문가의 도움을 활용하였음을 알 수 있다.

이 해제에서 페트로바는 다음과 같은 범위의 자료를 수록하였다. 첫째, 한국인들이 한국에서 제작한 서적. 그러므로 중국 서적의 한국 간행본도 수록하였다. 둘째, 한국인이 창작하거나 편찬한 책. 따라서 『동의보감』의 중국 간행본과 한국 서적의 일본 간행본도 수록하였다. 셋째, 한국에 대한 정보를 담고 있는 서적. 한국과 관련된 일본 서적, 부산에서 간행된 일본어 신문 등을 수록하였다. 한국과 관련된 일본 책은 대부분이 애스턴 문고에 포함된 서적이다.

동방학연구소에는 애스턴이 'Korea'라는 제목으로 본인이 작성한 한국 관련 서적 목록이 소장되어 있다.[38] 이 목록에서 애스턴은 고서를 세 가지로 분류하였다. 1) 전부 또는 일부가 한글로 작성된 서적. 2) 한국인들이 한문으로 작성한 서적. 3) 한국 관련 일본어 또는 한문으로 작성된 서적. 애스턴 문고의 이 세 가지 분류 서적들은 모두 동시에 동방학연구소로 유입된 것으로 판단된다. 페트로바는 애스턴 문고의 일본 서적도 해제에 수록하였다.[39]

페트로바가 해제에서 사용한 목록의 분류 방법은 동양의 전통적인 사부분류법(四部分類法)과는 다르다. 이 해제의 서적들은 역사, 문학, 의학 등의 학문 분야별로 분류되어 있다. 페트로바는 서양 독자가 이해하기 쉬

---

38 Троцевич А. Ф., Гурьева А. А. Описание., 2009. С. 330–363, 399–422.

39 페트로바가 해제에서 일본 서적과 중국 서적을 포함시킨 것은 이 책에 대한 서평에서 문제로 제기되었다. (Рифтин Б. Л., Рец. на кн.: Петрова О. П. Описание письменных памятников корейской культуры. Вып. I–II. М., 1956–1963 // Народы Азии и Африки. Вып. 5, 1964. С. 188–192.) 페트로바가 한국에 관한 일본 서적을 해제에 넣은 것은 애스턴 문고의 자료를 함께 수록하려는 의도가 있었던 것으로 보인다.

운 분류법을 사용한 것으로 생각된다. 이 해제의 참고문헌 가운데 주로 활용된 모리스 쿠랑의 『한국 서지』 또한 사부분류법을 사용하고 있지 않다.

해제 상·하권의 구성은 다음과 같다(아래의 〈표 1〉 참조).

〈표 1〉『한국 기록문화유산 해제』 상·하권의 구성

한국 기록문화유산 해제 (상권)	한국 기록문화유산 해제 (하권)
서문 참고문헌 I. 한국통사 II. 임진왜란 관련 문헌 III. 한국 근대사(19세기 역사) IV. 한국 외교사 V. 한국 간행 중국 역사서 VI. 한국 유교사 VII. 지리학 VIII. 민속학 IX. 법학 자료 도판과 도판 목록	서문 참고문헌 X. 사상 한국 간행 유교경전과 언해본 한국 간행 신유학서 한국 신유학 저서 한국 유교 윤리와 교화서 예학서 다른 종교서 XI. 언어 사전 한국어 학습서 한국인을 위한 중국어 학습서 간찰서식집 XII. 문학 한문과 한글로 기록된 문학 작품집 민중 서사문학 장편소설 XIII. 백과전서 XIV. 의학 XV. 등록, 서간 자료 도판과 도판 목록 상 · 하권의 색인

상권은 서문으로 시작되고, 이어서 해제와 참고문헌이 있다. 본문에는 아홉 가지 분야로 분류되어 있다. 본문 끝에는 도판 16장과 도판의 목록이 실려 있다. 하권도 상권과 마찬가지로 서문으로 시작되며 참고문헌을 수록하였다. 하권의 본문 가운데 사상, 언어, 문학 분야에는 하위분류가

있다. 본문의 끝에는 도판 10장, 도판의 목록과 상·하권의 색인이 실려 있다.

이 해제에는 페트로바가 한 종의 책을 여러 항목에 중복해서 수록한 경우가 확인된다(아래의 〈표 2〉 참조). 예를 들어 『西厓集(서애집)』에 나오는 임진왜란에 관련된 내용은 '임진왜란 관련 문헌' 항목에도 수록되어 있고, 사상과 관련된 내용은 '사상'이라는 항목에 또한 수록되어 있다. 문집에 실린 한시 등의 문학적인 글은 '한문과 한글로 기록된 문학 작품집'이라는 항목에 수록되어 있다.

〈표 2〉 단일 문집이 여러 항목에 수록된 사례

서명	임진왜란 관련 문헌	사상	한문과 한글로 기록된 문학 작품집
李忠武公全書	33번	–	169번
西厓集	35번	125번	170번
白沙集	38번	134번	171번
佔畢齋集	–	122번	166번
退溪先生文集	–	123번	167번
一齋先生集	–	124번	168번
知守齋集	–	135번	172번
楓皐集	–	127번	173번
梅山集	–	128번	175번
四忠集	–	132번	176번

해제의 상·하권에서는 236종의 해제를 수록하고 있다. 하지만 위에서 언급한 수록 방식으로 인하여 실제 서적의 종수는 그보다 적다는 것을 알 수 있다.

해제의 서지적 기술은 다음과 같다.

〈표 3〉 해제 서지적 기술의 수록된 사례

D 28 (E 51)

東鑑 (Тонъгам)
"한국의 편년지(編年誌)"

- **저자:** 서거정(徐居正), 자는 강중(剛中), 호는 사가정(四佳亭), 본관은 대구(大邱), 1420~1488.
  최부(崔溥), 자는 연연(淵淵), 본관은 나주(羅州)의 탐진(耽津). 연산군(燕山君)에 의해 1498년에 유배를 당하고 1504년에 사형을 당하였다. 1454~1504
- **언어:** 한문

이 서적은 1485년에 편찬되었으며, 신라(기원전 53년)부터 기록된 한국의 역사서이다. 고구려, 백제, 고려(1392년까지)의 역사에 관해 서술하였다. 중국 사마광(司馬光)의 『자치통감(資治通鑑)』에서 사용된 편년체(編年體) 방식을 기준으로 삼아 편찬되었다. 1권 앞에 있는 서설에서는 고대부터 신라까지의 역사가 서술되어 있다. 왕세자의 스승인 이극돈(李克墩)이 1485년에 작성한 서문이 있다. 동방학연구소 소장본은 낙질본으로 9책으로 되어있다. 공민왕(恭愍王) 6년(1357년)에서 서술이 중단된다.
활자본. 낙질본, 권10에서 시작되어 권 46까지만 남아있다. 완질본은 56권으로 되어있다.
애스턴 문고. 33cm×21cm, 9책(10~11권, 22~23권, 26~27권, 30~31권, 32~33권, 34~36권, 41~42권, 43~44권, 45~46권), 657장, 장 번호 한자, 권별로 매김, 서양식 장정이 아님, 낡은 책임.

- **해제:** M. Cour., Bibl. cor. No. 1851; 朝鮮圖書解題, 1932, 36쪽.
- **목록:** 東洋文庫朝鮮本分類目錄 9쪽, VII-2-60(필사본), VII-5-801(서울, 1912, 간행본). 東洋文庫岩崎文庫和漢書目錄, 368쪽(필사본).
- **번역서:** Camille Sainson. Les origines de la Corée, extrait du Tong-kouo-thong-kienn, Peking, Typographie du Pé-t'ang, 1895, in 8, p. 29.

해제에서는 먼저 청구기호를 제시하였다. 서적이 아시아국이나 과학 아카데미 도서관의 청구기호가 있는 경우, 해당 청구기호도 괄호 속에 함께 기록하였다. 자료의 본래 제목과 그 발음은 러시아 문자로 표기하였다. 그 아래에는 도서의 제목을 러시아어로 번역하여 기록하였다. 자료의 저자 또는 편찬자가 밝혀진 경우에는 그의 성명, 자, 호, 본관, 생몰년도 등을 기록하였다. 그다음으로는 자료가 작성된 언어를 표시하였다. 해제 본문에서는 자료에 대한 소개를 적었는데 이 내용의 분량은 서적에 따라 차이가 있다. 본문 다음에는 출판 사항과 제작 연대를 기록하였다. 그리고 서지 사항으로 자료가 소장되어 있는 문고의 명칭, 연구소에 입수된 연도, 크기, 권책수, 장수, 형태적 사항과 손상 정도 등을 자세히 기록하였다. 마지막으로 참고한 해제와 목록을 제시하였으며, 해당 자료가 해제 및 목록에 수록된 번호, 쪽수를 표기하였다. 해당 서적이 다른 언어로 번역된 경우에는 번역서에 대한 정보도 소개하였다.

이 해제는 러시아에 소장된 한국 고서에 대한 본격적인 정리와 연구의 출발점이 되었다. 페트로바는 본문에서 각 자료를 직접 조사하여 서적에 대한 정보를 제공하였다. 또한 자료가 어떤 측면에서 중요성을 가지는지를 평가하고 소개하였다. 또한 서적의 제작과정, 역사적 배경 등을 설명하면서 한국의 역사, 사회, 문화 등도 다루고 있다. 이 책은 학자들에게 자료에 대한 정보를 제공함으로써 러시아 한국학에 기여하였다.

이 책은 러시아 국내뿐만 아니라, 국외에서도 활용되었다. 하와이대학교 페이지(G. D. Paige, 1929~2017) 교수는 상권이 출간된 1956년 당시 이 책에 대한 서평을 발표한 바 있다.[40] 그는 페트로바의 해제가 동방학연구소에 소장된 자료에 관해 자세한 정보를 제공한 최초의 해제로 학술적 의의가 크다고 평가하였다. 런던대학교의 스킬렌드(W. E. Skillend,

---

40 Paige G. D., The Korean collection of the division of oriental manuscripts, academy of Sciences of the USSR: A bibliographical note, Harvard Journal of Asiatic Studies, 1956. Vol. 19 No. 3/4, pp. 409–411.

1926~2010) 교수는 1968년에 출판한 한국 고소설을 다룬 책에서 이 해제를 참고하여 동방학연구소에 소장되어 있는 한국 고소설을 소개하였다.[41] 위에서 언급한 하야시 노조무 교수와 코르니츠키 교수 또한 동방학연구소 소장 애스턴 문고의 목록에서는 이 해제의 순서에 따라 책의 순서를 배열하였다.[42] 이처럼, 페트로바의 해제는 러시아에 소장된 한국 고서에 대한 정보를 러시아뿐만이 아니라 외국 연구자들에게 알리는 역할을 하였다.

---

41 Skillend W. E. Kodae Sosŏl: A Survey of Korean Traditional Style Popular Novels. London, 1968.

42 Hayashi, Nozomu, Peter F. Kornicki ed. Op. cit. pp. 365–373.

한국 기록문화유산의 해제 (상)

소련과학아카데미 동방학연구소 동방고문서실 한국 분과에서는 다음과 같은 분류의 한국 필사본, 목판본, 활자본을 소장하고 있다.

1) 외무부 아시아국 문고: 이 문고는 1864년에 아시아국이 기증한 다른 서적들과 함께 아시아박물관에 들어왔다.[43]
2) 주 상하이(上海) 러시아 외교부 외교관이었던 파벨 안드레예비치 드미트렙스키(Павел Андреевич Дмитревский, 1851~1899) 문고: 이 문고는 드미트렙스키가 사망한 후 그의 부인에게서 1907년에 구입하였다.
3) 주한 영국 총영사 윌리엄 조지 애스턴(William George Aston, 1841~1911)의 문고: 이 문고는 극동위원회가 구입하였는데 아시아박물관으로 들어온 시기는 알 수 없다.[44]
4) 기타 입수: 여러 기관과 개인에게서 수집한 서적

---

43 【역자주】 아시아박물관은 1818년에 설립되었다. 1930년에 동방학연구소가 새로 건립되어 아시아박물관 자료들은 동방학연구소로 이전되었다. 이에 대한 내용은 앞의 해설을 참조할 수 있다.

44 【역자주】 애스턴 문고의 동방학연구소 유입에 대해서는 앞의 해설을 참조할 수 있다.

본 해제에서는 위의 서적 분류를 각 책의 서지사항에 표시하였다. 한국 분과에서 소장한 서적은 필사본, 목판본, 활자본이며 한국어(한글), 중국어(한문), 일본어 세 가지 언어로 되어 있다. 한국 분과의 서적을 언어·글자 표기로만 분류할 수는 없다. 왜냐하면 중국어(한문)로 창작된 역사, 과학, 철학, 산문과 운문은 한국인의 자산이고, 한국 문화의 유산이며 중국의 것은 아니기 때문이다. 한국은 국가가 생긴 시기부터 19세기 말까지 고전 중국어(한문)를 공식 글쓰기 매체로 사용하였다. 그러나 한국인들이 중국어 문어체를 사용하는 과정에서 한국식으로 변화시켰음을 염두에 두어야 한다. 따라서 한국인이 한문으로 쓴 문헌들은 고전 문어체를 아는 중국인이라 하더라도 완벽하게 이해할 수 없을 때가 있으며, 한국어의 어순, 민족사와 문화사에 관한 지식 없이는 그 글을 이해하기가 쉽지 않다. 또한 '이두'(吏讀)라 하는 관공서의 언어 표기 방법이 있는데, 한자로 보조어와 조사를 표기하고 음으로 읽는 방식이다. 따라서 이두로 작성된 기록 역시 이해하기는 쉽지 않다.

한국 분과에서 소장한 서적 중 일본어로 된 서적은 목판본과 필사본이며 한국의 역사, 지리, 임진왜란과 두 국가가 다른 국가들과 교류가 없던 시기의 한일관계사에 대한 서적들이다. 이 서적은 일본어나 한문으로 쓰였고, 가에리텐(返り点) 표시가 있으며 문법은 오쿠리가나(送り仮名)로 표시되어 있다.

임진왜란(1592~1598) 당시 일본인들은 한국 서고를 약탈하여 한국의 기록 유산을 일본으로 가져갔으며 대부분의 경우에 그 서적들의 유일한 소유자가 되었다. 그러한 한국 서적의 일본 재간행본은 때론 한민족 역사에 관한 정보를 얻을 수 있는 유일한 서적이 된 경우도 있다. 그렇기 때문에 이 서적들 역시 한국 분과에 포함되어 있다. 이 해제의 본문에서는 독자의 편의를 위해 각 서적의 언어를 해제에 표시해 놓았다.

한국 필사본, 목판본과 활자본은 형태적인 면에서 중국의 책이나 일본의 책과는 확연히 다르다. 품질이 좋고 두꺼운 상아색 종이로 만든 중앙 기구의 대형서적부터 일반 목판본, 낮은 품질의 종이에 한글로 기록한 문학 작품까지 모두 약간 두껍고 거칠며 노란색의 표지가 있다. 책등이 없는 이러한 표지는 책 종이와 같은 크기로 자르고 풀로 붙인 두 장의 종이로 되어 있다.[45] 책등에 따라 서적의 윗부분과 아랫부분에 매듭을 맨 붉은색 실이나 황색 실로 다섯 군데나 여섯 군데를 꿰매어 놓았다.[46] 민중문학용 목판본의 종이는 색이 어둡고 약하며 더러 구멍이 나거나 재활용한 종이가 뭉친 부분이 있다. 이러한 부분에는 인쇄가 잘 되지 않고 나머지 부분도 인쇄가 깨끗하게 되지 않는다. 종이는 중국책과 같이 반으로 접어 사용하는데 각 반쪽이 한 면이 되는 것으로 인쇄는 양면이 아니라 한 면에만 되어 있다. 한국 고서는 중앙 기구의 서적을 제외하면 여백이 매우 좁으며 윗부분과 아랫부분에만 있고 옆에는 없다. 각 장의 본문은 검은 선 테두리 안에 있고 가운데에는 보다 가느다란 두 개의 선이 있는데, 이 선은 종이가 반으로 접히는 부분인 판심(版心)을 표시한다. 이 두 선 사이에 있는 공백의 윗부분에는 책의 제목이, 아랫부분에는 장 번호가 표시된다. 그러므로 쪽 번호는 각 쪽마다 표시하는 것이 아니라 각 장마다 표시한다. 하지만 쪽 번호와 서적 제목의 표시가 필수는 아니다. 그 대신에 100번 중 90번 이상의 경우에는 한국 서적의 특징이 되는 모노그램이 나타나고 있다.[47] 이것은 두 선 사이의 윗부분에 있는데 검은색 바탕에 흰

---

45 【역자주】 M. Courant, 『Bibliographie Coréenne』, 1894, (t.1), p. XX, 쿠랑 저, 이희재 역, 『한국 서지』, 일조각, 1994, 1쪽.

46 【역자주】 오침안, 육침안 장정을 의미한다.

47 【역자주】 여기서 말하는 '모노그램'은 고서의 판심(版心)에 나타나는 어미(魚尾)를 말하는 것이다. 이하 '어미'로 표기한다.

색 모양이며, 4~6개 잎이 달린 클로버 형태이다.[48] 서양 책에 있는 내제지(half-title)는 보통 없다. 그 대신에 서적이 특별한 경우에는 서명(書名)이 기록된 별지(別紙)가 있다. 표지에는 위에서 아래로 책의 제목이 기록되고 그 밑에 책의 번호가 표시된다. 책 표지의 우측 아래에는 각 책마다 총 책 수가 적혀 있다.

한국에서도 중국이나 일본과 같이 서적의 단위는 '권(卷)'이다(중국어로 'juăn', 한국어로 '권', 일본어로 かん(まき)인데 모두 '책'이라는 뜻이다). 한 권은 표지가 따로 만들어져서 한 책으로 묶어져 책의 단위가 될 수 있다. 또는 여러 권을 한 표지 안에서 한 책으로 묶을 수 있는데, 그럴 경우에 같이 묶어야 할 권수의 기준은 따로 없다. 따라서 같은 서적이라도 편집에 따라 책 수가 달라질 수는 있지만 권수는 언제나 일정하다.

한문으로 작성된 한국 목판본은 규격, 종이의 밀도와 지질(紙質) 등에서 중국의 목판본과는 다르다. 값이 싼 민중문학 간행물은 예외이다. 그러나 이러한 책들은 대부분 한글로 작성되었기 때문에 중국의 목판본과 구분되지 않을 수 없다.

한국은 옛날부터 제지 생산으로 유명하였다. 한국의 종이는 한국과 일본에서 많이 자라는 닥나무(楮, Broussonetia papyrifera)의 인피로 만든다. 닥나무의 껍질을 오랫동안 물에 담가 종이 제작에 사용하는 인피를 분리한다. 인피를 부수어 섬유를 얻고 그것을 체로 물에서 걸러 햇볕에 말려 하얗게 만든다. 인피를 잘 부수지 않으면 종이에는 뭉친 섬유가 그대로 있게 된다. 최고의 종이는 가을에 제작된다. 이때 만든 종이는 단단하며 밀도가 높고 매끄러우며 상아색 빛이 난다. 그런 종이는 섬유질이 길고

---

48 【역자주】 M. Courant, 『Bibliographie Coréenne』, 1894, (t.1), p. XXI, 쿠랑 저, 이희재 역, 위의 책, 2쪽.

천처럼 질기며 유연하여 최고급 종이로 친다. 이러한 종이는 출판용으로는 거의 사용하지 않았다. 이는 공식문서, 왕이 하사품과 함께 보내는 문서나 소량의 귀중한 인쇄에 사용하였다.

그다음 등급의 종이는 보다 진하지 않은 섬유로 제작하는데, 체에 섬유가 더 적게 남기 때문이다. 이 종이는 더 얇으며 줄무늬가 잘 보인다. 이 종이 가운데 좋은 종류는 과거시험장에서 답안지로 사용하였다.

일반적인 종이는 섬유의 가장 거친 부분으로 만든다. 최고급 종이의 찌꺼기와 이미 사용한 종이를 섞어 새로운 섬유와 오래된 섬유를 합하였다. 이러한 경우에는 비싼 재료가 덜 사용되기 때문에 제작 비용이 줄게 되었다.

최하급 종이는 정성을 적게 들여 제작하였다. 그리하여 종이에는 구멍과 뭉친 부분이 생겼고 표면이 매끄럽지 못하였다. 이러한 종이에는 목판 인쇄가 거칠게 찍히게 된다. 누렇고 하급인 종이는 장정(裝幀)하는 데에 사용하였다.[49]

한국 책의 종이는 여러 세기 동안 같은 성질, 밀도, 섬유질을 유지해 왔다. 그래서 지질(紙質)은 간기나 필사기가 없는 경우에 목판본이나 필사본의 제작 시기를 추정하는 데에 추가적인 증거가 되지 못한다. 동방학 연구소 한국 분과에서 소장하고 있는 19세기 필사본 소설 중에는 종이가 짙은 노란색이나 황갈색으로 변한 것이 있다. 그러나 이 책들은 오래된 것이 아니라 만들어진 지 100년도 되지 않은 책들이다. 종이를 자세히 살펴본 결과 종이의 강도를 높이기 위해 기름을 먹인 것으로 보인다. 그 때문에 종이는 노랗게 변하고 빠르게 낡아버린 것이다.

---

49 【역자주】 M. Courant, 『Bibliographie Coréenne』, 1894, (t.1), p. XLI–XLII 쿠랑 저, 이희재 역, 위의 책, 10쪽.

한국에서는 지난 세기(19세기) 말까지 주로 목판 인쇄를 하였다. 목판을 만드는 데에는 주로 튼튼한 참나무, 회양나무와 벚나무를 사용하였다. 값싼 대중문학 작품은 이보다 부드러운 나무로 만든 목판에 새겼는데, 이렇게 만든 책들은 인쇄가 뚜렷하지 않고 깨끗하지 못하였다.

목판은 다음과 같이 만들었다. 두께가 2cm인 판의 면을 평평하게 한 후 쌀풀을 바르고 그 위에다 먹으로 필사된 본문을 앞면으로 붙인다. 본문은 반대로 나타난다. 각수는 하얗게 남아야 할 부분은 음각으로, 텍스트와 테두리는 양각으로 새겼다. 이렇게 필사본의 복사본이 제작되었다. 책의 제목, 서문과 발문은 필사자가 아닌 작가 본인이나 존경받는 사람들이 쓸 때가 있다. 그렇기 때문에 하나의 목판본에서 여러 필체를 볼 수 있다. 목판은 펼친 두 면의 크기에 맞게 제작하였다.[50] 인쇄할 때에는 목판에 새긴 글자에다가 솜으로 촘촘하게 먹을 발랐다. 그다음에는 목판에 종이 한 장을 놓고 두껍고 부드러운 종이로 덮은 후 거친 솔로 두드렸다. 그런 다음 인쇄가 된 종이를 떼어내고 목판에다 다른 깨끗한 종이를 올려놓는다. 목판에 바른 먹이 다 사용될 때까지 여러 번 반복하였다. 그다음에는 목판에 다시 먹을 바르고 필요한 분량이 나올 때까지 계속 이와 같이 하였다. 인쇄는 한 면에만 하여 종이를 반으로 접어서 전면과 후면을 만들었는데 인쇄를 하지 않은 반대쪽 면은 백지로 남았다.[51] 한국 분과의 고서 중에는 장의 가운데를 잘라낸 필사본들이 있다. 장을 그렇게 자른 후 원래 백지였던 면에 본문과 관계가 없는 기록을 한 경우가 있다. 그 내용 중에는 학생들이 학습을 위해 연습한 글도 있다. 하지만 목판본은 장을 잘

---

50 【역자주】 M. Courant, 『Bibliographie Coréenne』, 1894, (t.1), p. XLIII–XLIV 쿠랑 저, 이희재 역, 위의 책, 11쪽.

51 【역자주】 M. Courant, 『Bibliographie Coréenne』, 1894, (t.1), p. XLIV 쿠랑 저, 이희재 역, 위의 책, 11쪽.

라서 뒷면을 사용하기는 힘들다. 왜냐하면 목판본에 사용한 종이가 매우 얇고 비쳐서 양면에 글을 쓰는 것이 어렵기 때문이다.

딱딱한 목판에 글자를 새기는 것은 각수에게 좋은 솜씨를 요구했으나, 완성된 책은 원문의 특색을 그대로 전달해 줄 수 있었다. 겉으로 보면 한국 목판본은 매우 우아하게 만들어졌기 때문에 유럽의 동판(銅版) 인쇄와 비슷해 보인다.

목판은 필요할 때마다 다시 인쇄를 할 수 있도록 보관하였다. 북한은 평안북도 묘향산(안주시의 동북)의 한 사찰을 박물관으로 만들었다. 그 박물관에는 15세기 초에 살았던 사명당(四溟堂)[52]이라는 승려의 목판 4296개가 보관되어 있었다.

한국인들은 이전에 사용한 목판으로 서적을 다시 간행할 경우에는 '重刊'(중간)이라 표시를 하였고, 새 목판으로 인쇄하는 경우에는 '新刊'(신간)이라는 표시를 하였다. 이 표시는 보통 인쇄한 날짜와 함께 마지막 권의 마지막 장(卷末)에 표시한다. 하지만 이러한 표시가 서적마다 있는 것은 아니다. 활자 인쇄 기술에서 한국은 유럽을 앞질렀다. 1403년에 태종은 구리로 만든 활자(銅活字)를 만들라는 명을 내렸다. 『문헌비고』에 따르면, 그 당시 『시경』, 『서경』, 『춘추』에 자주 나타나는 한자를 선정하여 동활자 100,000개를 제작하였다.[53]

한국 기술자들은 활자를 독일의 구텐베르크(Johannes Gutenberg, 1397~1468)가 발명하기 37년 전부터 사용하기 시작하였다. 현존하는 가장 오래된 활자 세트는 1403년에 주조한 것이다. 그 세트의 활자 중 일부

---

52 【역자주】 사명당(四溟堂, 1544~1610)은 16~17세기에 걸쳐 살았던 인물이다.

53 【역자주】 M. Courant, 『Bibliographie Coréenne』, 1894, (t.1), p. XLIV–XLV, 쿠랑 저, 이희재 역, 위의 책, 11~12쪽.

는 현재 뉴욕에 있는 미국자연사박물관(American Museum of Natural History)에서 소장하고 있다.[54]

『한국사』[55]의 저자인 헐버트(Homer Bezaleel Hulbert, 1863~1949)는 1897년에 이 활자들을 얻었는데, 서울에 있는 학부(學部)에서 그에게 이 활자를 선물로 주었다고 하였다. 그는 이 활자들 중에서 1403년, 1420년, 1434년에 주조된 활자의 일부를 찾았다. 첫 번째 세트[56]에서 53개의 활자가 남았는데, 헐버트는 그것이 학부에서 받은 활자의 전부라고 주장하였다. 그러나 이후 서울박물관[57] 담당자의 증언은 헐버트의 주장을 의심하게 만든다. 서울박물관에는 1403년, 1416년, 1420년, 1434년 그리고 그 후에 주조된 활자들이 많이 보존되어 있었다.[58]

세계에서 최초로 활자를 발명한 사실은 한국이 콜럼버스가 미국을 발견하기 100년 전부터 문명이 뛰어나고 진보적인 나라였음을 보여주는 것이다. 주조활자를 발명한 지 6년 후에 인쇄된 서적에서는 활자 발명에 대하여 다음과 같이 기록되어 있다.

> 영락(永樂) 1년(1403년) 2월에 왕이 말하였다.
> "나라를 통치하고 싶은 사람은 법과 고전 서적을 잘 알아야 한다. 그는 국외 일에 공평해야 하고, 국내 일에는 완강해야 한다. 그래야 나라

---

54 【역자주】 미국자연사박물관이 1403년에 주조한 활자를 입수했다는 기록은 1921년에 미국국립박물관 연차보고서에서 확인된다. (United States National Museum, Annual Report, U.S. Government Printing Office, 1921, pp. 146~147.)

55 【역자주】 Homer Bezaleel Hulbert, The History of Korea, 1905 Publisher Seoul, Methodist Pub. House.

56 【역자주】 1403년에 주조된 활자를 말하는 것으로 추정된다.

57 【역자주】 어느 박물관을 말하는지 정확지가 않다.

58 【역자주】 천혜봉의 『한국서지학』에 실려 있는 '한국 금속활자 연표'에는 1416년에 주조된 활자는 확인되지 않는다. (천혜봉, 『한국서지학』, 민음사, 1997년, 607쪽)

가 평화롭고 질서가 있게 되는 것이다. (중략) 목판으로 간행하는 서적들은 완벽하지 않을 때가 있다. 또 모든 책들을 목판으로 간행하는 것은 매우 힘든 일이다. 이제부터 구리로 활자를 주조하여 내가 보는 책 모두를 활자로 간행하기를 명한다. (이와 같이 한다면) 후손들에게 영원한 축복을 받을 것이다."[59]

위에서 보이는 왕명의 날짜는 같은 해 11월로 표시되어 있다. 즉 양력 1403년 12월 14일 ~ 1404년 1월 12일 사이이며, 1409년, 1434년, 1437년에 간행된 모든 책에서도 이 내용이 반복된다.[60]

동방학연구소의 한국 서적 중에는 1403년에 주조한 활자로 찍은 서적이 있다. 그것은 1145년에 창작한 『삼국사기』의 몇 책이다.

태종 이후 왕들도 책 간행에 대한 관심이 있었다. 역사 기록에 따르면 1544년까지 새로운 활자의 주조와 활자를 사용한 책 간행에 대한 왕명이 열한 번이나 내려졌다. 1434년까지는 서울에 활자를 주조하는 곳이 하나만 있었다. 그해에 왕은 두 가지의 크기로 납 활자를 주조하라는 명을 내렸다. 그 이후 왕들은 십만 자 또는 이십만 자의 활자를 주조하도록 명령하였다. 그리고 책을 간행하는 것을 우선적으로 고려하였다. 활자를 만드는 재료가 부족할 때 당시 탄압받았던 절의 종을 개주(改鑄)하였으며, 관료들과 백성들의 그릇과 생활용품까지도 녹여서 다시 사용하였다.[61]

1041년에 중국에서는 필승(畢昇)이라는 사람이 점토로 한자를 조각

---

59 【역자주】 M. Courant, 『Bibliographie Coréenne』, 1894, (t.1), p. XLIV-XLV, 쿠랑 저, 이희재 역, 위의 책, 12쪽.

60 『주자사실(鑄字事實)』 (한국의 주조 활자 역사). M. Courant, 『Bibliographie Coréenne』, (t.2), No. 1673, Paris, 1895, pp. 222-227 재인용.

61 『동국문헌비고(東國文獻備考)』 책 94, 책 100과 발문.

하고 그것을 불에 구워 도자기 활자를 만들었다.[62] 그는 서적을 간행해야 할 필요가 생겼을 때 도자기 활자를 평평한 바닥에 붙이고, 활자에 먹물을 바르고 거기에 종이를 붙여 눌렀다. 당연히 도자기 활자를 딱딱하고 구부러지지 않은 표면에 고정해야 하였다. 그렇기 때문에 이러한 판은 보통 금속으로 만들었다. 하지만 도자기 활자는 약하고 간행 과정 중에 자주 부서지곤 하였다. 따라서 이후에는 활자를 이보다 강한 재료로 만들기 시작하였다. 시간이 흘러가면서 글자를 나무, 철, 주석, 납, 구리로 조각하였다. 하지만 이 활자들은 주조된 것이 아니라 조각한 것들이었다. 각각 활자를 따로 조각해야 했기 때문에 이 작업은 조각가의 뛰어난 능력이 필요하고 힘이 많이 드는 일이었다.

이에 대한 문헌 기록은 없지만 이렇게 조각된 활자가 중국에서 한국으로 유입된 것 같다. 한국에서 조각한 활자를 사용하기 시작한 정확한 시기는 알려져 있지 않다. 다만 1241년에 사망한 이규보(李奎報, 1168~1241)는 1224~1241년 사이에 그의 아버지가 쇠로 조각한 활자를 사용하여 서적을 간행하였다는 기록을 남겼다. 하지만 이를 증명할 문헌적 근거는 없다. 또 평평한 표면에 붙이는 조각 활자와 활자판에 배열하는 주조 활자를 구별해야 한다.

16세기 말에 활자 인쇄는 일본 침략으로 인해 긴 세월 동안 중단되었다. 일본인들은 한국의 활자를 일본으로 가져갔으며 한국의 서고(書庫)를 파괴하였다. 아마도 도요토미 히데요시(豊臣秀吉)의 한국 침략 이후에야 일본에 활자 인쇄가 생겼던 것으로 보인다. 일본인들도 그 이전에는 활

---

62 【역자주】 이 서술은 교니활자(膠泥活字)를 말하는 것이다. 필승이 제작한 교니활자는 북송(北宋) 심괄(沈括, 1031~1095)의 저서 『몽계필담(夢溪筆談)』에 기록되어 있다. 천혜봉, 앞의 책, 260쪽.

자를 사용하지 않은 것으로 여기고 있다. 1770년에 영조(英祖)는[63] 대백과 사전인 『동국문헌비고』 간행을 위하여 활자를 주조하라는 명을 내렸다. 활자는 다섯 달 반 만에 필요한 만큼 주조하였다. 이 책은 발문이 있는데 거기에는 활자 인쇄의 역사와 인쇄 방법이 서술되어 있다. 이후 몇 년 동안에 삼십만 자를 주조하였고 일부는 궁궐 도서관에, 일부는 창경궁에 보관하였다. 그리고 다음에는 새로운 활자를 주조할 때 견본을 삼기 위해 딱딱한 나무로 3만 2천 자의 목활자를 제작하였다. 1770년부터 1797년 사이에는 활자를 사용하여 많은 서적을 간행하였다.[64]

한국인은 철활자를 발명했지만 인쇄기를 발명하지는 못하였다. 그래서 활자를 이용하여 책을 간행하는 것은 오랜 세월 동안 목판 간행과 비슷하였다. 이 과정에서는 먼저 책 한 장 크기의 상자(丂里)를 준비했는데, 이것은 찍을 책의 테두리가 되었다. 그 후에 테두리 안에 얇은 대나무 판을 세로로 넣었는데 그것은 활자 행(行)을 구분하는 기능을 하는 것이었다. 대나무 판이 움직이지 않도록 그들 사이에는 나무 자간박기(字間朴只)를 넣었다. 그다음에는 상자 높이보다 조금 낮게 수지와 밀랍의 혼합물로 채웠다.

한국의 금속활자는 유럽의 활자와 비슷하게 생겼다. 그러나 유럽 활자는 위의 횡단면과 반대편의 아래 횡단면이 둘 다 직사각형으로 되어 있지만 한국 활자는 아래의 횡단면이 좁아져서 뾰족한 모양이 된다. 이 날카로운 부분으로 활자를 순서대로 수지 밀랍 혼합물에 꽂아 넣었다. 활

---

63 【역자주】 원본에서 페트로바는 영조(英祖)를 영종(英宗)이라고 표기하였다. 영종(英宗)은 고종(高宗)이 대한제국을 선포(1897년)한 이후에 영조(英祖)로 명칭이 바뀌었다. 이후부터 본문에서는 영종, 정종을 영조, 정조로 표기하겠다.

64 【역자주】 M. Courant, 『Bibliographie Coréenne』, 1894, (t.1), p. XLVI–XLVII 쿠랑 저, 이희재 역, 위의 책, 12~13쪽.

자를 다 넣은 후에는 활자들이 테두리와 행을 나누는 판과 같은 높이로 혼합물에 들어가도록 그 표면에 평평한 판을 놓고 눌렀다. 이러한 방법으로 판을 만들어서 목판과 같은 방법으로 인쇄를 하였다.[65]

금속 활자본은 왕실과 높은 관료들만이 가질 수 있는 사치품이었다. 중앙에서 간행된 서적을 지방에 널리 전파하기 위해 그 책들을 다시 목판본으로 간행하였다. 이 때문에 한국에서는 목판본이 19세기 말까지 여러 시기에 걸쳐 널리 퍼져 있었다. 하나의 목판에서 많은 인쇄를 할 수 있다고 해도 발행부수는 매우 적었다. 발행부수가 8~20부라는 기록도 있다. 그렇기 때문에 동방학연구소에서는 목판본을 보관하고 사용하는 방법을 필사본의 경우와 똑같이 하였다.

책 인쇄가 유럽보다 일찍 시작된 한국에서는 서양과 동양 여러 나라에 비해 필사본의 역할이 달랐다. 동방학연구소 한국 분과 소장본은 대부분이 목판본이다. 목판 기술이 발달하고 종이 값이 비교적 저렴하며 목판본이 널리 판매되었던 중국에서는 필사본을 찾기가 어렵다. 16세기 말까지 책의 인쇄기술이 발달하지 못했던 일본에서는 필사본이 드물지 않다. 한국에서는 활자 인쇄기술이 오래전부터 발명되고 목판 간행과 인쇄기술 전체가 높은 수준에 이르렀음에도 불구하고 필사본이 많이 있었다. 왜냐하면 선택된 서적만을 적은 부수로 중앙 기구를 위해 금속 활자로 간행하였기 때문이다. 인쇄 비용이 비쌌기 때문에 국민들은 물론 학자들도 금속 활자본 서적을 소유하기 어려웠다. 그래서 그들이 가지고 있는 서적 가운데 금속 활자본은 아주 드물었다.[66] 따라서 유물의 가치로 볼 때 동방학연구소

---

65 한국 인쇄사를 전공한 김정도(金正道)는 한국 활자 인쇄 방법에 대한 정보를 제공해 주었다. 그에게 감사를 드린다.

66 【역자주】M. Courant, 『Bibliographie Coréenne』, 1894, (t.1), p. LXI–LXII, 쿠랑 저, 이희재 역, 위의 책, 19쪽.

한국 분과에서는 중앙 기구에서 간행한 금속 활자본이 가장 귀한 소장본이다. 이러한 금속 활자본 서적은 다른 외국 서고에서도 아주 드문데, 한 번 서적을 간행한 이후에는 활자판을 해체하였으며 발행 부수는 적었기 때문이다. 그러나 목판 간행은 인쇄를 한 뒤에도 목판이 남았기 때문에 필요에 따라 새로 인쇄를 할 수 있었다.

금속 활자로 간행한 서적은 귀한 것이었다. 필사본 책도 저렴하지는 않았지만 각자가 필요한 것을 베껴 쓸 수 있었다. 전통사회 한국에서는 시간의 가치가 낮았다. 한국 귀족들은 한가하여 모범이 되는 책을 전사(傳寫)하였고 이 일은 그들의 위엄을 잃게 하는 것이 아니었다.[67] 개인 용도뿐만 아니라 심지어 판매 용도로도 전사를 하였다. 지방 수령과 관료들은 행정적 문서뿐만 아니라 여러 가지 서적의 전사를 아랫사람들에게 보수 없이 시켰다. 어떤 서적을 목판으로 간행하려면 비용을 들여야 했지만 필요한 책을 한두 권 만드는 일에는 돈을 한 푼도 들이지 않고 할 수 있었다.[68] 그래서 한국 필사본에는 필사 날짜와 장소가 표시되지 않았다. 그리고 필사본이 고본(稿本)인지 전사본(傳寫本)인지 알 수 없었고, 전사본인 경우에도 고본과 대조한 본인지 알려져 있지 않았다. 해제하는 과정에서도 그것을 알아보는 것은 어렵다. 왜냐하면 동방학연구소는 보통 서적을 한 종류만 소장하고 있고 전사한 고본이 없기 때문이다. 필사자도 보통은 알 수 없다. 서적에는 소유자와 다른 사람들의 기록이 있는 경우가 드물다. 이와 같은 점들은 필사기가 없는 경우에 필사본의 필사 시기를

---

67 【역자주】 페트로바의 글은 쿠랑의 『한국 서지』의 내용을 근거로 한 것으로 보인다. 조선시대에 책을 필사하는 배경에는 여러 상황이 있다. 간행본을 구하지 못하거나 구매하는 데에 비용이 많이 들면 전사하는 경우가 많았다. 또한 학습을 위해 책 내용을 옮겨 쓰는 사례도 빈번하였다.

68 【역자주】 M. Courant, 『Bibliographie Coréenne』, 1894, (t.1), p. LXI–LXII, 쿠랑 저, 이희재 역, 위의 책, 19쪽.

정하는 데에 많은 어려움을 준다.

한국의 필사본은 크기가 다양하다. 필사할 때에는 간행본과 같은 종이를 사용하였다. 아무런 선이 없거나, 목판, 활자본의 종이처럼 선과 가운데에 어미가 있는 종이를 사용하기도 하였다. 이 종이는 테두리, 선과 어미가 목판으로 찍힌 일종의 서식 용지와 같은 것이었다. 필사본의 필체는 다양하다. 때로는 약자를 많이 쓰기도 하고, 모범적인 글씨를 따라 쓴 우아한 필체도 있다. 필체는 중국 여러 시대의 모범적 글씨를 따라한 것일 수도 있다. 그렇기 때문에 필체가 필사 시기를 정하는 기준이 될 수는 없다.

동방학연구소 한국 분과에 소장되어 있는 우아하게 필사된 서적의 예로는 1770년에 간행된 91권 45책의 『동국문헌비고(東國文獻備考)』의 필사본을 들 수 있다. 필사본 중에는 다양한 내용의 서적들이 있다. 여러 가지 이유로 간행되지 못한 서적이나 공적 용도나 개인 용도로 전사된 행정 편람서, 역사 저술이 있는데, 예를 들어[69] 1775~1777년의 역사를 담아 중앙 기구에서 활자본으로 간행한 『명의록(名義錄)』(1777)의 국역본이 있다. 15세기에 필사된(필사시기, 필사자 미상), 한국이 일본, 만주족 등과 벌인 7가지 전쟁이 서술되어 있는 『국조정토록(國朝征討錄)』이라는 서적도 관심을 받을 만한 것이다. 그리고 한글로 기록된 문학 작품 필사본이 특히 많다. 또 한국에서는 왕이 생존한 때의 역사를 간행하는 것이 금지되어 있었다는 것을 강조할 필요가 있다. 따라서 그러한 내용을 담은 필사본이 적지 않게 남아 있다.

한국 금속 활자본과 목판본을 구분하기 위해서는 주의 깊게 살펴보

---

69 【역자주】 M. Courant, 『Bibliographie Coréenne』, 1894, (t.1), p. LXII–LXIII, 쿠랑 저, 이희재 역, 위의 책, 19쪽.

아야 한다. 외면적으로 한국의 활자본은 목판본과 별 차이가 없어 보인다. 크기, 표지, 종이, 어미가 같기 때문이다. 한국 서적은 대부분 규격이 크다. 동방학연구소 고문서실이 정한 규격에 따르면 한국 서적은 C와 D 규격(가로 25cm~40cm)에 속한다. 금속 활자본의 특징을 자세히 살펴보면 다음과 같은 것을 볼 수 있다.

1. 종이를 접는 부분에 있는 어미에는 판심과 떨어져 있는 독립된 선이 있으며, 목판본과 다르게 판심과 붙어 있지 않다. 활자판에는 어미를 활자처럼 따로 주조하여 그 자리에 넣는다. 어미의 넓이는 판심 계선 사이의 간격보다 좁다. 그래서 어미의 가로 폭과 판심 계선 간에는 매우 좁은 공간이 남아 있게 된다. 목판에서는 어미를 판심과 같이 새겼기 때문에 사이에는 공간이 남지 않았다.
2. 글자 행을 나누는 계선이 약간 기울어지거나 띄어져 있을 수 있다. 계선이 되는 대나무 줄이 활자가 밀랍 혼합물에 가한 압력으로 움직이거나 비뚤어지기 때문이다. 목판에서는 글자 행을 나누는 계선을 본문과 같이 새긴다.
3. 행을 나누는 계선이 광곽과 붙어있지 않고 그 사이에 얇고 하얀 선이 있다. 왜냐하면 계선을 고정하는 대나무 판이 있기 때문이다.
4. 활자본에서는 본문 안에 나오는 같은 한자의 모양이 동일하다. 그러나 이것이 절대적인 특징은 아니다. 활자로 간행한 중앙 기구의 서적들은 보통 다시 간행할 때 목판본으로 인쇄를 하였다. 그런 경우 목판에서는 활자본의 활자 모양이 정확히 새겨져 있을 뿐만 아니라 편제면에 '활자 간행'이라는 원본에 있었던 표시까지 보전되어 있게 된다.

목판본의 글자에서는 가끔 하얀색의 무늬가 나타날 수 있다. 그것은 먹의 흡수력과 목판의 품질에 따라 먹이 잘 스며들지 않아서 생기는 현상이다. 이러한 현상은 부드러운 나무판에다가 새긴 값이 싼 서적에서 특히 잘 나타난다. 가끔 필사본과 목판본을 구분하기가 힘든 경우가 있다. 위에서 언급했듯이 때에 따라 필사본은 목판본과 같이 광곽이 있는 종이(인찰공책지)에 기록되기도 하기 때문이다. 필사본은 보통 목판본과 비슷한 크기, 표지와 어미를 가지고 있다. 아주 드물게 필사본은 약간 노랗고 하얀색의 표지와 빨간색이 아니라 초록색이나 하늘색 실로 묶여진 경우도 있다.

때론 서적이 목판본인지 필사본인지를 알아보기 위해 확대경을 사용해야 하기도 한다. 본문을 확대해서 보면 필사본은 글자 끝이 가늘어지는 것과 먹에 따른 농담(濃淡)의 차이가 있는 것을 볼 수 있다. 칼로 조각할 수 없는 아주 얇은 선도 나타난다. 가끔 뒤의 글자가 앞의 글자와 겹치는 경우도 있고, 한자의 획 순서가 보이기도 한다.

한국 필사본과 목판본을 해제할 때 저자의 성명, 출신지, 서적이 필사되거나 간행된 곳을 정하는 것은 매우 어렵다.

한국인에게는 성(姓)과 이름(名)이 있다. 그런데 여러 가지 이유로 호칭이 바뀌는 경우가 드물지 않다. 한국에는 여섯 가지 중요한 성(姓)이 있는데 안(安), 정(鄭), 박(朴), 이(李), 김(金), 최(崔)이다. 드미트렙스키에 의하면 이외의 성을 가진 사람들은 다른 나라에서 이주한 가문의 출신이라고 한다.[70] 한국 인구 가운데 60~70%는 이 육성(六姓)을 가지고 있다.

콘라트(Н. И. Конрад)는 1915년에 러시아 중앙아시아와 동아시아 연구위원회에 제출한 한국 출장 보고서에서 육성(六姓)에 대해 다음과 같이 서술하였다.

---

70 Дмитревский П. А. Заметки переводчика, составленные переводчиком при окружном управлении на острове Цусима Отано Кигро в 1794 г. Записки Русского Географического общества, т. XII, No. 4, 1884, стр. 171–172.

"한국인들은 육성(六姓)이라고 하는 이(李), 김(金), 최(崔), 안(安), 정(鄭), 박(朴)을 주요한 성이라고 생각한다. 원래 성은 104개가 있다. 그러나 한국인들은 그중에 74, 75개만 본래의 성이고 나머지는 그들의 파생이라고 주장한다 (중략) 각 성은 다른 성과 관향(貫鄕), 즉 조상들의 고향으로 구별된다. 많은 가문들은 같은 성을 가지고 있기 때문에 그들을 구별하려고 성에 본관도 같이 붙인다. 또 가문은 오래된 가문, 그렇지 않은 가문, 또는 귀천(貴賤)으로 나뉘기 때문에 꼭 구분을 해야 한다. 한국인에게 '이씨'라고 하면 어떤 '이씨'를 말하는지 잘 이해할 수 없을 것이고 예컨대, '우봉 이씨(牛峰李氏)' 즉 우봉의 이씨라고 하면 모든 것이 확실해질 것이다. 또 본관을 꼭 붙여서 말해야 할 이유는 상민(常民)이 어떤 귀한 가문의 성을 가져다가 쓰기 때문이다. 그래서 본관 없이 성만 밝히면 그 사람이 속한 계급을 오해할 수도 있다. 상민은 본관을 말할 수 없고 또한 양반 계급이 필수적으로 가지고 있는 족보가 없다."[71]

필사본과 목판본을 해제할 때는 현대 이전의 서적을 다루어야 하는데 그 서적의 저자들은 보통 지배계층에 속해 있었다. 그렇기 때문에 이상에서 제시한 내용을 고려하여 저자의 본관을 파악하는 일은 중요하다.

한국에서 선비들은 다른 이름 또는 별명인 자(字)를 가졌는데, 이것 또한 바꿀 수 있는 것이었다. 문학을 하는 사람들은 필명인 호(號)를 가지고 있었는데, 한 사람이 한 개에서 열 개까지도 호를 가질 수 있었다. 지명을 호로 삼는 경우도 있는데 이것은 여러 어려움을 불러일으킨다. 높은

---

71 Архив АН СССР, ф 148. оп.1, No. 94, рукопись Н. И. Конрада (콘라트 자료. 소련 과학아카데미 고문서 보관실 148, 1, No. 94

관료들은 생존 시에는 봉호(封號)를 받고, 사망 이후에는 시호(諡號)를 받았다.

지명도 여러 번 바뀌었다. 대부분의 고을과 마을에는 두 가지의 명칭이 있었다. 하나가 공식적인 명칭이라면, 다른 하나는 민간에서 사용하는 명칭이었다. 공식적인 명칭은 왕조가 바뀔 때 함께 바뀌었다. 어떤 지명이 문학 작품에 언급되었을 경우에 여러 문학적인 명칭을 갖게 되기도 하였다. 왕조가 바뀌었을 때는 북쪽에 있는 도시명이 남쪽에 있는 도시명으로 바뀔 때도 있었다.

필사본은 필사 날짜가 기록되어 있는 경우에도 필사한 연도를 확정하기 어려울 때가 있다. 한국은 중국에서 사용하는 60간지를 받아들였다. 서적을 필사한 간지를 알게 되어도 이 간지가 어느 시기에 해당하는지를 본문에서 언급되는 사건을 통해서 추측해야 한다. 간지와 함께 그 당시 즉위한 왕명이 표기되어도 필사 연도를 확정하는 근거가 되지 못한다. 왕의 이름을 피해 부르는 원칙에 따라 저자는 왕의 묘호(廟號)를 쓰지 못하고 능호(陵號)를 쓸 때가 있다. 또한 능호를 쓰면서도 두 번째 한자인 '능'(陵) 대신에 '묘(廟)'를 쓸 때가 있다. 이 두 글자는 묘호의 두 번째 한자로 사용되는 '조(祖)' 또는 '종(宗)'과 같은 것이다. 그렇기 때문에 '영묘(英廟)'라는 기록은 1725~1777년에 재위한 영조(英祖)에 해당하는 것인지 또는 삼백 년 전에 즉위한 세종(世宗)의 묘인 영릉(英陵)[72]에 해당하는지 알기 어렵다.[73]

중국의 통치자들은 기원전부터 즉위한 연도부터나 좋은 일이 일어난 때부터 두세 가지 또는 네 가지 좋은 뜻을 담은 한자를 가지고 일정한 기

72 【역자주】'영묘'는 영조 연간까지 세종[영릉/능호]을 지칭하는 단어이며, 정조 연간 이후에는 영조[묘호]를 지칭한다.

73 모든 역사 서적은 조선시대의 왕을 사후 중국 황제에게서 하사받은 이름으로 칭한다. 그 명칭은 보통 4글자로 되어 있는데 두 번째 글자는 조(祖) 또는 종(宗)이다. '조'는 '조상',

간을 칭하는 전통을 세웠다. 그것을 연호라고 하여 어떤 기간의 연도는 이 연호의 첫 번째, 두 번째, 세 번째 해라고 칭하였다. 한 연호는 왕이 다른 연호를 택한다는 명이 내려질 때까지 계속 이어진다. 그러므로 연호는 왕이 즉위한 기간 동안에 이어지는 것이 아니라 왕의 의지에 따라 바뀌는 것이었다. 명나라에 이르러서야 왕이 즉위한 연도를 연호의 1년으로 삼는 규칙이 세워졌다. 한국의 모든 공식적 간행본과 대부분의 사적인 서적들은 중국의 연호를 사용하고 있다. 한국은 1637년에 만주족의 종주권을 인정했지만, 그들이 세운 청나라에 대한 반대가 심했기 때문에 많은 간행본과 필사본에서는 명나라의 마지막 연호를 사용하였다. 19세기 말에 한국이 서양 국가들과 교류하기 시작했을 때는 공식 문서에 조선 왕조가 건립된 1392년을 개국(開國) 1년으로 삼았다.[74]

본 해제에서 사용한 한국어 전사법에 대해서는 다음과 같이 설명하도록 하겠다. 러시아의 한국어학자들은 한국어의 통일된 러시아어 전사법을 아직 만들지 못하였다. 베베르(Вебер), 폿스타빈(Подставин), 푸칠로(Пуцилло), 쿠지민(Кузьмин)[75]이 만든 전사법은 한국어 음성 구조의 이해나 러시아어 글자로 한국어 음성을 전하는 면에서 만족스럽지 못하였다. 레닌그라드국립대학교 실험음성학연구소의 진데르(Л. Р. Зиндер) 교

'창립자'라는 뜻이다. '조'라는 명은 재위 때 전쟁, 동란, 봉기가 있었던 왕이 받았는데 즉 이 왕은 난중에도 왕조를 다시 확립한 것으로 보았다. '종'이라는 글자는 재위 시기가 평화롭고 안전했던 왕이 받았다. 폐위를 당한 연산군과 광해군만은 그런 묘호를 받지 못하였다.

74 【역자주】 M. Courant, 『Bibliographie Coréenne』, 1894, (t.1), p. XXXV-XL, 쿠랑 저, 이희재 역, 앞의 책, 9~10쪽.

75 【역자주】 카를 이바노비치 베베르(Карл Иванович Вебер,1841~1910)는 러시아의 외교관으로서 1885~1897년에 주한러시아공사를 역임하였다. 미하일 파블로비치 푸칠로(Михаил Павлович Пуцилло, 1845~1889)는 러시아 역사학자로서 1874년에 출판된 『Опыт русско-корейского словаря』(『노한 사전』)의 편찬자이다. 그리고리 블라디미로비치 폿스타빈(Григорий Владимирович Подставин, 1875~1924)은 러시아의 동양학자, 한국학자이다. 니키타 드미트리예비치 쿠지민(Никита Дмитриевич Кузьмин, 1866~1927?)은 1896~1898년에 한국 군대의 훈련을 담당한 러시아의

수는 한국어 표준 발음을 연구하고 있는데 그 연구의 결과는 아직 공개되지 않았다. 『로조사전』의 저자인 우사토프(Усатов), 마주르(Мазур), 모스디코프(Моздыков)가 제시한 전사법은 한국어 발음에 대해 실험적인 확인 없이 만들어져 오류가 많아서 완전하게는 사용할 수 없다.[76] 이 해제에서는 변음부호(발음표시 부호)를 피하기 위해 러시아어 글자를 활용하여 한국어 발음을 대략적으로 전달하는 단순화된 전사법을 사용하였다.

러시아어 표기 체계에는 한글 자음이 다음과 같이 대응된다.

к	н	т	л/р	м	п	с	нъ
ㄱ	ㄴ	ㄷ	ㄹ	ㅁ	ㅂ	ㅅ	ㅇ

일반적으로 자음은 모음의 앞과 뒤에 쓸 수 있으나 'к', 'т', 'п'는 모음과 모음 사이나 비음(鼻音) 'н', 'м', 'нъ' 다음에 쓰면 유성자음이 되므로 러시아어에서는 'г', 'д', 'б' 로 표기된다. 다음과 같은 자음의 표기법은 모음의 앞에서만 쓴다.

ч	чх	кх	тх	пх	х
ㅈ	ㅊ	ㅋ	ㅌ	ㅍ	ㅎ

훈련교관이었으며, 한국어 학습서의 저자이다. 베베르, 푸칠로, 폿스타빈, 쿠지민의 한국어 및 한국어 전사법에 관하여는 다음 자료를 참조할 수 있다. Концевич Л. Р., 2003 "О развитии традиционного корееведения в царской России", Энциклопедия корейцев России, 140 лет в России, М.: РАЕН, с. 77–102.

76 【역자주】 Русско-корейский словарь, Усатов Д. М., Мазур Ю. Н., Моздыков В. М., М: Государственное издательство иностранных и национальных словарей; Издание 3-е, испр. и доп., 1954.

'ц' 소리는 모음 사이와 비음 뒤에 유성자음이 되기 때문에 러시아어 전사법에서는 'цж'로 표기한다. 'х'는 그 뒤에 모음이 강하게 발음되는 경우에만 발음한다. 따라서 'х'가 발음되지 않는 경우에는 표기하지 않았다.

кк	тт	пп	чч
ㄲ	ㄸ	ㅃ	ㅉ

쌍자음은 한국어 알파벳에서는 조음기관의 폐쇄, 즉 인후(咽喉)의 폐쇄 또는 강한 조음동작을 불러일으키는 소리를 표기할 때 사용하였다.[77] 단어 가운데 쓰이는 кк, тт, пп, чч, сс, нн, мм, лл 같은 러시아어 글자들은 길게 발음하는 자음을 표기하였다.

러시아어 글자를 사용하여 한국어 단어를 표기할 때는 일반적으로 알려져 있는 한국어 자음동화의 표를 따르겠다.

	앞 음절의 받침							
		к	т	п	н	м	л	нъ[72]
뒤 음절 첫 글자	к	кк	кк	пк	нъг	мг	лг	нъг нънъ
	т	кт	тт	пт	нд	мд	лд, д	нъд
	п	кп	пп	пп	мб	мб	лб	нъб
	ч	кч	тч	пч	нчж	мчж	лчж, чж	нъчж
	с	кс	сс	пс	нс	мс	лс, с	нъс
	н	нън	нн	мн	нн	мн	лл, н	нън

77 【역자주】 페트로바는 'ㅆ'을 본문에 쓰지 않았다.

78 러시아어 전사법에서 'нъ'은 영어의 ŋ(ㅇ)과 비슷한 공명 비음에 동화되는 비음화를 표기할 때 사용된다.

뒤 음절 첫 글자	м	нъм	мм	мм	мм(нм)	мм	лм	нъм
	р/л	нън	нн	мн	лл	мн	лл	нън

표준 한국어는 10개의 모음이 있다.

1. 일반적인 [a](아)는 러시아어 글자 'a'로 표기한다.
2. 구개음화를 겪지 않는 [ə](어)와
3. 구개음화된 [o](오)는 단순화된 러시아어 표기법을 따라 [ə]와 [o] 둘 다 'o'로 표기한다.
4. [y](우)는 러시아 글자 'y'로 표기한다.
5. [ы](으)는 러시아 글자 'ы'로 표기한다.
6. [u](이)는 러시아 글자 'u'로 표기한다.
7. [ӑ](애)는 러시아 글자 'э'로 표기한다.
8. [э](에)는 러시아 글자 'e'로 표기한다.
9. [ӧ](외)의 발음은 독일어 [ӧ]에 가깝고, 발음표기 부호를 피하기 위해 러시아어 글자 'ё'로 표기한다.
10. [ӱ](위)는 독일어 [ӱ]에 가깝고, 위와 같은 이유로 러시아어 글자 'ю'로 표기한다.

한국어 모음 a(아), ə(어), o(오), y(우)는 울림소리 'й' 앞에서 '[j]+모음'의 상향이중모음이 된다. 따라서 이중모음이 된 경우로 다음과 같이 전사하였다. 야(я), 여(ә), 요(ё), 유(ю) 실제 전사법에서는 '반모음 이' 발음을 가진 '여' 와 '요'는 러시아어 글자 [ё]로 표기한다.

그 외에 한국어에는 [의] 발음이 나는 두 가지 'e'가 있다. 하나는 넓은 이중모음 [йӑ](얘), 하나는 좁은 이중모음 [йe](예)에 가까운 발음이며 표기법에서는 둘 다 러시아어 글자 'e'로 표기한다.

한국어에서는 '의'만 이중모음이다. 이 소리는 'ый'라는 글자로 표기한다. 한국어에서는 서로 다른 모음이 연달아 나오는 경우에 둘 중에 보다 높은 위치에 있는 모음이 거의 들리지 않게 발음한다. 한러·러한 사전에서는 이와 같이 스쳐 지나가는 발음을 러시아어 글자 'в'로 표기하였다. 예컨대 'oa(와)'는 'ова', 'уэ(왜)'는 'увэ'로 표기하였다. 본 해제에서는 이와 같은 표기법을 사용하지 않고 두 모음 간에 ('в')를 표기하지 않았다.

서적의 제목을 러시아어 글자로 쓸 때는 현대 한국어 맞춤법과 차이가 나더라도 서적에 기록되어 있는 제목대로 적었다. 한국에서 간행된 중국 서적의 제목은 중국어 발음이 아니라 한국어 발음으로 표기하였다.

한국 분과의 서적은 주제별로 다음과 같이 분류한다.

1. 역사. 한국통사, 1592~1598년에 일본의 침략(임진왜란)의 역사, 한국 근대사(19세기 역사), 한국의 외교사, 한국에서 간행된 중국 역사서, 한국 유교사. 지리학, 민속학, 법학도 여기에 포함된다.

2. 사상. 중국 유교 저서의 한국 번역본과 주석본, 한국 신유학 저서, 유교, 도교, 불교, 기독교 서적도 여기에 포함된다.

3. 언어와 문학. 한국어학자, 한국어 역사 전문가의 관심을 받을 만한 자료가 여기에 포함된다. 한국어 학습서, 한국어로 기록된 이야기와 회화, 일본어·한국어 회화, 중국어·한국어 사전, 한국인을 위한 중국어 학습서가 있다.

15세기 이전에 한국 문학은 한문으로 기록되었다. 1444년 이후에야 한국의 문학 작품들이 한국어 알파벳인 훈민정음으로 기록되기 시작하였다. 동방학연구소 한국 분과에는 한글로 기록한 16세기 이전의 서적은 없다. 1504년에 연산군이 한글로 글쓰는 것을 금지시키고, 한글을 한문을 전사하는 수단으로만 사용하게 한 것을 고려한다면, 한글을 담고 있는 중국어 학습서도 언어학자들에게는 귀한 자료가 될 수 있다. 그렇기 때문에 이런 서적을 이 분야에 포함하였다.

문학 분야에는 한문으로 기록된 한국 문학을 포함하였다. 집(集)은 글 모음집이고, 고(稿)는 글의 초고이며, 유고(遺稿)는 작가가 남긴 초고를 후세나 제자들이 편집한 서적이다. 집(集)은 저자가 기록한 다양한 내용의 글을 담고 있다. 그중에서는 한시, 공식 문서, 편지, 의식(儀式)과 관련된 글을 찾아볼 수 있다. 의사를 표현하는 글인 전(箋), 비명(碑銘)인 명(銘), 고인에 대한 찬사와 고인의 행적을 적은 지문(誌文), 지장(誌狀)과 행장(行狀), 애도하는 글인 애문(哀文), 제사를 지낼 때 사용하는 글인 제문(祭文), 서문(序), 발문(跋), 논설, 해석, 주석 등으로 문학 작품을 제외한 모든 글을 포함한다. 문집에는 장편소설이나 이야기 등을 수록하지 않는다.

한국문학사 연구자들에게 한국 역대 시문의 선집인『동문선(東文選)』은 큰 관심을 받을 만한 서적이다. 이 선집은 130권 46책으로 구성되어 있고 6세기에 걸쳐 창작된 시문(詩文)을 모아놓은 것이다.

언어·문학 분야에서는 한글로 기록된 필사본 장편소설도 포함하였다. 이 문학 장르는 계속 발전하였고 한국어 문어(文語)의 기원으로 관심을 받을 만하다. 이 분야에서는 민중의 언어로 기록한 서사문학 자료를 주목할 만하다. 그리고 한글로 기록한 몇 개 시가집도 있다.

4. 백과전서. 이 분야에는 백과사전을 포함하였는데, 그중에서 우선 위에서 언급한『동국문헌비고』가 주목된다.

한국 분과의 모든 서적은 소련 과학아카데미 동방학연구소에서 모든 동방 국가의 문헌들에 적용한 분류 기준에 따라 정리하였다. 기준이 되는 4개의 주요 항목은 '1) 서적의 내용, 2) 서적의 역사, 3) 형태적 사항, 4) 참고 문헌'이다.

만약 필사본, 목판본, 활자본이 아시아박물관이나 동방학연구소 도서관의 청구기호를 가지고 있다면, 그것을 새로운 청구기호 다음에 괄호 속에 표시하였다. 서명은 서적에 적혀 있는 그대로 한자나 한글로 기록하였다. 러시아 문자로 표기된 서명은 괄호 속에 적었다. 다음에는 서명을 러시아어로 번역하여 적었다.

저자에 대한 정보는 'a) 성명, b) 자, c) 호, d) 본관, e) 생몰년도(확인이 가능한 경우)'의 순서로 제시하였다.

위에서 언급했듯이 한국 문인들은 많은(때로는 10개 이상) 호를 가졌고, 바꿀 수도 있었기 때문에 여기서는 가장 잘 알려진 호를 기록한다. 저자의 전기적 정보는 특별히 필요한 경우에만 서술한다. 저자의 정보 다음에는 서적의 언어를 표시한다. 서적의 본문에서나 다른 문헌에서 찾을 수 있다면 서적의 제작연도를 표시한다.

서적의 내용은 독자가 대략 파악할 수 있을 정도의 짧은 내용으로 소개하였다. 서적에 낙장(落張)이 있는 경우에는 존재하는 장수만 표시하였다. 해제에서 출처는 대부분 표시하지 않았다. 한국 서적의 경우에 출처를 파악하는 것은 거의 불가능하기 때문이다. 서적의 내력에 대해서도 위에서 서술한 한국 필사본의 성격 때문에 이 해제에서는 기록하지 않았다.

형태적 사항에서는 다음과 같은 정보를 수록하였다. 서적이 속하는 문고, 동방학연구소로 입수된 연도(알려져 있을 경우), 구입한 장소, 크기, 권책수, 장수, 장 번호, 행수(필사본 경우에만 기록한다. 목판본과 활자본은 그러한 표시를 할 필요가 없다. 왜냐하면 대부분 한 쪽에 10~12줄이 표준이기 때문이다.), 지질(紙質), 필체, 삽도, 장정, 손상 정도.

이 해제에 대하여 다음과 같은 중요성을 이해할 필요가 있다.

1) 동방학연구소 소장 한국 고서에 대한 언급이나 해제는 현재까지 어느 목록, 논문과 단행본에도 없었다. 이 고서 해제는 처음으로 작성한

것이다.

2) 이 해제에 수록한 고서들은 전체 또는 일부도 출판된 적이 없었다.

3) 이 해제에 수록한 고서들은 러시아어로 번역된 적이 없다. 몇몇 서적만이 번역되었는데, 그러한 경우에는 해제에서 번역의 여부를 표시하였다.

4) 현재까지 소련 국내에서 한국 고서의 목록은 없었다. 본 『한국 기록문화 유산의 해제』는 소련 최초의 한국 고서에 대한 해제이다.

5) 본 해제를 만드는 과정에서는 아래 '참고문헌 약어표'에서 제시한 외국 해제들과 목록들을 활용하였다. 또 해제나 목록은 아니지만 한국 고서에 대해 중요한 정보를 담고 있는 한국 서적들도 참고문헌에 포함하였다.

[상권의 참고문헌: 해제]

1. 해제

H. Cord., Bibl. Sin. - Henri Cordier. Bibliotheca Sinica. Dictionnaire bibliographique des ouvrages relatifs à l'Empire Chinois), 1-4, Paris, 1904; supplement et index, Paris, 1922.

M. Cour., Bibl. Cor. - Maurice Courant. Bibliographie Coréenne (Tableau littéraire de la Corée, contenant la nomenclature des ouvrages publiés dans ce pays jusqu'en 1890, ainsi que la description et l'analyse détaillées des principaux d'entre ces outrages), 1-3, Paris, 1896.

朝鮮圖書解題, 1915 - 朝鮮圖書解題, 京城: 朝鮮總督府, 1915.

朝鮮圖書解題, 1932 - 朝鮮圖書解題, 京城: 朝鮮總督府, 1932.

漢籍解題 - 桂伍十郎, 漢籍解題, 東京: 明治書院, 1913.

增訂國書解題 - 佐村八郎. 增訂國書解題, 1-2, 東京, 1926.
조선어사강독 - 조선어사강독, 평양, 1953.
한글갈 - 최현배, 한글갈, 경성: 정음사, 1942.

2. 목록

L. Serr. Bibl. Jap. - L. Serrurier. Bibliothèque japonaise: catalogue raisonné des livres et des manuscrits japonais enrégistrés à la bibliothéque de l'Université de Leyde, 1896.
R. Kenn. Cat. Jap. - R. Kennaway Douglas. Catalogue of Japanese printed books and manuscripts in the British Museum acquired during the years 1899~1903, London : British Museum, 1904.
東洋文庫岩崎文庫和漢書目錄 - 東洋文庫岩崎文庫和漢書目錄, 東京: 東洋文庫, 1934.
東洋文庫小田切文庫目錄 - 東洋文庫小田切文庫目錄, 東京: 東洋文庫, 1938.
朝鮮書籍目錄 - 金澤庄三郎, 朝鮮書籍目錄, 1911.
東洋文庫朝鮮本分類目錄 - 東洋文庫朝鮮本分類目錄, 東京: 東洋文庫, 1939.

I 한국통사

한국 기록문화유산의 해제 (상)

| 1 |

D 1 (E 590)[79]

三國史記 (Самгук саги)
"삼국(신라, 고구려, 백제)의 역사에 대한 기록"

- **저자:** 김부식(金富軾), 호는 뇌천(雷川), 본관은 경주(慶州), 1075~1151
- **언어:** 한문

이 책은 한국사에 관한 가장 오래된 자료이다. 중국 역사 자료와 현존하지 않는 한국 역사 자료를 바탕으로 하여 1145년에 제작되었다. 내용은 다음과 같다. 신라본기(1~12권), 고구려본기(13~22권), 백제본기(23~28권), 연표(29~31권), 제사와 음악에 대한 논설(32권), 이동 수단, 의복, 거주지에 대한 논설(33권), 지리에 대한 논설(34~37권), 통치에 대한 논설(38~40권), 열전(41~50권).

---

79 【역자주】 이 번호는 청구기호를 의미한다. 앞으로의 모든 해제에도 동일하게 적용된다.

권 50에는 김부식을 비롯하여 이 책을 편찬한 사람의 명단과 김거두(金居斗)의 발문이 있다. 이 발문에서 김거두는 이 책의 초간본이 오래전에 유실되었고, 14세기 말에 필사본이 발견되어 다시 간행하였다는 사실을 밝히고 있다. 이 서적의 발문은 명(明) 홍무(洪武) 27년(1394)으로 되어 있기 때문에 목판본은 이때 간행되었다고 추정할 수 있다.

본 서적은 여러 판종이 혼합되어 있다. 책 1, 2, 3, 5는 필사본이고, 책 6은 목판본이며, 책 4, 7, 8은 활자본이다. 필사본은 필사 시기와 장소가 표시되지 않았다. 이 필사본이 원본과 일치하는지는 알 수 없다. 활자본은 활자의 성격에 의하여 15세기 초에 간행되었다고 추정할 수 있다.[80] 그 활자는 이후에 사용되지 않았다. 따라서 책 4, 7, 8은 초간본(初刊本)인 듯하며(조선 최초의 금속활자는 1403년에 주조되었다), 그렇다면 이 책들은 세계적 보물이라고 할 수 있다.

드미트렙스키 문고. 1907, St. P., 31cm×20cm, 50권 8책, 1136장, 장 번호 한자, 장 번호 권별로 매김, 1면당 10행, 한지, 먹으로 기록함, 서양식 장정이 아님.[81]

- **해제:** M. Cour., Bibl. cor., No. 1835; 朝鮮圖書解題, 1932, 35쪽.
- **목록:** 東洋文庫朝鮮本分類目錄 8쪽, XI-4-B-33(활자본), VII-2-134(여러 판종: 활자본과 필사본), VII-2-804(영인본, 서울, 1931), VII-5-1001(錢見倫太郎의 번역 및 주석, 서울, 1910), X-5-A-22(坪井九馬三의 번역본, 도쿄, 1914); 朝鮮書籍目錄, 1쪽, No. 1(목판본).
- **일본어 번역서:** 靑柳綱太郎, 『三國史記』 2책, 朝鮮硏究會, 1914년, 712쪽.

80 【역자주】『삼국사기』의 활자본은 숙종 연간(1674~1720)에 간행된 현종실록자본이 있다.

81 【역자주】'서양식 장정'은 서배(書背)까지 덮는 장정이다.

| 2 |

A 4

三國遺事 (Самгук юса)

“삼국의 연대기”

- **저자**: 승려 일연(一然), 법명은 견명(見明), 자는 회연(晦然), 본관은 경주(慶州), 1206~1289
- **언어**: 한문

단군부터 시작되는 한국의 역대 역사서로 연표가 첨부된 고대 삼국(신라, 고구려, 백제)에 대한 연대기이다. 특히 불교 전파의 역사가 자세히 서술되어 있다. 또한 신라의 역사를 서술하는 부분에서는 신라의 언어로 기록된 향가(鄕歌)를 제시하고 있는 것이 흥미롭다.

13세기에 서술된 이 서적의 원본은 전해지지 않는다. 현재 가장 오래된 『삼국유사』의 판본은 1512년에 간행된 목판본이다.

이 책은 1512년 목판본의 신식 일본 영인본이다.[82]

- **해제**: M. Cour., Bibl. cor. No. 1994; 朝鮮圖書解題, 1932, 72쪽.
- **목록**: 東洋文庫朝鮮本分類目錄 13쪽, X-5-A-22

| 3 |

C 55 (B 76)

東國史略 (Тонъгук саряк)

82 【역자주】 페트로바는 이 서적이 동방학연구소로 유입된 과정에 관해 언급하지 않았다.

“한국의 간략한 역사”

- **저자**: 권근(權近), 자는 가원(可遠), 호는 양촌(陽村), 본관은 안동(安東), 1352~1409
    이첨(李詹), 자는 소숙(少叔), 호는 쌍매당(雙梅堂), 본관은 홍주(洪州) 신평(新平), 1345~1405
    하륜(河崙), 자는 대림(大臨), 호는 호정(浩亭), 본관은 진주(晋州), 1347~1416
- **언어**: 한문

『동국사략』은 태종 연간(1400~1418)에 제작되었다. 이 책은 고조선부터 1392년까지 한국의 역사를 간략하게 서술하였다. 구성은 다음과 같다. 고대사(단군, 기자, 위만조선, 한사군, 삼부, 삼한, 신라, 고구려, 백제, 권 1), 신라시대 역사(권 2), 고려시대 역사(10~14세기, 권 3~6).

필사본. 필사기는 없지만, 마지막 쪽에 이 책의 내용은 전노이(錢魯二)가 가지고 있는 1686년의 필사본과 일치한다는 기록이 있다. 본문에는 붉은색의 먹으로 수정을 하거나 추가된 부분이 있다.

아시아국 문고. 1864년, St. P., 26cm×16cm, 6권 4책, 본문의 크기 19cm×11.5cm, 322장, 장 번호 한자, 권별로 매김, 1면당 9행, 얇은 한지, 본문은 먹으로 기록되었고 수정 및 추가는 붉은색으로 함, 달필임, 중국식 파란색 책갑.

- **해제**: M. Cour., Bibl. cor. No. 1847; 朝鮮圖書解題, 1932, 63쪽.
- **목록**: 東洋文庫朝鮮本分類目錄 9쪽, VII–2–13(1895년의 간행본); 朝鮮書籍目錄, 3쪽(필사본).

| 4 |

C 22 (E 503)

朝鮮史略 (Тёсэн сиряку)[83]

"한국의 간략한 역사"

이 서적은 1617년(皇明萬曆丁巳)에 한국에서 간행된 위 서적(『동국사략』)의 일본 간행본이다. 마지막 장에는 이에 대한 기록이 있다. 한문으로 된 본문은 일본어로 읽기 위한 가에리텐 표시가 있다.

印: 애스턴의 ex-libris

목판본. 1822년에 간행되었다.

애스턴 문고. 27cm×18cm, 6책, 251장, 장 번호 없음, 검은색 종이 표지.

| 5 |

D 28 (E 51)

東鑑 (Тонъгам)

"한국의 편년지(編年誌)"

- **저자:** 서거정(徐居正), 자는 강중(剛中), 호는 사가정(四佳亭), 본관은 대구(大丘), 1420~1488

  최부(崔溥), 자는 연연(淵淵), 본관은 나주(羅州)의 탐진(耽津). 연산군(燕山君)에 의해 1498년에 유배를 당하고 1504년에 사형을 당하였다. 1454~1504
- **언어:** 한문

이 서적은 1485년에 편찬되었으며, 신라(기원전 53년)부터 기록된 한

83 【역자주】이 책은 일본 책이기 때문에 원본에서는 제목의 일본어 발음을 러시아어로 표기하였다.

국의 역사서이다. 고구려, 백제, 고려(1392년까지)의 역사에 대해 서술하였다. 중국 사마광(司馬光)의 『자치통감(資治通鑑)』에서 사용된 편년체(編年體) 방식을 기준으로 삼아 편찬되었다. 1권 앞에 있는 서설에서는 고대부터 신라까지의 역사가 서술되어 있다. 왕세자의 스승인 이극돈(李克墩)이 1485년에 작성한 서문이 있다.

동방학연구소 소장본은 낙질본으로 9책으로 되어 있다. 공민왕(恭愍王) 6년(1357)에 서술이 중단된다.

활자본. 낙질본, 권 10에서 시작되어 권 46까지만 남아 있다. 완질본은 56권으로 되어 있다.

애스턴 문고. 33cm×21cm, 9책(10~11권, 22~23권, 26~27권, 30~31권, 32~33권, 34~36권, 41~42권, 43~44권, 45~46권), 657장, 장 번호 한자, 권별로 매김, 서양식 장정이 아님, 낡은 책임.

- **해제:** M. Cour., Bibl. cor. No. 1851; 朝鮮圖書解題, 1932, 36쪽.
- **목록:** 東洋文庫朝鮮本分類目錄 9쪽, VII-2-60(필사본), VII-5-801(서울, 1912, 간행본); 東洋文庫岩崎文庫和漢書目錄, 368쪽(필사본).
- **번역서:** Camille Sainson, Les origines de la Corée, extrait du Tong-kouo-thong-kienn, Peking, Typographie du Pé-t'ang, 1895, in 8, p. 29.

| 6 |

C 18 (F 501)

앞의 책과 동일함

앞 서적의 일본판이다. 한문으로 된 본문은 일본어로 읽을 수 있게끔 일본어 문법 표시를 가에리텐과 가타가나로 표시하였다. 1667년에 하야시하쿠스이(林白水)에 의해 편집되었다. 그는 불교 승려인 듯하다.

일본 목판본. 1667년(寬文七丁未歲霜月日)에 쇼하쿠도(松柏堂)에서 간행되었다. 희귀본이다.

印: 建內藏記, 竹弄書庫, 애스턴의 ex-libris

애스턴 문고. 28cm×19cm, 57책, 2064장, 장 번호 한자, 권별로 매김, 오래되었지만 보존이 잘된 서적임.

| 7 |

C 19 (окс л/71)

앞의 책과 동일함

앞의 서적을 1883년에 일본에서 다시 간행한 것이다. 마지막 장에 1667년이라는 간기가 있는 것을 통해 그 사실을 알 수 있다.

일본 목판본. 1883년(明治十六年)에 간행되었다. 교토의 이즈모지 쇼하쿠도가 출판하였다. 목판은 현재에도 그곳에 소장되어 있다.

드미트렙스키 문고. 25.5cm×18.5cm, 56권 30책(책 28 분실됨), 1992장, 장 번호 한자, 권별로 매김, 검은색 종이 표지.

• **해제:** M. Cour., Bibl. cor. No. 1851

| 8 |

D 2 (F 74)

木齋家塾彙纂麗史 (Мок Чэ касюк Хючхан нёса)

"목재 학교의 고려왕조(10~14세기) 역사"

- **저자**: 홍여하(洪汝河), 자는 백원(百源), 호는 목재(木齋), 본관은 부계(缶溪), 1620~1674
- **언어**: 한문

이 서적은 17세기에 편찬되었고, 고려왕조 역사를 자세히 서술하였다. 저자가 이 책을 작성할 때는 정인지(鄭麟趾)가 편찬한 『고려사』를 이용했는데, 많은 부분을 수정하고 내용을 추가하였다. 이 책의 내용은 다음과 같다. 고려 왕들의 역사(권 1~6), 천문학(권 7), 오행(권 8), 지리(권 9~10), 예식(권 11), 음악(권 12), 의복과 이동 수단에 대한 서술(권 13), 관직 시험(권 14), 행정(권 15), 상업과 공업(권 16), 군사(권 17), 법령(권 18~19), 왕비, 공주 및 왕실 친척의 열전(권 20), 신씨 가문의 두 찬탈에 대한 열전(권 21), 유명한 신하의 열전(권 22~27), 여러 열전(권 28~42), 반역자의 열전(권 43~46), 오랑캐에 관한 기록(권 47), 일본인에 대한 기록(권 48).

이 책은 비판적 성격이 있었기 때문에 저자가 살아있을 당시에는 간행될 수 없었다. 저자의 사망 이후 그의 제자들이 이 기록을 보관하였다. 저자가 사망한 지 100여 년 후에야 경상도 선비들이 경비를 보태주고 홍 씨 가문 정장노의 노력으로 간행될 수 있었다.

목판본. 간행 연도 및 간행 장소 기록 없음.

소유자의 도장이 있는 부분이 잘려나가 있다.

드미트렙스키 문고. 1907년, St. P., 31cm×20cm, 48권 22책, 1588장, 장 번호 한자, 권별로 매김, 서양식 장정이 아님.

해제: M. Cour., Bibl. cor. No. 1863; 朝鮮圖書解題, 1932, 64쪽.

| 9 |

D 4 (F 13)

東史會綱 (Тонъса хёганъ)
"한국사의 편람"

• **저자:** 임상덕(林象德), 자는 이호(彝好), 호는 노촌(老村), 본관은 나주(羅州), 1683~1719
• **언어:** 한문

삼국시대(고구려, 신라, 백제)부터 고려 공양왕 연간(1389~1392)까지 1490여 년 동안의 한국사이다. 『동사회강』은 한국 문헌과 중국 연표를 바탕으로 하여 18세기 초에 편집되었다.

활자본. 18세기 전반기에 간행되었다.

아시아국 문고. 1864년, St. P., 31cm×19.5cm, 27권 14책(그중 2책은 서문, 목차, 연표), 903장, 장 번호 한자, 권별로 매김, 중국식 파란색 책갑.

• **해제:** M. Cour., Bibl. cor. No. 1866; 朝鮮圖書解題, 1932, 37쪽.
• **목록:** 東洋文庫朝鮮本分類目錄 9쪽, VII-2-62; 東洋文庫岩崎文庫和漢書目錄, 369쪽(필사본).

| 10 |

C 62 (E 8)

朝野記聞 (Чоя кимун)
"조정과 재야의 연대기"

• **저자**: 서문중(徐文重), 자는 도윤(道潤), 호는 몽어정(夢漁亭), 본관은 대구(大丘), 1634~1709
• **언어**: 한문

조선시대의 역사를 서술한 책이다. 전통적으로 통치왕조의 역사서를 간행하는 것은 금지되어 있었다. 따라서 그런 내용을 담은 서적은 보통 필사본으로 유통되었다. 이 연대기는 태조 연간(1392~1398)의 역사부터 시작된다. 책 1에서는 정종, 태종, 세종, 문종, 단종, 세조의 통치에 대한 서술이 있다. 책 2에서는 예종, 성종, 연산군, 중종, 인종, 명종, 선조의 통치에 대한 서술이 있다. 책 3에는 광해군, 인조, 효종, 현종, 숙종의 통치에 대한 서술이 있다. 책 4에는 경종의 통치에 대한 서술이 있다. 책 5에는 영조 연간(1724~1776)의 통치에 대한 서술이 있다. 책 3, 4, 5의 끝부분은 서문중이 사망한 후 다른 저자가 서술하였다. 책 5 끝부분에는 영조 연간 관료의 명단이 붙어 있다.

필사본. 필사 연도 및 필사 장소 기록 없음. 이 서적은 여러 사람들이 다른 종이에 다양한 필체로 서술한 것이다. 책 1, 2는 얇은 종이에 서술되었고 다른 책보다 낡아 보이며 우아한 달필로 기록되었다. 책 3, 4, 5는 두꺼운 종이에 서술되었고 글자가 큰 달필로 기록되었다. 이 서적은 『조야기문』의 원본일 가능성도 있다.

애스턴 문고. 27cm×17cm, 본문의 크기 20.3cm×14.5cm, 5권 5책, 각 책에는 '金木水火土'로 책 순서가 표시됨, 505장, 장 번호 없음, 한지, 본문은 먹으로 기록됨, 달필임. 손상 정도: 책 1의 4장(27, 28, 29, 30)에 먹이 많이 묻어 있지만 해독은 가능하다.

• **목록**: 朝鮮書籍目錄, 6쪽, No. 7(필사본)

| 11 |

D 76 (E 23)

朝野輯要 (Чоя чыбё)
"조정과 재야 연대기의 요약"

- **저자**: 미상[84]
- **언어**: 한문

이 서적은 1784년에 편찬된 것으로 보인다. 본문의 끝에는 정조 연간(1776~1800) 말에 창작된 『명의록』(1775~1777년도의 역사기록)이 언급되기 때문이다.

저자는 『조야기문』, 『국조보감』, 『국조휘언』과 같은 여러 연대기, 역사기록, 일기 및 다른 자료를 이용하여 조선시대의 간략한 역사를 편찬하였다. 책 1에는 조선이 건국된 이후 일어난 역사적 변화들을 서술하였다. 책 2-15에는 태조 연간부터 영조 연간에 이르기까지 모든 왕들의 통치가 서술되었다. 1775~1777년의 사건을 부록으로 수록하였다. 책 15 끝에는 영조 연간의 관료와 유명한 학자들의 자, 호, 본관을 포함한 명단이 첨부되어 있다.

필사본. 필사 연도 및 필사 장소 기록 없음.

드미트렙스키 문고. 1907, St. P., 31cm×19.5cm, 본문의 크기 24.3cm×16.3cm, 29권 15책, 1018장, 장 번호 없음, 1면당 13행, 한지, 본문은 먹으로 기록됨, 달필임, 서양식 장정이 아님.

---

84 【역자주】 원본에서는 이 책의 저자가 명확하지 않지만 우경오재(于耕漁齋)일 수 있다고 하였다.

• **해제**: M. Cour., Bibl. cor. No. 1876, 1877; 朝鮮圖書解題, 1932, 65쪽.
• **목록**: 東洋文庫朝鮮本分類目錄 13쪽, VII-2-132(필사본).

| 12 |

D 35 (F 57)

國朝寶鑑 (Кукчо богам)
"조선 왕조의 보배로운 연대기"

• **편찬자**: 조경(趙璥), 자는 경서(景瑞), 호는 하서(荷棲), 본관은 풍양(豐壤), 1727~1787
• **언어**: 한문

이 서적은 1457년에 신숙주(申叔舟)가 편찬한『국조보감』, 1684년에 이단하(李端夏)가 선조 연간의 사적을 편찬한『선묘보감(宣廟寶鑑)』, 1730년에 윤순(尹淳)이 숙종 연간의 사적을 편찬한『숙묘보감(肅廟寶鑑)』을 바탕으로 하여 1782년에 편찬되었다. 다른 왕들의 재위 시기의 역사를 서술할 때에는 여러 연대기와 개인 기록들을 사용하였다.

1848년에 이 연대기는 정조·순조·효명세자의 연대기를 추가하여 편찬되었다. 여기에는 1782년에 작성된 정조의 서문과 1848년에 작성된 철종의 서문이 있다.

이 서적은 결본(缺本)이다. 영조 연간에서 기록이 중단되었다.

목판본. 1848년에 간행되었다.

印: 애스턴의 ex-libris

애스턴 문고. 36cm×23cm, 22책 68권, 1805장, 장 번호 한자, 권별로 매김, 한지, 서양식 장정이 아님.

• **해제:** M. Cour., Bibl. cor. No. 1897; 朝鮮圖書解題, 1932, 45쪽.
• **목록:** 東洋文庫朝鮮本分類目錄, 11쪽, VII-2-3; 東洋文庫岩崎文庫和漢書目錄, 366쪽(목판본 82권 26책).

I 13 I

D 3 (F 82)

앞의 책과 동일함

1848년에 간행된 완질본이다. 권돈인(權敦仁)이 1848년에 작성한 발문이 있다. 편찬위원회의 명단이 첨부되어 있다.

목판본. 1848년에 간행되었다.

드미트렙스키 문고. 33cm×20cm, 82권 26책(책 10 없음), 2037장, 장 번호 한자, 권별로 매김, 한지, 서양식 장정이 아님. 손상 정도: 책 1, 2, 6, 8, 11, 20, 21, 23, 25, 26은 벌레에 의해 손상되었다.

I 14 I

B 30 (B 79)

紀年兒覽 (Кинён арам)
"아동을 위한 연대기" (역사 교과서)

• **저자:** 이만운(李萬運), 자는 중심(仲心), 본관은 함평(咸平), 1723~1797
• **언어:** 한문

이 교과서는 1777~1778년에 서술되었다. 권 1~3에는 고대 반고(盤

古)부터 건륭제(乾隆帝)까지의 중국의 역사가 서술되었다. 그리고 조, 정, 양, 진나라 등의 연대기가 있다. 권 4에서 고대부터 건륭황제까지의 중국의 행정구획 및 수도명이 기록되어 있다. 권 5~7에는 고대부터 영조 연간까지 한국의 간략한 역사가 서술되어 있다. 조선 부분은 보다 자세히 서술되어 있다. 또한 한국의 왕조 계보가 첨부되어 있다. 권 6과 권 8은 여러 역사 시기의 한국지리에 대한 정보를 담고 있다. 권 8에는 한국의 행정구획에 대한 기록이 있다.

이만운이 1778년(崇禎紀元後三戊戌)에 쓴 서문과 완산(完山)의 이덕무(李德懋)가 1777년(上之元年丁酉)에 쓴 두 번째 서문이 있다.

필사본. 필사 연도 및 필사 기록 없음.

印 : 영조의 장서인이 찍혀 있어서 이 서적이 18세기의 것임을 알 수 있다.

드미트렙스키 문고. 1907, St. P., 24cm×16cm, 8권 4책, 338장, 장 번호 없음, 1면당 10행, 한지, 본문은 먹으로 기록됨, 작은 글씨의 달필임, 서양식 장정이 아님.

- **해제:** M. Cour., Bibl. cor. No. 1864; 朝鮮圖書解題, 1932, 295쪽.
- **목록:** 東洋文庫朝鮮本分類目錄, 9쪽, VII-2-76(필사본); VII-5-1001(서울, 1912, 간행본)

| 15 |

C 48 (D 537)

海東繹史 (Хэдонъ ёкса)

"한국 고대의 역사"

• **저자:** 한치윤(韓致奫), 자는 대연(大淵), 본관은 청주(淸州), 1765~1814
• **언어:** 한문

한국, 중국, 일본의 550개 이상의 문헌을 바탕으로 하여 편찬한 한국의 고대사이다. 이 서적은 단군시대부터 고려까지의 시기를 서술하였다. 이 책은 백과사전의 성격을 가지고 있으며 다음과 같은 항목으로 구성되어 있다. 천문지, 역법, 의례, 음악, 군사, 형벌 제도, 음식, 농수산물, 수공업, 풍습, 건축, 행정, 불교, 외교, 예술과 문학, 전쟁 등. 본문에는 유명한 사람들의 명단이 수록되어 있다. 모든 항목은 연대순으로 기록되었다.

서적에는 부록이 있는데 조선시대 초까지 한국 여러 시대의 지도 12장을 포함하고 있는 역사 지리서이다. 이 부록은 한진서가 썼다.

필사본. 필사 연도 및 필사 장소 기록 없음.

드미트렙스키 문고. 1907, St. P., 크기 26cm×16cm, 본문의 크기 18.6cm×12cm, 본문 70권 부록 15권 총 28책, 1834장, 장 번호 없음, 1면당 10행, 어미와 광곽 계선이 있는 목판 인찰공책지에 필사함, 얇은 한지, 달필임, 책 1에는 12장의 지도가 그려져 있음, 서양식 장정이 아님.

• **해제:** 朝鮮圖書解題, 1932, 63~64쪽.
• **목록:** 東洋文庫朝鮮本分類目錄, 12쪽, VII-5-1001(『朝鮮群書大系』 권20~23, 서울, 1912); VII-5-801(『朝鮮叢書』, 서울, 1912)

| 16 |

B 7

啓蒙朝鮮史略 (Кэймо тёсэн сиряку)
“아동을 위해 간략하게 기술한 한국사”

• **저자**: 스가와라 류키치(菅原龍吉), 센다이(仙臺) 출신
• **언어**: 일본어

학교에서 교과서로 이용하기 위해 일본어로 번역한 한국 역사서이다(해제 4번 참고).

목판. 1875년에 도쿄에서 간행되었다.

印: 애스턴의 ex-libris

애스턴 문고. 23cm×15cm, 총 7책: 책 1(43장), 책 2(50장), 책 3(50장), 책 4(68장), 책 5(62장), 책 6(36장), 책 7(46장), 장 번호 한자, 권별로 매김, 서양식 장정이 아님.

| 17 |

C 20

國朝征討錄 (Кукчо чонтхорок)
"조선시대의 일곱 차례 원정에 대한 기록"

• **저자**: 미상
• **언어**: 한문

조선시대 원정이 서술되어 있다. 1419년 쓰시마섬(對馬島)의 일본해적에 대한 원정, 1433년 만주, 1467년과 1469년의 요동반도(遼東半島), 1492년의 여진(女眞), 같은 해의 서북지방, 1510년 일본 해적에 대한 원정의 기록들이다.

필사본. 필사 연도 및 필사 장소 기록 없음. 초고본인지 전사본인지 알 수 없다.

印: 애스턴의 ex-libris

애스턴 문고. 27cm×19cm, 본문의 크기 21cm×15cm, 1면당 10행, 2권 1책, 31장, 장 번호 없음, 얇은 한지, 본문은 먹으로 기록됨, 달필임, 서양식 장정이 아님.

| 18 |

D 45 (F 67)

南漢日記 (Намхан ильги)
"남한산성에 머물던 때의 일기"

- **저자:** 석지형(石之珩), 자는 숙진(叔珍), 호는 수현(壽峴), 본관은 화원(花園), 1610~미상
- **언어:** 한문

이 일기에는 1636년 청나라 침략 때 인조가 피신하던 남한산성에서 있었던 사건들이 서술되어 있다. 이 일기는 오랫동안 세상에 알려지지 않았다. 영조 29년(1752)에 이기진(李箕鎭)이라는 사람이 일기를 구입하여 보게 되었다. 그는 일기에서 서술되는 사건들이 사실임을 확인하고 이 책을 필사하여 배포했다. 또한 그는 일기에 인조와 남한산성으로 동행하고 남한산성 포위 때 그곳에 있었던 관료들의 명단을 추가하였다.

기록은 병자 12월 14일(丙子十二月十四日), 양력으로는 1637년 1월부터 시작되고, 정축 1월 30일(丁丑正月三十日), 양력으로 1637년 3월에 끝난다. 이 서적은 춘하추동(春夏秋冬)이라 표시된 4책으로 구성되어 있다.

필사본. 필사 연도 및 필사 장소 기록 없음.

印: 책 1에 인장은 먹으로 칠해져 있다. 나머지 책에는 인장이 잘려 있

다.

드미트렙스키 문고. 1907, St. P., 33.5cm×20.5cm, 본문의 크기 25.8cm×16cm, 총 4책: 책 1(68장), 2(86장), 3(85장), 4(100장), 장 번호 한자, 책별로 매김, 1면당 10행, 어미와 광곽 계선이 있는 목판 인찰공책지에 필사됨, 한지, 본문에 먹으로 기록됨, 달필임, 노란색 표지. 손상 정도: 낡은 책임. 책 1, 2, 3은 벌레가 먹은 흔적이 있음. 책 1에는 액체가 묻은 흔적이 있음. 책 2의 1~9장은 기름이 묻은 흔적이 있음. 책 3의 85장에는 먹이 번져 있음. 책 4의 94~100장에는 먹이 번져 있음.

- **해제:** M. Cour., Bibl. cor. No. 2033, 朝鮮圖書解題, 1932, 54쪽.

| 19 |

D 27 (F 50)

明義錄 (Мёнъырок)

"공정한 역사"

- **편찬자:** 김치인(金致仁), 자는 공서(公恕), 호는 고정(古亭), 본관은 청풍(淸風), 1716~1790
- **언어:** 한문

1775~1777년의 역사 기록이다. 『명의록』은 1777년에 편집되었고 3책으로 구성되어 있다. 첫 번째 책은 『존현각일기(尊賢閣日記)』인데, 두 부분으로 구성되어 있다. 1775년 3월 6일과 1776년 4월 16일에 궁궐에서 일어난 사건이 서술되었다. 존현각은 왕세손(이후 정조)이 머무는 곳이었다.

이 기록은 정조의 하교에 의해서 만들어졌고, 이 기록을 통해서 선조와 정조를 대상으로 꾸며진 음모를 알리고, 많은 궁궐의 사람들과 관료들이 사형을 당한 것을 설명하고자 했음을 이야기하였다.

그다음에는 이 책을 왕에게 올리는 기록들이 있다. 김상철(金尙喆)을 비롯하여 편집자들이 쓴 기록, 1776~1777년 이 책의 편집과 관련된 명령들이 첨부되어 있다. 책 끝에는 도승지 홍국영(洪國榮)이 쓴 간행 관련 기록이 있다.

책 1은 1776년 1월 10일부터 8월 8일까지 있었던 사건을 수록하고 있다. 책 2는 8월 10일에서 1777년 5월 15일까지의 사건을 서술하였다. 책 끝에는 강화부 유수 김종수(金鍾秀)가 1777년 5월 11일에 쓴 발문이 있으며 편집자들 명단이 수록되어 있다.

활자본. 1777년에 간행되었다.

印: 붉은 색으로 찍은 국가기관의 도장

애스턴 문고. 32cm×22cm, 3책, 191장, 장 번호 한자, 책별로 매김, 1면당 10행, 서양식 장정이 아님.

• **해제:** M. Cour., Bibl. cor. No. 2042, 朝鮮圖書解題, 1932, 58쪽.

| 20 |

C 8

明義錄諺解 (Мёнъыйрок онхэ)

“『명의록언해』”

• **역자:** 미상
• **언어:** 한글

내용은 해제 19번을 참고.

필사본. 필사 연도 및 필사 장소 기록 없음. 19세기 말에 필사된 것으로 추정된다.

印: 애스턴의 ex-libris

애스턴 문고. 27cm×19cm, 본문의 크기 17cm×10.8cm, 1책, 99장, 장 번호 없음, 1면당 10행, 얇은 일본 종이, 본문은 먹으로 기록됨, 파란색 종이 장정.

• **해제:** M. Cour., Bibl. cor. No. 2043, 한글갈, 1942, 213쪽.

| 21 |

B 2

신미록 辛未錄 (Синмирок)[85]

"신미년(1811)의 기록"

• **저자:** 미상
• **언어:** 한글

순조 연간(1800~1834)인 1811년에 평안도에서 농민반란이 일어났다. 이 반란은 홍경래라는 사람의 지휘하에서 가산군 다복 마을에서부터 시작되었다. 반란자들은 박천을 탈취하였다. 주변 마을의 사또들은 반란자들을 진정시킬 수 없었고, 서울에서 군대가 파견되어 반란을 진압시킬 수 있

85 【역자주】『신미록』은 작자 미상의 조선 후기 고전소설이다.

었으며, 지휘자들은 사형을 당하였다.

목판본. 1861년에 간행되었다.

印: 애스턴의 ex-libris

애스턴 문고. 23.5cm×19cm, 합철본 책 7의 첫 번째 목판본임[86], 32장, 장 번호 한자, 권별로 매김, 한지, 서양식 장정.

- **해제:** M. Cour., Bibl. cor. No. 818

| 22 |

B 28 (B 17)

憲宗記事 (Хон Чжонъ киса)
"헌종 연간의 기록"

- **저자:** 미상
- **언어:** 한문

헌종 연간(1835~1849) 14년 동안의 상황과 사건들을 연도별로 기록한 책이다. 책 1: 1835년, 책 2: 1836년, 책 3: 1837~1838년, 책 4: 1839년, 책 5: 1840년, 책 6: 1841~1843년, 책 7: 1844~1845년, 책 8: 1846년, 책 9: 1847년, 책 10: 1848~1849년의 사건이 기록되었다.

필사본. 필사 연도 및 필사 장소 기록 없음.

드미트렙스키 문고. 1907, St. P., 23cm×15cm, 본문의 크기 17cm×

86 【역자주】청구 기호 'B 2'는 여러 책을 합철하여 서양식으로 장정한 자료이다.

10.8cm, 10책, 629장, 장 번호 없음, 1면당 10행, 어미와 광곽 계선이 있는 목판 인찰공책지에 필사됨, 본문은 먹으로 기록됨, 서양식 장정이 아님.

• **해제:** 朝鮮圖書解題, 1932, 47쪽.

| 23 |

D 48 (F 62)

關西賓興錄 (Кансо бинхынънок)
"평안도의 특별 과거시험에 관한 기록"

• **언어:** 한문

이 책에는 1798년과 1800년에 평안도에서 열린 과거시험에 대한 명령과 청원서가 담겨 있다. 책 2에서 과거 시험의 개요가 있다. 첫째 부분은 『주역』, 『서경』, 『시경』, 『춘추』이고, 두 번째 부분은 『삼례』, 『논어』, 『맹자』, 『중용』과 『대학』이다.

활자본. 19세기 초에 간행되었다.

드미트렙스키 문고. 1907, St. P., 3권 2책, 155장, 장 번호 한자, 권별로 매김, 1면당 10행, 두꺼운 한지, 서양식 장정이 아님. 손상 정도: 책 2의 표지와 1~14장에 구멍이 뚫림.

• **해제:** M. Cour., Bibl. cor. No. 1628

| 24 |

A 6 (B 3)

日記 (Ильги)

"일기"

- **저자**: 미상[87]
- **언어**: 한문

이 일기는 1862년 9월 6일에 시작되었다. 일기에는 다음의 내용이 수록되어 있다. 한국사와 중국사에 관한 기록, 한국 왕의 이름, 주석을 포함한 유명한 관료의 명단, 중국 왕조의 일람, 중국 왕조의 연대기, 조선 왕조의 계보, 청나라 왕의 명단, 한국 유명한 학자의 명단, 한국 유학자의 명단, 여섯 명의 충신, 네 명의 관료, 세 명의 학자, 세 명의 현명한 관료, 팔도의 감영, 문관직과 무관직의 일람표.

필사본.

드미트렙스키 문고. 1907, St. P., 15.5cm×21cm, 본문의 크기 17.7cm×14.7cm, 1책, 65장, 장 번호 없음, 각 면 행수가 다름, 한지, 본문은 먹으로 기록됨, 초서로 기록됨, 서양식 장정이 아님. 손상 정도: 손상되고 얼룩 묻은 책임.

---

87 【역자주】 페트로바는 원본에서 이 책의 저자와 일기의 소유자가 박준환(朴俊奐)이라고 기록하였다. 하지만 트로체비치와 구리예바는 이 책의 해제에 다음의 기록을 표기하였다. "임술년 9월 6일 박준환이 와서 3전을 빌려갔다(壬戌九月初六日朴俊奐貸來三錢)." (Троцевич А. Ф., Гурьева А. А. Описание, 2009. С. 72.)

| 25 |

D 43 (F 69)

璿源系譜記略 (Сёнуон кебо киряк)

"조선 왕족의 가계에 대한 기록"

- **저자**: 미상
- **언어**: 한문

본 계보는 다음과 같은 항목으로 구성되어 있다. 1) 이 서적을 만들 당시에 이용한 참고문헌들을 설명하는 글, 2) 이한(李翰)부터 시작되는 왕조 조상의 족보, 3) 영조 연간까지 재위한 왕의 계보, 4) 목조(穆祖)부터 영조까지 왕의 계보.

목판본. 1744년에 간행되었다.

드미트렙스키 문고. 1907, St. P., 34.5cm×23cm, 1책, 36장, 장 번호 한자, 한지, 서양식 장정이 아님.

- **해제**: M. Cour., Bibl. cor. No. 1910

| 26 |

D 41 (F 63)

璿源世系 (Сёнуон сеге)

"조선 왕족의 족보"

- **저자**: 미상
- **언어**: 한문

본 족보는 다음과 같은 항목으로 구성되어 있다. 1) 시조 이한부터 시작되는 조선 왕족의 계보, 2) 익종(翼宗, 효명세자)까지 재위한 왕의 계보, 3) 정조 연간까지 왕의 계보.

목판본. 1801년에 간행되었다.

드미트렙스키 문고. 1907, St. P., 31.5cm×20.5cm, 1책(낙질본), 39장, 장 번호 한자, 얇은 한지, 서양식 장정이 아님. 손상 정도: 손상된 책. 32장까지 목판본, 33장부터 필사본. 기술이 '王世子...'라는 부분에서 끊김. 표지와 앞 8장의 서미(書眉)에 불에 탄 흔적이 있음.

- **해제:** M. Cour., Bibl. cor. No. 1910

| 27 |

D 42 (F 69)

璿源系譜記略 (Сёнуон кебо киряк)
"조선 왕족의 가계에 대한 기록"

- **저자:** 미상
- **언어:** 한문

1877년에 49번째로 간행된 책이다. 책 1은 이씨 가문의 기원 설명부터 시작된다. 가장 오래된 조상은 신라시대에 사공(司空) 벼슬을 한 이한이다. 그의 17대손인 목조(穆祖)가 이씨 가문의 선조이다. 이후에는 목조부터 이태조까지의 계보가 있다. 또한 왕과 왕비의 원래 이름, 자, 호, 가문, 존호, 탄생지, 생년월일, 즉위 연도, 사망 연도, 왕릉의 위치, 자손의 이름 등이 서술되어 있다. 각 왕의 8대 선조(친가 및 외가의 부, 조, 증조, 고조 및 그들의 부인)를 기록한 표가 있다. 입양된 왕인 경우 입양된 집안과 원래 집안 가계의 여덟 선조가 기록되어 있다.

책 1 시작 부분에는 정조가 1783년(七年癸卯)에 쓴 서문이 있다. 그 후에 책 1의 목차가 있다. 1) 총서(總敍), 2) 범례(凡例), 3) 왕족 계보(先系), 4) 즉위한 왕들의 계보(繼序), 5) 왕족의 계보(世系), 6) 여덟 선조의 표.

마지막에는 발문 49개가 붙어 있다. 1679년 초간본에 있는 김석주(金錫胄)의 발문부터 49번째 간행본에 있는 김병학(金炳學)의 발문까지 수록되어 있다.

목판본. 1877년에 간행되었다.

책 1의 첫 번째 장에 다음과 같은 기록이 있다. "드미트렙스키, 1893년 11월 5일(또는 17일)에 서울에 있는 중국 대표 유안에게 받음. 서울. 한국". 5쪽에 궁궐 도서관의 도장이 있음.

드미트렙스키 문고. 1907, St. P., 35cm×23cm, 6책(책 2, 책 8이 분실됨), 366장, 장 번호 한자, 책별로 매김, 서문은 1면당 6행, 본문은 1면당 11행, 한지, 서양식 장정이 아님.

- **해제**: M. Cour., Bibl. cor. No. 1910
- **목록**: 東洋文庫朝鮮本分類目錄, 18쪽, VII-2-78.

| 28 |

D 44 (G 60)

海東史 (Хэдонъса)

"한국의 역사"

- **저자**: 미상
- **언어**: 한문

한국사 연대기이다. "조선왕조"라는 제1과는 태조 1년(1392)부터 현종 연간(1659~1674)까지 조선의 연대기가 기술되었다. "한국 연대기"라는 제2과는 단군(기원전 2333년)부터 시작하고 고려의 마지막 왕인 공양왕(1392년)까지의 연대기이다.

활자본. 18세기에 간행되었다.

드미트렙스키 문고. 1907, St. P., 35cm×21cm, 1책, 85장, 장 번호 한자, 얇은 한지. 서양식 장정이 아님. 손상 정도: 손상된 책이며 액체가 묻은 흔적이 있음. 서미(書眉)가 많이 손상되었음.

- **해제**: M. Cour., Bibl. cor. No. 1877

| 29 |

C 60 (C 75)

東國歷代總目 (Тонъгук ёктэ чхонъмок)

"한국의 연대기"

- **저자**: 홍만종(洪萬宗), 1643~1725
- **언어**: 한문

단군부터 고려시대 말(1392년)까지의 한국 연표이다. 책 끝에 주석을 포함한 한국의 고을, 산과 강의 목록이 수록되어 있다.

필사본. 필사 연도 및 필사 장소 기록 없음.

아시아국 문고. 1864, St. P., 26cm×17cm, 본문의 크기 19.5cm×13.3cm, 1책(표 41장, 지명 목록 6장), 장 번호 한자, 1면당 18~20행, 한지 본문은 먹으로 기록됨. 서양식 장정이 아님.

- **목록:** 朝鮮書籍目錄, 6쪽, No. 5 (필사본), 東洋文庫朝鮮本分類目錄, 9쪽, VII-2-4

| 30 |

D 31 (G 35)

平壤誌 (Пхёньянъчжи)
"평양의 읍지"

- **저자:** 윤두수(尹斗壽), 자는 자앙(子仰), 호는 오음(梧陰), 본관은 해평(海平), 1533~1601
- **언어:** 한문

윤두수는 1590년에 평안도 관찰사를 하면서 이 책을 편찬하였다. 이 책은 평양의 역사·지리적 기록이며 다음과 같은 항목으로 구성되어 있다. 평양의 개발사, 연혁, 저수지, 동과 읍명, 풍속, 명승지, 지형, 탑, 건축, 능묘, 정부기관, 창고, 학교, 고고 유적, 관료, 군사, 교통수단, 교량, 특산물, 산천 및 논밭, 조세, 종교, 사찰, 인구, 시민, 효도, 고사, 문학, 기록, 시 등이다.

목판본. 1837년에 간행되었다.

印: 애스턴의 ex-libris

애스턴 문고. 34.5cm×22cm, 9권 2책, 231장, 장 번호 한자, 권별로 매김, 한지, 서양식 장정이 아님.

• **해제:** M. Cour., Bibl. cor. No. 2302; 朝鮮圖書解題 1932, 211쪽.

| 31 |

D 32 (F 54)

平壤續誌 (Пхёнъянъ сокчи)
"평양 읍지의 속편"

• **저자:** 윤유(尹游), 윤두수의 후손, 자는 백수(伯修), 호는 만하(晩霞), 본관은 해평(海平), 1674~1737
• **언어:** 한문

윤유가 1730년에 평안도 관찰사였을 당시 이 책을 제작하였다. 그는 기존의 『평양지』에 다음과 같은 항목을 보충하였다. 평양의 역사, 저수지, 연혁, 풍속, 산천, 건축, 능묘, 정부 기관, 창고, 학교, 유적, 문관, 무관, 교통수단, 논과 밭, 조세, 종교, 사찰, 불교, 인구, 시민, 효도, 계절, 문화, 군사.

목판본. 1837년에 간행되었다. 간기가 있다. "정유년 정월에 평양 감영에서 다시 간행하였다(丁酉孟春箕營重刊)."

印: 애스턴의 ex-libris

애스턴 문고. 34.5cm×22cm, 5권 2책, 261장, 장 번호 한자, 권별로 매김, 한지, 서양식 장정이 아님.

• **해제**: 朝鮮圖書解題 1915, 101쪽.

| 32 |

D 78 (E 38)

東萊邑誌 (Тонънэ ыпчи)
"동래의 읍지"

• **저자**: 미상
• **언어**: 한문

이 연대기는 신라시대에 고을의 건립에서 1739년(英宗朝己未)까지 정부기관에서 일어난 변화에 대한 기록으로 시작된다. 그 후에는 다음과 같은 항목들이 수록되어 있다. 읍명, 관료, 족보, 산천, 풍습, 영역과 소속된 마을, 인구, 세금, 군인의 수, 저수지, 창고, 방어시설, 읍의 경계, 학교, 묘지, 왕릉, 절, 주거, 탑, 도로, 다리, 섬, 제방, 시장, 어업, 역원, 논과 밭, 형벌, 유적, 토산물, 제사, 인물, 기념물, 현지의 학자, 문학.

필사본. 필사 연도 및 필사 장소 기록 없음. 18세기 후반에 필사된 것으로 추정된다.

애스턴 문고. 31cm×22cm, 본문의 크기 23.7cm×17.2cm, 1책, 52장, 장 번호 없음, 1면당 11행, 한지, 본문은 먹으로 기록됨, 달필임, 서양식 장정이 아님.

한국 기록문화유산의 해제 (상)

II 임진왜란 관련 문헌

| 33 |

D 47 (F 81)

李忠武公全書 (Ли Чхунъмугонъ чжонсо)
"이순신 수군 통제사의 전집"

- **저자**: 이순신(李舜臣), 자는 여해(汝諧), 시호는 충무공(忠武公), 본관은 덕수(德水), 1545~1598
- **언어**: 한문

이순신은 한국의 유명한 해군 사령관이다. 그는 도요토미 히데요시(豐臣秀吉)가 조선을 침입한 당시에 전라도 수군절도사였다. 이순신은 세계 최초의 돌격용 철갑전선을 만들었다. 그는 해군 방어를 잘 지휘하여 일본 해군에게 큰 타격을 미쳤고 이로 인해 일본 육군도 패배하게 되었다. 이순신은 1598년에 일본 해군과 마지막 전투에서 전사하였다.

『이충무공전서』는 1795년에 왕명으로 간행되었다. 특히 이순신이 전쟁터에서 쓴 일기, 일본군이 침략할 당시의 기록, 각종 전쟁의 기록이 역사적 가치를 지니고 있다.

전서의 내용은 다음과 같다.

책 1(서문): 1) 정조가 1794년에 이순신을 위해 쓴 윤음(崇禎紀元後三甲寅十月初四日立), 2) 이순신의 생애 및 공훈, 사제문(賜祭文), 도설(圖說): 이순신의 도장, 명패(令牌), 칼, 깃발, 나팔, 거북선, 3) 이순신의 계보, 4) 이순신 공훈의 연표

책 2(권 1): 시 및 잡저(본 해제의 '문학'이라는 분야를 참고)

책 3(권 2~4): 장계(狀啓)

책 4~5(권 5~8): 일본 침략의 일기

책 6~8(권 9~14): 일본군과 대결에 관한 서술

활자본. 1795년에 중앙 관청에서 간행되었다. 장식이 있는 편제면과 서문은 목판본이다.

드미트렙스키 문고. 1907, St. P., 34cm×22cm, 14권 8책, 717장, 장번호 한자, 권별로 매김, 한지, 서양식 장정이 아님.

- **해제:** M. Cour., Bibl. cor. No. 634; 朝鮮圖書解題, 1932, 412쪽.
- **목록:** 東洋文庫朝鮮本分類目錄, 22쪽, Ⅶ-4-802, 6~7쪽, Ⅶ-4-195, Ⅶ-4-803, Ⅶ-4-804.

| 34 |

D 51 (F 90)

節谷先生遺蹟 (Чольгок сонсэнъ ючжок)

"절곡 김준신의 유적"

- **저자:** 김준신(金俊臣), 호는 절곡(節谷), 1560~1592

• **언어**: 한문

김준신은 임진왜란의 용사이다. 그는 32세 때 경상도 상주(尙州)를 방어하다가 전사하였다.

이 전집에는 여러 글들이 수록되어 있는데, 그중에서 저자가 전쟁 때 쓴 『임진일기(壬辰日記)』가 사료적 측면에서 흥미로운 자료이다. 18세기 정조 연간에 간행되었다.

목판본. 간행 연도 및 간행 장소 기록 없음.

드미트렙스키 문고. 1907, St. P., 32cm×21.5cm, 1책, 장 번호 한자, 한지.

| 35 |

D 53 (F 79)

西厓集 (Со Э чжип)
"서애 류성룡의 문집"

• **저자**: 류성룡(柳成龍), 자는 이견(而見), 호는 서애(西厓), 본관은 풍산(豐山), 1542~1607[88]

류성룡은 유명한 유학자인 퇴계 이황의 제자이다. 역사학자이자 유학자로 알려져 있다. 그는 도요토미 히데요시의 침입 때 높은 관직에 있었으며 방어를 지휘하였다. 전쟁 후 자신의 기록들을 편집하여 『징비록』이라는 일본 침략의 연대기를 저술하였다. 이 책에서는 1592~1598년도의 대사관

88 【역자주】 이 해제에는 자료의 언어가 표시되어 있지 않다.

들의 활동, 조약과 전투의 전개를 기록하였다.

그의 문집에는 그 시기의 관련 기록들만 있고 『징비록』은 없다. 기록들은 다음과 같이 분류되어 있다. 책 5~6(권 14~16)은 잡저(雜著), 책 8(권 4)은 별집(別集) 및 잡저(雜著), 책 9(권 2~3)는 생애이다.

문집은 이민구(李敏求)가 1633년(崇禎癸酉)에 쓴 서문이 있고, 같은 해에 장현광(張顯光)이 쓴 발문이 있다.

목판본. 1894년에 간행되었다. 권 20 마지막 장에 간기가 있다. "갑오년 9월에 옥연에서 다시 간행하였다(甲吾季秋玉淵重刊)."

드미트렙스키 문고. 1907, St. P., 31.5cm×21.5cm, 20권 9책+별집 3권+생애 3권, 1098장, 장 번호 한자, 권별로 매김, 한지.

- **해제:** M. Cour., Bibl. cor. No. 624; 朝鮮圖書解題, 1932, 409~410쪽
- **목록:** 東洋文庫朝鮮本分類目錄, 66쪽, Ⅶ-4-49, Ⅶ-4-44.

| 36 |

C 65

懲毖錄 (Чинъбирок)

"난리의 기록"

- **저자:** 류성룡(柳成龍), 해제 35번 참고
- **언어:** 한문

1592~1598년도 도요토미 히데요시의 조선 침략에 대한 기록이다. '징비(懲毖)'라는 제목은 저자가 『시경(詩經)』에서 인용한 것이다. 이 책은 임

진왜란 7년 동안의 기록이다.

권 1에서는 일본군이 조선을 침입하기 이전의 상황을 서술하였다. 1586년에 도요토미 히데요시가 쓴 한국 사신을 일본으로 보내라는 편지를 전달하러 온 일본 사신 다치바나 야스히로(橘康廣)의 한국 방문, 15세기 신숙주(申叔舟)부터 시작된 한일관계, 1592년 7월 10일 일본군의 부산 침략, 전쟁의 시작 당시 상황 및 조선의 전쟁 초기의 패배가 기록되어 있다.

권 2에는 1592년의 전쟁 진행을 서술하였다.

권 3에는 1592년 마지막 달의 전쟁부터 시작해서 1593년의 패배와 기근을 서술하였다. 그다음에는 명나라 사신들이 한국을 방문하여 일본에 간 일, 명나라 사신들의 실패 및 귀국, 명나라군의 조선 도착, 1593년 2월에 이순신의 해군 방어를 서술하였다.

권 4에는 1593년~1594년의 해전과 육전을 서술하였다.

『징비록』은 16권 4책으로 되어 있다.

동방학연구소에는 위에서 서술한 네 권이 실린 한 책만 소장되어 있다. 가이바라 아쓰노부(貝原篤信), 호는 엣켄(益軒)의 서문이 있는 1695년(元祿八乙亥年)의 일본 간행본이다. 엣켄은 본문을 일본어로 읽기 위해 가에리텐과 오쿠리가나 표시를 하였다.

목판본. 1695년(元祿八乙亥年正月)에 간행되었다. 야마토야 이헤이(大和屋伊兵衞)가 목판을 새겼다.

기타 입수. 1954년, 레닌그라드, 25cm×18cm, 1책, 103장, 장 번호 한자, 권별로 매김, 한지, 모든 지방, 도, 읍, 시, 마을 지명의 목록이 있는 한반도의 지도(1~2장)가 첨부되어 있음, 서양식 장정이 아님. 일본산 파란색 표지. 손상 정도: 벌레가 먹음.

• **해제:** M. Cour., Bibl. cor. No. 2013, 朝鮮圖書解題, 1932, 51쪽
• **목록:** 東洋文庫小田切文庫目錄, 187쪽, VII-2-803; 東洋文庫岩崎文庫和漢書目錄, 368쪽(목판본)

| 37 |

B 2

임진록 (Имчжиннок)
"임진년의 기록"[89]

• **저자:** 미상
• **언어:** 한글

임진왜란의 역사에 대한 대중적 서술이다. 류성룡이 창작한 『징비록』에서 실제 사건들을 바탕으로 저자의 상상력에 따라 허구화된 내용이 서술되어 있다. 『임진록』의 제3장은 모두 허구이다. 그렇기 때문에 이 창작품은 역사적 측면에서는 가치가 없지만, 언어학 측면에서는 한국어 연구를 할 때 흥미로운 자료이다.

목판본. 간행 연도와 간행 장소 기록 없음.

애스턴 문고. 23.5cm×19cm, 합철본 책 5의 첫 번째 목판본임, 84장, 3부는 각각 28장으로 되어 있음, 장 번호 한자, 저품질 한지, 서양식 장정.

• **해제:** M. Cour., Bibl. cor. No. 814
• **번역서:** W. G. Aston, On Corean popular literature. Trans. of the As. Soc. of Japan, XVIII, 1890, pp. 104–118.

---

89 【역자주】『임진록』은 작자 미상의 고전소설이다.

| 38 |

D 60 (F 72)

白沙集 (Пэк Са чип)

"백사 이항복의 문집"

- **저자:** 이항복(李恒福), 자는 자상(子常), 호는 백사(白沙), 필운(弼雲), 본관은 경주(慶州), 1556~1618
- **언어:** 한문

이항복은 선조 연간의 영의정이며 유학자이다. 그는 임진왜란 때 유명해졌다. 선조가 의주(義州)로 피난했을 때 그는 왕을 따라갔다. 그리고 류성룡, 이덕형과 함께 국가 방어를 지휘하였다. 그는 군대에 식량과 무기를 보급하였다. 그때 그는 현명한 관직생활을 하여 포상을 받고 사후에 존경을 받았다.

이후에 영의정 자리까지 올라 왕에게 정치, 경제, 군사와 행정에 관한 조언을 할 수 있었던 이항복의 "왕에게 올리는 상소문"(권 5~8), "왕에게 올리는 훈계"(권 9~12)가 16세기 말~17세기 초의 한국 역사를 연구하는 학자들에게는 특별한 관심을 받을 만하다. 그중에서도 임진왜란 당시의 자료가 매우 중요하다. 이순신의 비문과 같은 시기에 제작된 다른 비문(권 19), 회상록과 기행문(권 23), 제자 박미(朴瀰)가 서술한 이항복의 생애(부록 권 1)가 또한 흥미로운 역사적 정보를 담고 있다.

목판본. 1726년에[90] 간행되었다.

소장자의 도장을 모두 자르고 그 자리에 백지를 붙였다.

---

90 【역자주】 원본에는 1786년으로 표기되어 있다.

드미트렙스키 문고. 1907, St. P., 32cm×20.5cm, 30권 15책(본문 23권 +부록 7권), 944장, 장 번호 한자, 권별로 매김, 고품질 한지.

- **해제:** M. Cour., Bibl. cor. No. 629, 2095, 3144, 朝鮮圖書解題, 1915, 242쪽, 朝鮮圖書解題, 1932, 418쪽.
- **목록:** 東洋文庫岩崎文庫和漢書目錄, 86쪽, Ⅶ-4-221(15책으로 구성된 간행본, 1653년에 작성된 서문이 있다), Ⅶ-4-76(8책으로 구성된 간행본, 1677년에 간행되었다), Ⅶ-4-77(3책으로 구성된 간행본, 간행 연도 기록 없음).

| 39 |

D 57 (F 85)

漢陰文稿附錄 (Хан ым мунго пурок)
"한음 이덕형 문집의 부록"

- **저자:** 이덕형(李德馨), 자는 명보(明甫), 호는 한음(漢陰), 본관은 광주(廣州), 1561～1613
- **언어:** 한문

이덕형은 임진왜란 때 병조판서였다. 이 책은 일본군의 침략, 한국인의 방어 및 퇴각, 군대 보급, 군사 교육, 방어 관리에 대한 정보를 수록하고 있어서 흥미로운 자료가 될 수 있다. 이 부록에서는 한국 군대가 방어를 하는 동안의 정보가 한 달 단위로 수록되어 있다. 권 1, 2는 이덕형의 생애이지만 동시에 일본에 대한 방어의 연대기이기도 하다. 권 3, 4는 이덕형에 대한 제문, 송사, 애문 등을 수록하고 있지만 권 1, 2만큼 흥미로운 자료는 아니다.

이의익(李宜翼)이 1869년(聖上六年己巳)에 쓴 발문이 있다.

활자본. 1869년에 간행되었다.

드미트렙스키 문고. 1907, St. P., 31.5cm×20.5cm, 4권 3책, 195장, 장번호 한자, 권별로 매김, 한지, 서양식 장정이 아님.

• **해제**: M. Cour., Bibl. cor. No. 642, 朝鮮圖書解題, 1932, 421쪽.

| 40 |

C 59 (C 74)

職方外記 (Чикпанъ ёги)
"외국의 묘사"

• **저자**: 미상
• **언어**: 한문

한국의 역사에 대한 기술인데 한문으로 저술된 『수통대기(垂統大記)』의 권 72이다. 제1장에서는 명나라 때의 조선의 역사와 임진왜란에 대해 서술되어 있다. 주요 출처 자료는 『명실기(明實記)』, 『징비록(懲毖錄)』, 『평양록(平壤錄)』, 『조선정벌기(朝鮮征伐記)』, 『수길보외사(秀吉譜外史)』이다. 병자호란까지의 시기가 서술되어 있다. 제2장에서는 명나라의 역사가 간략하게 서술되었다. 그 후 고구려, 신라, 백제의 역사가 설명되어 있다.

필사본. 필사 연도 및 필사 장소 기록 없음. 19세기에 필사된 것으로 추정된다.

印: 애스턴의 ex-libris. 다른 도장은 먹으로 칠했음.

애스턴 문고. 27cm×17.5cm, 본문의 크기 19.7cm×13.5cm, 1책, 47장,

장 번호 없음, 1면당 10행, 일본 종이, 본문은 먹으로 기록됨, 달필임, 서양식 장정이 아님.

| 41 |

B 12 (окс к/23)

高麗陣日記 (Кораидзин никки)
"한국 침략 시의 일기"

- **저자**: 오다 노부카즈(大田信一)
- **언어**: 일본어

이 일기는 임진왜란의 참가자이자 히데요시의 장군인 가토 기요마사(加藤清正)의 기록을 바탕으로 하여 제작되었다. 일기에서는 히데요시의 정치, 한국 침략의 준비과정, 일본 군대의 한반도 침략과정, 부산 침입부터 패전과 귀국까지가 서술되어 있다.

이 일기는 1702년에 제작되었다.

목판본. 1702년 (9월)에 교토에서 간행되었다(元祿十伍任吾暦九月吉祥日).

애스턴 문고. 22cm×16cm, 4책, 81장, 장 번호 한자, 일본 종이, 서양식 장정이 아님.

| 42 |

B11 (D 482)

征韓偉略 (Сэйкан иряку)
“조선 침략의 간략한 역사”

- **저자**: 가와구치 조주(川口長孺)
- **언어**: 한문

임진왜란에 대한 간략한 역사이다. 본문은 한문으로 서술되었고 일본어로 읽기 위해 가에리텐 표시가 있다.

목판본. 간행 연도 기록 없음.

애스턴 문고. 22cm×15cm, 5책, 149장, 장 번호 한자, 권별로 매김, 일본 종이, 서양식 장정이 아님.

| 43 |

B 10 (окс к/3)

繪本朝鮮軍記 (Эхон тёсэнгунки)
“도설(圖說)이 삽입된 조선 정복의 기록”

- **저자**: 아키사토 리토(秋里籬島), 본래 성명은 이케다 슌푸쿠(池田舜福), 자는 소세키(湘夕), 본관은 쿄토
- **언어**: 일본어

임진왜란에 대한 대중적인 서술이다. 이 서적은 1635년에 서술되었다. 본문은 일본 사신 다치바나 야스히로의 조선 방문, 조선 사신 3명의 일본 방문부터 시작된다(권 1). 그 후에는 행군의 준비 과정, 일본군이 조선으로 건너가는 과정, 부산과 동래 침략(권 2), 전쟁의 서술(권 3~5), 이순

신의 거북선 제작과 한·일 해전(권 6), 류성룡의 방어 지휘, 명나라 군사의 파병, 명나라 사신의 일본 방문(권 7), 조선에서 일본군의 승리, 명나라 사신의 상담 실패, 히데요시의 일본군 추가 파병(권 8), 명나라 군대의 한국 도착, 명나라 군대의 승리(권 9), 전쟁 말기, 히데요시의 사망, 일본군의 해전에서 패배 및 귀국(권 10)이 서술된다.

이 책은 품질이 좋은 그림과 일본군이 한반도로 오는 지도와 지방명 및 도시명 목록이 있는 한반도의 지도가 포함되어 있다.

목판본. 1800년(寛政十二庚申歲仲春吉日)에 교토에서 간행되었다.

印: 애스턴의 ex-libris

애스턴 문고. 22.5cm×15.5cm, 10권, 407장, 장 번호 한자 권별로 매김, 일본 종이, 도설: 권 1(11개), 권 2(10개), 권 3(11개), 권 4(14개), 권 5(11개), 권 6(13개), 권 7(14개), 권 8(19개), 권 9(17개), 권 10(15개) + 지도 2매. 손상 정도: 벌레가 먹음.

| 44 |

B 13 (окс к/5)

繪本朝鮮征伐記 (Эхон Тёсэн сэйбацуки)
“도설(圖說)이 삽입된 조선 정벌에 대한 기록”

- **저자:** 쓰루미네 히코이치로(鶴峰彦一郎)
- **언어:** 일본어

이 서적은 한국의 역사를 고대부터 간략히 서술하고, 한·일 전쟁의 역사를 기록했다(권 1, 권 2). 그 후에 다음과 같은 항목들이 있다. 도요토미 히데요시의 외교정치와 조선에 파병을 결정(권 3), 정벌의 준비과정(권 4), 일본 해군의 부산 침략(권 5), 조선에서 일본 육군의 활약(권 6), 조선군의 패배(권 7), 조선군 및 명나라군과의 전투(권 8, 권 9, 권 10).

제2장은 10책으로 되어 있으며 다음과 같은 항목이 수록되어 있다. 이순신 장군의 거북선 제작, 평양전투(권 1), 일본군의 패배 및 평양에서의 퇴각(권 2), 일본군의 재침략, 조선군의 평양 퇴각, 기근, 일본군의 서울 퇴각과 명군의 추격, 일본군 추가 파병(권 3), 진주성 전투, 명군의 진격, 명나라 사신의 조선 방문(권 4), 명나라 사신의 부산 도착 및 일본으로의 출발, 일본에서의 협상 실패와 일본에서의 추방(권 5), 조선군의 해군 준비, 이순신 방어 준비(권 6), 조선 해군의 패배와 회복(권 7), 일본인들의 두 번째 서울 침략(권 8), 일본군의 패배, "조선 군인들의 귀와 코 무덤"이 생긴 이유(권 9), 조선에서 일본 세력의 배치, 일본군의 패배와 귀국(권 10).

이 책에서 역사는 자세하지만 편향적으로 서술되었다. 화가 하시모토 교쿠란(橋本玉蘭)의 그림이 있다. 그리고 지방, 도, 면, 도시 목록이 첨부된 한국의 지도가 포함되어 있다.

목판본. 1853년(嘉永癸丑之春)에 교토에서 간행되었다.

印: 애스턴의 ex-libris

애스턴 문고. 22cm×15cm, 20책, 603장, 장 번호 한자, 권별로 매김, 일본 종이, 도설: 책 1(4개), 책 2(5개), 책 3(4개), 책 4(4개), 책 5(4개), 책 6(4개), 책 7(4개), 책 8(4개), 책 9(4개), 책 10(4개), 책 11(10개), 책 12(4개), 책 13(4개), 책 14(4개), 책 15(4개), 책 16(4개), 책 17(4개), 책 18(4개), 책 19(4개), 책 20(4개), 조선 지도 3장.

| 45 |

B 8 (окс к/5)

朝鮮物語 (Тёсэн моногатари)

"조선에 대한 서술"

- **저자**: 오코치 히데모토(大河内秀元)
- **언어**: 일본어

임진왜란 말기에 대한 서술이다. 이 서적에서는 1597~1598년의 사건들이 서술되었다. 고바야카와 히데아키(小早川秀秋)가 일본의 군사령관이 된 시기부터 시작하여 도요토미 히데요시가 사망한 후 전쟁이 끝날 때까지를 서술하였다. 전쟁의 참가자인 오코치의 일기를 바탕으로 하여 제작되었다.

책 3 끝에 미나모토 히데모토(源秀元)의 원고를 수록하였다고 적혀있으며, 1662년의 간기(寛文二年壬寅八月吉日)가 있다. 1672년(寛文十二壬子天正月吉日)에 그의 아들 히데쓰라(秀連)가 쓴 발문이 있다.

목판본. 1849년에 도쿄에서 간행되었다.[91] (쇼린 신가쿠도 인쇄소)

印: 애스턴의 ex-libris

애스턴 문고. 22.5cm×15cm, 3책, 103장, 장 번호 한자, 권별로 매김, 일본 종이, 서양식 장정이 아님.

- **해제**: 增訂國書解題, 1432쪽.

---

91 【역자주】 하야시와 커니츠키는 이 책의 간행 기록을 다음과 같이 기록하였다. "[嘉永2]刊 · 後修(江戸, 誠格堂〈和泉屋善兵衛〉)". Hayashi, Nozomu, and Peter F. Kornicki ed. Op. cit. p. 366.

| 46 |

C 21 (окс л/29)

大河內秀元陣中日記 (Окавати Хидэмото дзинтю никки)

"조선에 대한 서술. 오코치 히데모토의 진중일기"

- **저자:** 오코치 히데모토(大河內秀元)
- **언어:** 일본어

내용: 해제 45 참고

목판본. 1849년에 도쿄에서 간행되었다.

印: 애스턴의 ex-libris

애스턴 문고. 26cm×18cm, 3권, 102장, 장 번호 한자, 권별로 매김, 일본 종이, 서양식 장정이 아님.

III 한국 근대사(19세기의 역사)

| 47 |

B 17 (окс к/21)

朝鮮聞見錄 (Тёсэн бункэнроку)
"한국에 대한 정보"

- **저자:** 사다 하쿠보(佐田白茅)
- **언어:** 일본어

책 1은 한국에 대한 역사, 민속, 성년식, 혼례, 장례, 명절에 관한 기록이다. 책 2는 한국 지도와 방어력, 형법, 산천, 족보, 식량, 세금, 교통, 행정제도에 대한 정보가 있다.

목판본. 1875년(明治八年乙亥三月)에 도쿄에서 간행되었다. (교쿠산도 인쇄소)

印: 애스턴의 ex-libris

애스턴 문고. 22.5cm×15.5cm, 2권 2책, 70장, 장 번호 한자, 권별로 매김, 일본 종이, 한국 지도가 첨부되어 있음, 서양식 장정이 아님.

| 48 |

B 18 (окс к/72)

朝鮮事情 (Тёсэн дзидзё)
"한국에 대한 기록"

- **저자:** 소메자키 노부후사(染崎延房), 1822~1866
- **언어:** 일본어

단군부터 1873년까지 한국 역사에 대한 간략한 기록이다. 정책, 수도와 지방에 대한 지리적 정보, 풍습, 예식, 기후, 인구, 군사력, 명절, 의복, 장식에 대한 정보가 기록되어 있다.

목판본. 1874년(明治七甲戌三月) 도쿄에서 간행되었다.

印: 애스턴의 ex-libris

애스턴 문고. 23cm×15cm, 2권, 51장, 장 번호 한자, 권별로 매김, 일본 종이, 삽화: 항구의 설계, 책 2에서는 의복, 모자, 병기, 신발 등 모두 10장의 그림.

| 49 |

B 22 (окс к/26)

朝鮮新論 (Тёсэн синрон)
"한국에 대한 새로운 논의"

- **저자:** 후소 간(總生寬)
- **언어:** 일본어

한국의 지리, 역사에 관한 간략한 기술이다. 고대부터 한·일 간의 교류사, 근대 한국의 사회·정치적 상황, 한국에 대한 일본의 새로운 정책, 1875년 9월 19일에 한국 영해에서 일어난 '운요호 사건'(저자는 일본인 측을 무죄로 변호하고 있다.), 외국과의 교류가 한국에게 이익이 될 것이라는 논의가 서술되어 있다.

목판본. 1876년(明治九年) 도쿄에서 간행되었다.[92]

印: 애스턴의 ex-libris

애스턴 문고. 23cm×15cm, 1책, 32장, 장 번호 한자, 일본 종이, 한국의 지도가 첨부되어 있음, 서양식 장정이 아님.

| 50 |

B 19 (окс к/24)

朝鮮軍記 (Тёсэн гунки)

"조선의 군사 기록"

- **저자**: 다다 나오쓰나(多田直繩)
- **언어**: 일본어

1875년 5월 10일에 쓰시마섬에서 출발하여 5월 25일에 부산에 도착한 일본 선박 '운요호'의 승선자가 쓴 기록이다. 일본 해군들은 조선 백성들에게 총을 쏜 후 나가사키로 돌아갔다. 같은 해 9월 12일에 '운요호'는 다

92 【역자주】 하야시와 커니츠키는 이 책의 간행 기록을 다음과 같이 기록하였다. "明治9간(東京,江島〈椀屋〉喜兵衛)". Hayashi, Nozomu, and Peter F. Kornicki ed. Op. cit. p. 367.

시 조선 영해에 와서 서울 앞의 강에 정박하였다. '운요호'에서 작은 배 2대가 답사하러 나오다가 조선 해안 경비군에게 사격을 받았다. 그다음에는 조선을 향한 일본군의 군사행동이 서술되고 있다. 군사행동 결과 서울을 바다 쪽에서 보호하는 성이 함락되었다. 9월 23일 '운요호'는 나가사키로 돌아갔다.

목판본. 1875년 10월 15일에 간행되었다.

印: 애스턴의 ex-libris

애스턴 문고. 22cm×15cm, 1책, 36장, 장 번호 한자, 일본 종이, 삽도: 8~9쪽, 13~14쪽, 21~22쪽+한국의 지도, 서양식 장정이 아님.

| 51 |

B 21 (D 484)

朝鮮歸好餘錄 (Тесэн кико ёроку)
"조선에 다녀와서 작성한 기록"

- **저자:** 이시바타 사다(石幡貞)
- **언어:** 한문

1877년 조선의 부산, 동래, 서안도, 마루, 제물포, 강화, 동진, 구포, 양천, 양화진, 한성 등을 방문한 저자의 기행문이다. 본문은 한문으로 쓰고 가에리텐을 표시하였다. 이 기록은 역사적 측면에서는 가치가 적지만 지난 세기(19세기) 70~80년도의 조선 일상생활에 대한 흥미로운 정보를 담고 있다.

신식 인쇄본. 1878년(明治十一年十二月發兌)에 간행되었다.

印: 애스턴의 ex-libris

애스턴 문고. 21cm×14cm, 5권 3책, 118장, 장 번호 한자, 권별로 매김, 일본 종이, 삽도: 권 1(1~2쪽), 권 2(1~2쪽), 권 3(7~8, 9~10, 12~13쪽), 서양식 장정이 아님.

| 52 |

B 9 (D 31)

朝鮮新報 (Тёсэн симпо)

"조선신보"

• **언어**: 일본어, 한문

1882년에 일본인들이 부산에서 간행한 신문의 몇몇 호이다. 신문의 본문은 한문과 일본어로 작성되어 있다. 이 신문은 10일마다 간행되었다.

애스턴 문고. 21.5cm×15cm, 제2호(1882년 2월 5일, 10장), 제3호(2월 15일, 10장), 제4호(2월 25일, 10장), 제5호(3월 5일, 10장), 제6호(3월 15일, 10장), 제7호(3월 25일, 10장), 제8호(4월 5일, 10장), 제10호(4월 25일, 10장), 제11호(5월 5일, 10장), 제12호(5월 15일, 10장), 장 번호 한자.

IV 한국 외교사

| 53 |

C 33 (D 483)

善隣國寶記 (Дзэнринкоку хоки)
"좋은 이웃 국가의 보배로운 기록"

- **저자**: 즈이케이 슈호(瑞渓周鳳) 승려
- **언어**: 일본어

일본이 중국 및 한국과 교류한 것에 대한 역사인데, 고대부터 15세기 중반까지가 연대기로 서술되었다. 서문은 1466년으로 되어 있고 발문은 1657년에 니시야마 사이바 간진(西山塞馬閑人)이 쓴 것으로 기록되어 있다.

본문은 한문으로 작성되었고 일본어로 읽을 수 있게 가에리텐 표시가 있다. 그리고 일본 문법을 표시하는 오쿠리가나도 있다.

목판본. 간행 연도 및 간행 장소 기록 없음.

印: 애스턴의 ex-libris

애스턴 문고. 26cm×18cm, 3권, 94장, 장 번호 한자, 권별로 매김, 일본 종이, 서양식 장정이 아님.

• **해제:** 增訂國書解題, 1212쪽.

| 54 |

C 23 (окс л/23)

螢蠅抄 (Кэйёсё)

“반딧불과 파리의 전쟁”

• **저자:** 하나와 호키이치(塙保己一), 호는 스이보시(水母子), 1746~1821
• **언어:** 일본어

고대부터 1408년까지 한·일 간의 충돌에 대해 여러 문헌에서 발췌한 연대기 기록이다. 몽골 침략 때 한·일 교류 및 특히 일본으로 보낼 몽골 대함대를 준비하는 것에 대한 고려의 역할이 자세히 서술되었다(권 3~5). 권 1 앞에는 『고사기』, 『일본서기』부터 시작하여 『고안기』(몽골 침략에 대한 기록)까지의 130개의 역사 문헌 목록이 있다.

서문에서는 책 제목의 의미를 설명하였다. 이것은 “착한 신(빛나는 반딧불)과 악한 신(파리를 낳는 신) 간의 전쟁이다. 적이 우리나라(일본)를 침략했지만 성스러운 바람이 불어 그들을 물러나게 하였다”는 뜻이다.

하나와 호키이치가 1811년 2월 28일에 쓴 서문이 있다.

목판본. 1849년(嘉永二年刊)에 간행되었다.

印: 애스턴의 ex-libris

애스턴 문고. 26cm×18cm, 6권, 170장, 장 번호 한자, 권별로 매김, 일본 종이, 서양식 장정이 아님.

• **해제:** 增訂國書解題, 590쪽.

| 55 |

B 14

朝鮮物語附柳川始末
(Тёсэн моногатари–дзуки. Янагава симацу)
"조선물어(朝鮮物語)의 부록. 야나가와 사건"

• **저자:** 하야시 조(林恕), 호는 슌사이(春斎), 본관은 교토, 1618~1680
• **언어:** 일본어

저자는 『조선물어(朝鮮物語)』를 저술하였다. 그 서적에서는 임진왜란 후 조선·일본 간의 교류를 서술하였다. 그리고 일본에서 일하는 조선인으로, 1629년 일본 사신이 조선 방문 시 참가했던 호초로(方長老)의 이야기를 바탕으로 하여 조선에 대해 서술하였다. 본 서적은 『조선물어』의 부록이다. 이 서적에서도 1602년에 조선·일본 간의 교류가 시작되는 상황이 간략하게 서술되어 있다. 그다음에는 1603년에 어떤 조선인이 외교에 대한 정보를 얻기 위해 일본을 방문한 것, 1608년에 조선에서 쓰시마섬으로 사명대사가 도착한 것, 1605년에 송운을 수도로 영접한 것, 1607년에 조선 사신 3명이 에도에 도착한 것, 1624년에 조선 사신이 두 번째로 에도를 방문한 것, 만주족의 침략에 대한 정보를 얻기 위해 조선으로 간 사신의 1628년 출국과 1629년 귀국을 기록하였다. 그 당시 조선으로 파견된 사신 가운데는 호초로가 있었다. 그는 1635년에 야나가와 시게오키(柳川調興) 및 다른 참가자들과 함께 쓰시마 번주의 잘못 때문에 난부(南部) 지방으로 유배 가게 되었다. 그는 24년 동안 유배살이를 하였다. 1658년에 유배에서 돌아온 호초로는 마쓰다이라 비젠노카미(松平備前守)의 집에서 이 책을 쓴 하야시 조를 만났다. 하야시 조는 그의 이야기를 듣고 한국에 대한 서술을 하고 야나가와 사건도 기록하였다. 『증정국서해제(增訂國書解題)』의 1432쪽에서 『조선물어』에 대한 언급은 있지만, 본 책에 대한 기록은 없다.

필사본. 1658년(明曆四年戌戌七月日)에 작성된 고본을 전사(傳寫)한 책이다. 이 책에는 필사기가 없다.

印: 애스턴의 ex-libris

애스턴 문고. 24cm×15cm, 본문의 크기 21cm×12.5cm, 1책, 20장, 장번호 없음, 1면당 11행, 일본종이, 본문은 먹으로 기록됨, 달필임, 검은색 종이 장정.

| 56 |

C 27 (E 507)

倭韓唱酬集 (Вакан сёсюсю)

“일본 · 조선 간의 한시 대결 때 창작한 시의 모음”

- **저자**: 미상
- **언어**: 한문

1682년 8월 21일에 오사카에 도착한 조선 사신들과 일본인 39명 간에 한시 창작 대결이 열렸다. 일본인들은 조선인들이 읊은 시에 한문으로 시를 창작하여 답했다. 시에는 정치에 대한 암시가 담겨 있었다. 이런 측면에서 이 시집은 한·일 교류 연구자들에게 관심을 받을 만한 자료이다.

목판본. 간행 연도 및 간행 장소 기록 없음.

印: 소유자가 명확하지 않은 12개의 인장, 애스턴의 ex-libris

애스턴 문고. 27cm×18cm, 1책, 35장, 장 번호 한자, 일본 종이, 서양식 장정이 아님. 손상 정도: 심하게 벌레가 먹음.

• **해제**: 增訂國書解題, 2077쪽.

| 57 |

C 29 (E 510)

七家唱和集 (Ситика сёвасю)
"일곱 시인의 한시 대결에서 창작한 시의 모음"

• **언어**: 한문

표지에는 '계림창화속집(雞林唱和續集)'이라는 다른 표제가 있다. 계림은 한국 고대 국가인 신라의 다른 이름이다. 즉 '계림창화속집'은 '한국과의 시 대결에서 창작한 시의 모음'이라고도 번역할 수 있다.

쇼토쿠(正德) 1년(1711년)에 조선 사신들이 일본을 방문하였다. 그들이 방문하는 도시마다 일본인들은 잔치를 베풀고 한시 대결을 하였다. 그 대결에서는 여러 주제에 대한 답시를 지어야 했다. 이 책에서는 그 당시 창작된 시 및 한국 사신들과의 문답이 수록되어 있다. 기노 도라스케(木寅亮) 시인의 시(2권), 코 겐타이(高玄岱)의 시(2권), 미야케 간란(三宅觀瀾)의 시(1권), 무로 규소(室鳩巢)의 시(1권), 미나모토 야스쓰네(源保庸)의 시(1권), 히라 모토시게(平元成)의 시(1권), 기온 난카이(祇園南海)의 시(2권)이 있다.

이 시집은 문학적인 측면뿐만 아니라 정치적인 측면에서도 흥미로운 자료이다. 왜냐하면 다른 국가들과 교류가 없었던 두 나라 간의 교류를 보여주는 자료이기 때문이다.

목판본. 1714년(正德壬辰臘)에 간해되었다.[93] (이즈모지 이즈미노조(出雲寺和泉掾)가 출간)

印: 애스턴의 ex-libris

애스턴 문고. 27cm×18cm, 10권, 297장, 장 번호 한자, 권별로 매김, 일본 종이, 일본 종이 장정. 손상 정도: 심하게 벌레 먹음.

• **해제:** 增訂國書解題, 897쪽.

| 58 |

C 24 (E 504)

桑韓塤篪集(Сокан кэнтисю)
附列朝韓使來聘考(Фурэцу тёканси райхэйко)

---

93 【역자주】 노조무 하야시와 피터 코니츠키는 이 책의 간행 기록을 다음과 같이 기록하였다. "正德2 刊([京] ,唐本屋淸兵衛等)". Hayashi, Nozomu, and Peter F. Kornicki ed. Op. cit. p. 367.

"상한훈지집"
부록 '역대 한국 사신들이 일본에 내빙한 것에 대한 고찰'

• **언어**: 한문

표지에는 다른 표제가 있다. (桑韓昌和塤篪集-일본과 조선 간의 한시 대결의 모음") 1719년(享保四年)에 사신 홍치중(洪致中), 황선(黃璿), 이명언(李明彦) 등을 비롯한 여러 사람들로 구성된 한국 사신단이 일본을 방문하였다. 전통적으로 그들을 위해 잔치를 열고 한시 대결을 하였다. 1720년에 마에다 도키무네(前田時棟)가 쓴 서문이 있다.

목판본. 1719년(皇和享保己亥) 교토에서 간행되었다.

印: 애스턴의 ex-libris

애스턴 문고. 26.5cm×17cm, 10권, 246장, 장 번호 한자, 권별로 매김, 일본 종이, 서양식 장정이 아님. 손상 정도: 벌레가 먹은 흔적이 있음.

• **해제**: 增訂國書解題, 769쪽.

| 59 |

C 32

骨董錄 (Коттороку)
"옛 일에 대한 기록"

• **언어**: 일본어

임진왜란 이후 1602~1711년 사이에 조선 사신단의 일본 방문에 대한 간략한 기록이다. 이 책은 아라이 하쿠세키(新井白石)라는 사람이 1704~1711년 사이에 저술한 것이다. 동방학연구소에는 3번째 권만 소장되어 있다.

필사본. 1727년(享保十二歲)에 필사되었다. 도쿄의 다키 호토쿠(瀧報德)가 필사하였다.

印: 애스턴의 ex-libris

애스턴 문고. 27cm×19cm, 본문의 크기 19.5cm×14cm, 1권, 25장, 장 번호 없음, 1면당 9~12행, 얇은 일본 종이, 본문은 먹으로 기록됨, 초서로 기록됨, 서양식 장정이 아님.

| 60 |

C 28 (E 508)

善隣風雅 (Дзэнрин фуга)
"좋은 이웃 간의 우아함"

• **언어:** 한문

1748년 4월에 홍계희(洪啟禧), 남태기(南泰耆), 조명채(曺命采)를 비롯한 조선 사신단이 일본에 왔다. 권 1의 앞부분에는 사신과 동행자의 명단, 사신들과의 문답 기록이 있다. 권 2는 부록인데 한시 대결에서 일본인과 조선인들이 지은 한시가 수록되어 있다. 이 작품들은 일본어로 읽기 위해 가에리텐 표시와 일본 가나가 표시되어 있다.

목판본. 1748년(寬延元戊辰年九月)에 간행되었다.

印: 애스턴의 ex-libris

애스턴 문고. 27cm×18cm, 2권, 58장, 장 번호 한자, 권별로 매김, 일본 종이, 서양식 장정이 아님. 손상 정도: 벌레가 먹음. 부분적으로 해독이 불가능함.

| 61 |

C 30 (E 509)

善隣風雅後編 (Дзэнрин ф–га кохэн)
韓使唱和筆語尺牘 (Канси сёва хицуго – сякутоку)
"『선린풍아』의 후편. 조선 사신들이 한시 대결에서 읊은 시의 모음"

• **언어**: 한문

앞 책의 부록이다. 권 1에는 한시 대결에 참석한 조선 사신의 명단과 그들의 한시가 수록되어 있다. 권 2는 조선 사신단에 있었던 학자들과의 문답 기록이다.

목판본. 1748년(延亨伍年戊辰夏六月)에 간행되었다.

印: 애스턴의 ex-libris

애스턴 문고. 27cm×18cm, 2권, 56장, 장 번호 한자, 권별로 매김, 일본 종이, 서양식 장정이 아님. 손상 정도: 벌레가 먹음.

| 62 |

C 25 (E 505)

仙槎筆譚 (Сэнса хицудан)

“센사의 필담”

• **저자**: 타치바나 모토노리(橘元熏), 호 센사(仙槎)
• **언어**: 한문

조선 사신 박경행(朴敬行)이 1748년에 일본을 방문했을 당시 의관장(醫官將) 타치바나 모토노리와의 문답을 기록한 책이다.

목판본. 1748년(寛延改元戊辰)에 교토에서 간행되었다.

印: 애스턴의 ex-libris

애스턴 문고. 27cm×18cm, 1책, 37장, 장 번호 한자, 일본 종이, 서양식 장정이 아님. 손상 정도: 심하게 벌레 먹음.

• **해제**: 增訂國書解題, 1202쪽.

| 63 |

D 77 (E 33)

1883년 조선과 독일 간의 통상조약
(Торговый договор 1883г. между Кореей и Германией)

• **언어**: 한문

본문은 ‘통리교섭통상사무아문(統理交涉通商事務衙門)’이라는 판심제가 있는 인찰공책지에 기록되었다. 본문의 일부에는 문서에 수록되지 못한 추가사항이 기록된 빨간색 종이가 붙어 있다. 또한 같은 종이를 붙여서 본문을 수정하기도 하였다.

이 조약은 1883년 11월 26일에 에두아르트 자페(Eduard Zappe)와 민영목(閔泳穆)에 의해 조인되었다. 마지막 쪽에는 이에 대한 기록이 있다.

필사본. 원본의 초고본으로 추정된다.[94]

31cm×19cm, 본문의 크기 21.7cm×14.8cm, 1책, 13장, 장 번호 없음, 1면당 10행, 한지, 서양식 장정이 아님.

• **해제:** M. Cour., Bibl. cor. No. 2804

| 64 |

C 35 (E 596)

朝俄陸路通商章程 (Чоа рюнно тхонъсянъ чанъчжон)
"조선과 러시아 간의 육로 통상에 대한 규정"

• **언어:** 한문

1888년 8월 20일에 베베르(Weber. C.), 조병식(趙秉式)과 데니(Owen N. Deny)가 조인한 조약의 본문이다. 조약은 통상 장소, 관세, 통상 상품, 러시아 통상자의 권리, 우편 통신, 조약의 유효기간에 대한 9가지 항목으로 구성되어 있다.

서울 외교아문에서 간행한 서적. 조약 날짜는 한국식과 러시아식으로 되어 있다. '대조선개국 497년 7월 13일'(大朝鮮國開國四百九十七年七月十三日), 서양식으로는 1888년 8월 8일 추정된다.[95]

---

94 【역자주】 페트로바는 이 서적이 동방학연구소로 유입된 과정에 관해 언급하지 않았다.
95 【역자주】 페트로바는 이 서적이 동방학연구소로 유입된 과정에 관해 언급하지 않았다.

28cm×18cm, 1책, 10장, 장 번호 한자, 한지, 서양식 장정이 아님.

• **해제:** M. Cour., Bibl. cor. No. 2812

V 한국 간행 중국 역사서

| 65 |

D 62 (F 84)

新刊司馬文正公稽古錄
(Синкан Сыма Мунчжонъконъ кегорок)
"새로 간행한 사마광이 저술한 역사에 대한 기록"

- **저자:** 사마광(司馬光), 자는 군실(君實), 호는 우부(迂夫), 우수(迂叟), 시호는 문정(文正), 1009~1086
- **언어:** 한문

중국 고대부터 송나라 영종(英宗) 연간(1064~1067)까지의 역사이다. 한국 역사학자인 황순근(黃珣謹)의 서문이 있다.

활자본. 1501년(弘治辛酉春二月既望)에 간행되었다.

드미트렙스키 문고. 1907, St. P., 32cm×22cm, 20권 3책, 264장, 장번호 한자, 권별로 매김, 한지, 서양식 장정이 아님.

| 66 |

D 63 (F 84)

通鑑綱目 (Тхонъгам канъмок)

"통감강목 (통치의 연대기)"

- **저자:** 주희(朱熹), 1130~1200
- **언어:** 한문

주희가 저술한 『통감강목』의 한국 간행본이다.

목판본. 간행 연도 및 간행 장소 기록 없음.

드미트렙스키 문고. 1907, St. P., 35cm×22cm, 35책: 4~6, 12~27, 30~32, 45~49, 51~53, 58, 61, 62, 67, 68책(낙질본이다. 완질본은 76책으로 구성되어 있다.), 2898장, 장 번호 한지, 책별로 매김, 한지, 서양식 장정이 아님.

- **해제:** M. Cour., Bibl. cor. No. 2145, H. Cord., Bibl. Sin, 583~586쪽
- **중국어 원본의 서양어 번역서:** Бичурин Н. Я. (Иакинф). Летопись китайской империи, называемая Юй-пьхи цзы чжи тхун-цзянь ган-му. Разделенная на три части, летопись древнюю, среднюю и новейшую. 1828. Рукопись, автограф. Архив Сектора восточных рукописей ИВАН СССР. Ф. 7. тт. 1-15. Moyriac de Mailla, Joseph-Marie-Anne de. Histoire générale de la Chine, ou Annales de cet Empire, traduites du Tong-Kien-Kang-Mou. v. 13, in 4, Paris, 1777-1785. Annales de Chine, réduites en abrégé par le P. Janin, Augustin, sur la version françoise de J. M. Moyria de Maillat, missionnaire apostolique, connu en Chine sous le nom de Foug-Ping-Tching. MDCCLXIX, v.2. in 4, pp. XXVIII - 408, pp. 409 - 788. Storia generale della Cina ovvero Grandi annali cinesi / tradotti dal Tong-kien-kang-mou dal padre Giuseppe Anna Maria de Moyriac de Mailla Gesuita Francese Missionario in Pekin. In Siena MDCCLXXVII. Per Francesco Rossi, Stamp. del Pubb. Con Licenza de Sup. MDCCLXXXI, v. 35. in 8.

| 67 |

C 41 (D 589)

漢書評林 (Хансо пхёнъим)
"한서의 주해본"

- **편찬자:** 능치륭(凌稚隆), 자는 이동(以棟), 본관은 오정(烏程)
- **언어:** 한문

한나라(기원전 206년~기원후 18년)를 다룬 역사서인 『한서(漢書)』의 주해본이다. 1581년에 중국에서 간행된 책의 한국 간행본이다.

목판본. 간행 연도 및 간행 장소 기록 없음.

드미트렙스키 문고. 1907, St. P., 26.5cm×16.5cm, 100권 25책, 2629장, 장 번호 한자, 권별로 매김, 한지, 서양식 장정이 아님.

| 68 |

C 42 (D 585)

十七史 (Сипчильса)
"중국 17개 국가의 역사"

- **저자:** 여조겸(呂祖謙), 자는 백공(伯恭), 별칭은 여성공(呂成公), 시호는 충량(忠亮), 1137~1181
- **언어:** 한문

『후한서(後漢書)』, 『삼국지(三國志)』, 『진서(晉書)』, 『송서(宋書)』, 『남제서(南齊書)』, 『양서(梁書)』, 『진서(陳書)』, 『위서(魏書)』, 『북제서(北齊

書)』, 『주서(周書)』, 『남사(南史)』, 『북사(北史)』, 『수서(隋書)』, 『당서(唐書)』, 『오대사(伍代史)』를 바탕으로 서술한 중국 고대부터 당나라 멸망까지의 17개 국가서의 한국 간행본이다.[96]

목판본. 간행 연도 및 간행 장소 기록 없음.

드미트렙스키 문고. 1907, St. P., 26.5cm×16.5cm, 5책(책 1: '한서' 18권, 책 2: '위서' 30권, 책 3: '진서' 30권, 책 4: '송서' 23권, 책 5: '당서' 50권), 총 153권(낙질본이다. 완질본은 273권으로 구성되어 있다.), 10587장, 장 번호 한자, 권별로 매김, 얇은 한지, 서양식 장정이 아님. 손상 정도: 벌레가 먹음.

- **해제**: M. Cour., Bibl. cor. No. 2138, 漢籍解題, 87쪽.

| 69 |

C 43 (D 480)

古今歷代標題註釋十九史略通攷
(Когым ёктэ пхёчче чусок сипку саряк тхонъго)
"주석이 있는 중국 고금의 19개 국가의 간략한 역사"

- **저자**: 증선지(曾先之)
- **언어**: 한문

저자는 이 책을 원나라 때 저술하였다. 명나라 때는 여진지(余進之)가

96 【역자주】 본문에서는 17개 역사서에 『사기(史記)』, 『한서(漢書)』가 언급되지 않았다.

주석을 붙였다. 권 1~7은 고대부터 송나라까지의 역사 서술이고, 권 8은 1368년에 명나라 건국 이전의 원나라 역사이다. 권 1~7은 증선지가 편찬한 내용이며 권 8은 여진지가 쓴 것이다.

이 책의 한국 간행본은 많지 않다. 일본 황실 도서관에 한국판의 권 1만 소장되어 있다.

목판본. 간행 연도 및 간행 장소 기록 없음.

애스턴 문고. 26.5cm×19cm, 2권(낙질본. 완질본은 8권으로 구성되어 있다.), 1권(51장), 2권(61장), 장 번호 한자, 권별로 매김, 한지, 서양식 장정이 아님.

• **해제:** M. Cour., Bibl. cor. No. 2140, 漢籍解題, 116쪽.

| 70 |

D 73 (F 10)

앞의 책과 동일함

앞 서적(69번)의 후기 간행본이다.

목판본. 19세기에 간행되었다.

브로세 문고. 1884, St. P., 31cm×20cm, 1권, 59장, 장 번호 한자, 한지, 서양식 장정이 아님.

• **해제:** M. Cour., Bibl. cor. No. 2140; 漢籍解題, 116쪽.

| 71 |

D 61 (F 86)

續史略翼箋 (Соксаряк икчон)
"주석이 있는 명나라의 간략한 역사"

- **저자:** 홍석주(洪奭周), 자는 성백(成伯), 호는 연천(淵泉), 본관은 풍산(豊山), 1774~1842
- **언어:** 한문

홍인모(洪仁謨)는 이전의 역사 서적을 바탕으로 하여 290년 동안의 명나라 역사를 서술하여 『속사략(續史略)』이라 하였다. 그의 아들인 홍석주는 그 책에 주석을 달아 보충하였다. 홍석주는 1821년에 그 작업을 마무리하였고 책은 1857년에 간행되었다.

『속사략익전』은 태조(太祖, 1368~1399)부터 사종(思宗, 1628~1644)까지의 역사를 서술하고 있다.

목판본. 1857년에 간행되었다.

드미트렙스키 문고. 1907, St. P., 21권 6책, 534장, 장 번호 한자, 권별로 매김, 한지, 서양식 장정이 아님.

- **해제:** 朝鮮圖書解題, 1915, 63쪽, 朝鮮圖書解題, 1932, 69쪽.

| 72 |

C 44 (D 588)

萬姓統譜 (Мансон тхонъбо)
"여러 성씨의 안내서"

• **저자:** 능적지(凌迪知)
• **언어:** 한문

역사와 인물에 대한 사전이다. 황제의 계보 6책, 고대부터 명대 중순까지의 중국 귀족의 계보가 14책이다. 능적지는 이 서적을 쓸 때 『열전(列傳)』, 『통지(通志)』, 『통지(統志)』, 『군읍지(郡邑志)』와 여러 문헌들을 이용하였다. 요(遼), 금(金), 원(元)시대의 이름에 대한 번역은 서적 뒤에 부록으로 수록되었다. 이 책은 106개의 음(音)과 연대순으로 배열되어 있다. 1579년(萬曆己卯秋八月)에 완성되어 간행되었다.

이 책은 18세기의 한국 간행본이다.

목판본. 간행 연도 및 간행 장소 기록 없음.

드미트렙스키 문고. 1907, St. P., 24cm×16cm, 140권 32책, 3205장, 장 번호 한자, 권별로 매김, 얇은 한지, 서양식 장정이 아님.

• **해제:** M. Cour., Bibl. cor. No. 1922, 漢籍解題, 139쪽.

| 73 |

C 53 (E 247)

欽定滿洲源流考 (Хымчжонъ Манчжу уоллюго)
"만주의 원류에 대해 황제의 명으로 편찬한 역사서"

• **언어:** 한문

이 책은 중국과 만주의 문헌을 바탕으로 하여 1777년에 편찬되었다. 고대 만주의 종족을 7권에 걸쳐서 서술하였다. 그다음에는 나라의 지리적 상황, 경계, 산과 강을 8권에 걸쳐 서술하였다. 나라의 풍습(기마, 수렵, 의복, 모자), 행정, 교육, 명절, 신앙, 예식, 관직, 언어, 토산물이 5권에 걸쳐 서술되어 있다.

이 책은 고대 한국사에 대한 정보를 담고 있어서 귀한 자료이다. 한국 종족의 기원을 설명하고 고구려, 백제, 신라의 건국을 밝히고 있기 때문이다.

목판본. 간행 연도 및 간행 장소 기록 없음.

아시아국 문고. 1864, St. P., 28cm×17.5cm, 20권 8책, 621장, 장 번호 한자, 권별로 매김, 얇은 중국 종이, 파란색 천이 붙어 있는 중국식 장정.

| 74 |

C 58 (C 69)

博古 (Пакко)
"옛 역사에 대한 기록"

- **저자:** 미상
- **언어:** 한문

중국 고대의 반고(盤古)부터 명대(明代) 마지막 황제까지 중국 황제들의 명단이 있다. 생몰 일자, 성명과 직함, 재위 연도, 계보와 황후의 성명, 직함, 계보가 수록되어 있다. 그다음에는 고대부터 명대 말까지 지방 장관과 유명인의 명단 및 간략한 생애가 수록되어 있다.

책 2의 끝에는 한국의 산과 강의 목록, 신라, 고려, 조선 시대의 유명인 명단이 있다. 명단에 마지막 인물로는 정백창(鄭百昌, 1588~1635), 17세기 중반에 사망한 한원진(韓元震)이 적혀 있는 것으로 보아 대략 17세

기 중반에 제작되었다고 할 수 있다.[97]

필사본. 필사 연도 및 필사 장소 기록 없음.

드미트렙스키 문고. 1907, St. P., 28cm×19.8cm, 본문의 크기 26.8cm×16.3cm, 2책, 148장, 장 번호 없음, 1면당 16행, 한지, 본문은 먹으로 기록됨, 달필임, 서양식 장정이 아님.

---

97 【역자주】 원문에서는 페트로바가 한원진을 17세기 중반에 사망한 것으로 서술하였으나, 한원진(韓元震, 1682~1751)은 18세기 중반에 사망하였다.

VI 한국 유교사

| 75 |

C 1 (C 68)

分黨記 (Пунданъги)
"조선시대 붕당(朋黨)에 대한 기록"

- **저자:** 신흠(申欽), 자는 경숙(敬叔), 호는 상촌(象村), 본관은 평산(平山), 1566~1628
- **언어:** 한문

이 책은 주자학 내에서 서로 반목하였던 '동인(東人)'과 '서인(西人)' 간의 정치투쟁에 대한 기록이다. 몇 년 후 당은 다시 '북인(北人)'과 '남인(南人)'으로 나뉘어졌다. 동인은 '남인'과 하나가 되었고 '북인'은 '대북(大北)'과 '소북(小北)'으로 갈라졌다. 대북은 왕에 반대하는 공모를 하여 사형을 당하였다. 그리고 가장이 죄를 지으면 온 가족이 연좌로 벌을 받았기 때문에 대북의 일원들은 모두 사형을 당하였다. 그중에 살아남은 일원들은 '소북'으로 들어갔다. 그리하여 궁중에는 '서인', '남인', '소북'이 생겼고 100년 동안 존재하였다.

필사본. 필사 연도 및 필사 장소 기록 없음.

드미트렙스키 문고. 1907, St. P., 합철본[98]의 첫 번째 원고로 1~4장에 해당됨, 28cm×18cm, 본문의 크기 20.7cm×14.8cm, 1책, 88장, 장 번호 없음, 1면당 9행, 목판 인찰공책지에 필사됨, 얇은 한지, 본문은 먹으로 기록됨, 필체를 보면 합철본의 모든 원고를 한 사람이 쓴 것으로 판단됨, 달필임, 서양식 장정이 아님.

| 76 |

C 1 (C 68)

黨論原流 (Танънон уонню)

"붕당 간 대립의 원류"

- **저자**: 안연석(安鍊石)
- **언어**: 한문

이 문헌은 앞의 해제에서 소개했던 16세기 중반부터 1788년까지 붕당 간 대립의 역사이다. 이 투쟁은 영조에 의해 약해졌지만, 투쟁의 흔적은 조선 말기까지 계속되었다. 경쟁의 과정에서 '노론', '소론'(서인이 갈라져 생김), '남인', '소북'이라는 4가지 당이 생겼다.

『당론원류』는 18세기 말에 서술되었다. 여기에서는 요약본만이 수록되어 있다.

필사본. 필사 연도 및 필사 장소 기록 없음.

---

98 【역자주】 해제 75번부터 82번까지는 합철되어 있는 책이다.

드미트렙스키 문고. 1907년, St. P., 합철본의 두 번째 원고로 5~9장에 해당됨.

| 77 |

C 1 (C 68)

莊陵志 (Чанънынъчжи)
蕉誌事實 (Тхёчжи сасиль)
“단종(端宗)의 역사적 사실”

- **저자:** 미상
- **언어:** 한문

단종의 생애에 대한 책이다. 단종은 1453년에 재위했고 1457년에 세조(世祖)에 의해 퇴위되어 타살을 당하였다.

필사본. 필사 연도 및 필사 장소 기록 없음.

드미트렙스키 문고. 1907, St. P., 합철본의 세 번째 원고로 10~15장에 해당됨.

- **해제:** M. Cour., Bibl. cor. No. 1915
- **목록:** 朝鮮書籍目錄, 6~7쪽, No. 8

| 78 |

C 1 (C 68)

附六臣傳 (Пу рюксин чжон)

"여섯 신하 전기의 부록"

- **저자:** 남효온(南孝溫), 자는 백공(伯恭), 호는 추강(秋江), 본관은 의령(宜寧), 점필재(佔畢齋) 김종직(金宗直)의 제자, 1454~1492
- **언어:** 한문

단종에게 충성하여 그를 복위하고자 하였던 사육신의 전기이다. 그들은 세조의 명에 따라 1456년에 사형을 당하였다. 1) 박팽년(朴彭年), 자는 인수(仁叟), 본관은 순천(順天), 2) 성삼문(成三問), 자는 근보(謹甫), 호는 매죽헌(梅竹軒), 3) 이개(李塏), 자는 백고(伯高), 호는 청보(淸甫), 본관은 한산(韓山), 4) 하위지(河緯地), 자는 천장(天章), 호는 단계(丹溪), 본관은 진주(晉州), 5) 유성원(柳誠源), 자는 태초(太初), 본관은 문화(文化), 6) 유응부(兪應孚), 본관은 기계(杞溪).

당시 이들에 대한 언급은 금기되어 있어서 저자 남효온은 사후에도 1504년에 세조를 반대하였다는 죄를 얻었다. 그의 모든 글들은 불탔고 전사본으로만 몰래 소장되었는데 저자 남효온은 부관참시를 당하였다. 1698년에야 왕명에 의해 단종, 그의 왕비인 정순왕후(定順王后)와 어머니인 현덕왕후(顯德王后)는 복위되어 묘호를 받았고, 사육신도 인정을 받았으며 사당도 건립되었다. 그 후에는 남효온도 복권되었다.

필사본. 필사 연도 및 필사 장소 기록 없음.

드미트렙스키 문고. 1907, St. P., 합철본의 네 번째 원고로 15~27장에 해당됨.

해제: M. Cour., Bibl. cor. No. 1948

| 79 |

C 1 (C 68)

戊午史禍 (Myo caгoa)
"무오년(1498)의 역사"

- **저자:** 미상
- **언어:** 한문

이 글은 연산군의 명에 따라 학자들이 화를 입은 사건을 서술한 것이다. 당시 김종직(金宗直)은 사형을 당하였다. 김종직의 자는 계온(季昷)이다. 그는 관리이자 성리학자였고 많은 제자들이 있었다. 그는 기원전 205년에 항우(項羽)에게 살해를 당한 의제(義帝)를 애도하는 시인 『조의제문(弔義帝文)』을 지어 죄를 얻었다. 그 작품은 연산군의 증조할아버지인 세조가 단종을 찬탈한 것에 대한 풍자의 글로 보였기 때문이다.

필사본. 필사 연도 및 필사 장소 기록 없음.

드미트렙스키 문고. 1907년, St. P., 합철본의 다섯 번째 원고로 27~30장에 해당됨.

| 80 |

C 1 (C 68)

黃江師弟問答 (Хоан Ган сучже мундап)
"유학자 황강과 제자 영숙 간의 문답"

- **언어:** 한문

조선의 유학자인 황강(黃江)과 그의 제자 영숙(永叔) 간의 문답이다. 내용은 한국 주자학의 역사, 붕당 간 대립의 원류, 붕당 간의 투쟁과 1392년~1608년 사이에 반대 입장에 있던 학자들에 대한 박해이다. 이 문답에서는 황강의 정치와 역사에 대한 관점이 드러난다.

필사본. 필사 연도 및 필사 장소 기록 없음.

드미트렙스키 문고. 1907, St. P., 합철본의 여섯 번째 원고로 31~61장에 해당됨.

| 81 |

C 1 (C 68)

孝廟己亥三月十一日尤菴獨對說話

(Хёмё кихэ сам уоль сибириль У Ам доктэ сорхоа)

"기해년(1659) 효종과 송시열이 독대한 기록"[99]

- **저자:** 송시열(宋時列), 자는 영보(英甫), 호는 우암(尤菴), 본관은 은진(恩津), 1607~1689
- **언어:** 한문

저자는 조선의 유명한 유학자이며 율곡 이이의 신봉자이다. 그는 120여 책의 저서를 남겼고 많은 제자들이 있었다. 1659년에 그는 현종이 허락한 효종의 장례식과 비문에 대한 의견을 밝혔다. 그 의견은 많은 논쟁을 일으켰고 '서인'을 '노론'과 '소론'으로 갈라지게 하였다. 이 두 붕당 간의

99 【역자주】러시아어 제목에서는 송시열이 자신이 자신과 이야기한 것이라고 번역되어 있으나, 이 글은 효종과 송시열이 독대한 기록을 적은 것이다.

투쟁은 50년이 넘게 진행되었다. 송시열도 붕당 간 대립의 희생자가 되어 82세에 왕명에 따라 사약을 받았다.

필사본. 필사 연도 및 필사 장소 기록 없음.

드미트렙스키 문고. 1907, St. P., 합철본의 일곱 번째 원고로 62~74장에 해당됨.

| 82 |

C 1 (C 68)

井邑日記 (Чонъып ильги)
己巳六月 ...日遂菴所記 (Киса рюкуоль...иль суамсоги)
“정읍일기. 기사년(1689) 6월 우암 송시열을 동행할 때의 기록”

- **저자:** 미상
- **언어:** 한문

이 일기는 저자 미상이며 우암 송시열이 정읍에 있었을 때에 대한 기록이다. 우암과 주자학에 대한 문답, 그 당시 건강이 좋지 않았던 우암 송시열의 몸상태를 서술하였다. 1689년은 송시열이 생존해 있던 마지막 해였고 당시 82세였다. 그해에 송시열은 사형을 당하였다. 이 기록은 송시열의 생애에 대한 정보를 담고 있어 가치가 높은 자료이다.

필사본. 필사 연도 및 필사 장소 기록 없음.

드미트렙스키 문고. 1907, St. P., 합철본의 여덟 번째 원고로 75~77장에 해당됨.

한국 기록문화유산의 해제 (상)

VII 지리학

| 83 |

B 23

三國通覽圖說 (Сангоку цуран дзусэцу)
"삼국통람도설"

- **저자:** 하야시 시헤이(林子平), 호 로쿠무사이 슈진(六無斎主人), 본관은 에도, 1731~1793
- **언어:** 일본어

한반도, 류쿠, 홋카이도에 대한 지리와 민속에 대한 개관이다. 아이누족에 대한 서술에는 그들의 생활, 필수품과 사냥 무기를 그린 그림이 담겨 있다.

이 책은 1785년에 편찬되었다.

필사본. 1785년(天明伍年乙巳秋仙壹)에 센다이에서 필사되었다.

印: 애스턴의 ex-libris

애스턴 문고. 25cm×17.5cm, 본문의 크기 19.7cm×14cm, 1책, 48장,

장 번호 없음, 1면당 11행, 일본 종이, 본문은 먹으로 기록됨, 달필임, 아이누족 생활에 대한 그림, 류큐왕의 도장 그림, 서양식 장정이 아님.

- **해제**: 增訂國書解題, 823쪽.
- **목록**: R. Kenn. Cat. Jap. 12쪽, Or. 2635, 39. B.d.
- **번역**: Mr. J. Klaproth. San Kokf Tsou Ran To Sets, ou Aperçu général des Trois Royaumes. Traduit de l'original Japonais-Chinois. Ouvrage accompagné de ctnq cartes. Paris, Printed for the Oriental Translation Fund of Great Britain and Ireland M.DCCC.XXXII, in 8,VI+1+288pp.

| 84 |

B 32 (РГО 683)

앞의 책과 동일함

필사본. 1816년 11월(于時文化十三丙子十月)에 필사되었다.

러시아 지리학회 문고. 1881년 5월 15일, ЖVIII 10번, 25cm×17.5cm, 본문의 크기 19.4cm×14cm, 1책, 40장, 장 번호 없음, 1면당 16~17행, 일본 종이, 본문은 먹으로 기록됨, 달필임, 모리 오에나모토(毛利大江元苗)가 그린 90개의 그림과 류큐왕의 도장 그림이 수록됨, 서양식 장정이 아님.

| 85 |

B 20 (окс к/20)

朝鮮地誌 (Тёсэн тиси)

"조선의 지리"

• **저자**: 사카네 타츠로(坂根達郎)
• **언어**: 일본어

한국의 지리에 대해 간략하게 서술한 개관이다. 한국의 지도가 부록으로 붙여져 있다.

목판본. 1881년에 간행되었다.

印: 애스턴의 ex-libris

애스턴 문고. 22cm×15cm, 1책, 51장, 장 번호 한자, 일본 종이, 삽화: 서울의 개관, 서울의 지세(6장), 통진의 지세(8장), 한성 가는 길의 마을의 지세(16장), 부산 항구의 지세(32장), 동래의 지세(33장), 원산 항구의 지세(42장), 서양식 장정이 아님.

• **목록**: R. Kenn. Cat. Jap. 41쪽, 16084. a. 30.

| 86 |

A 3 (O и/9)

朝鮮全圖附錄 (Тёсэн дзендзу фуроку)

"조선전도 부록"

• **편찬**: 일본 참모부
• **언어**: 일본어

조선 팔도에 있는 고을의 목록이다. 책 끝에는 한국 바다의 해로도가 있다. 한국 거리 단위와 일본 거리 단위 간의 비교표는 부록에 있다.

일본 참모부의 인쇄본. 1875년(明治八年十二月)에 간행되었다.

印: 애스턴의 ex-libris

애스턴 문고. 13.5cm×10cm, 1책, 87쪽, 서양식 장 번호, 일본 종이, 서양식 판지 장정.

| 87 |

B 24 (окс к/222)

朝鮮國細見全圖 (Тёсэнкоку сайкэн дзэндзу)

"조선을 세밀하게 그린 지도"

- **편찬자:** 이즈모지 만지로(出雲寺萬次郎), 오시마야 덴에몬(大烏屋傳石衛門) 등
- **언어:** 일본어

지도 아래에 설명이 있는 조선의 전도이다. 지도에는 애스턴이 손으로 기록한 표시가 있다.

목판본. 1873년에 도쿄에서 간행되었다. 설명문은 활자로 인쇄하여 붙인 것이다.

印: 애스턴의 ex-libris

애스턴 문고. 22cm×15cm.

| 88 |

B 6 (D 481)

易言 (Ион)

"쉬운 단어들"

• **저자:** 미상
• **언어:** 한문

서양 문명에 대한 개요이다. 본 개요에는 다음과 같은 항목이 있다. 국제법, 세금, 아편, 무역, 철도, 전신기, 식민화, 화물 수송, 기계 제작, 선박 제작, 광산, 우체국, 소금 채굴, 여행, 국회, 시험, 운영, 국방, 외교, 종교, 대사관, 해군, 군비, 군대와 훈련, 경찰, 하천 운송수단, 자원, 관직 급여, 의학.

신식 인쇄본. 1875년에 상하이에서 간행되었다.

내지(內紙)에 애스턴의 다음과 같은 기록이 있다. "Easy words. A series of popular essays on European civilization, governments and institutions."

"This copy is in Chinese. It has been translated into Corean, and Kim Chai kuk, my Corean teacher, has prepared a Corean colloquial version of the first two parts. W. Aston. Mentona. Feb. 1887."

印: 애스턴의 ex-libris

애스턴 문고. 23cm×16cm, 2권 1책, 49+61장, 장 번호 한자, 권별로 매김, 중국 종이, 서양식 판지 장정.

| 89 |

C 14

앞의 책과 동일함

• **언어:** 한글

앞의 책의 한국어 번역본이다. 번역본은 네 부분으로 구성되어 있다. 1부: 국제법, 세금, 아편, 무역, 철도, 전신기, 식민화, 화물 수송. 2부: 기계 제작, 선박 제작, 광산, 우체국, 소금 채굴, 여행, 국회, 시험, 관리. 3부: 국방, 외교, 종교, 대사관, 해군, 군비, 군대와 훈련. 4부: 경찰, 하천 운송수단, 자원, 관직 급여, 의학.

목판본. 간행 연도 및 간행 장소 기록 없음. 본문에는 손으로 적은 한자들이 있다.

내지에 애스턴의 다음과 같은 기록이 있다. "Easy words. A series of popular essays on European civilization, governments and institutions. Translated from the Chinese into Corean not ... some false renderings of the original."

"The Chinese characters in the earlier part of the work were inserted by an ignorant Corean, and are full of stupid errors, some, but not all, of which were subsequently corrected by a more competent person, the rest, however, contains a good many errors. W. G. Aston."

印: 애스턴의 ex-libris

애스턴 문고. 27cm×20cm, 4부 1책, 1부(55장), 2부(57장), 3부(55장), 4부(64장), 발문(11장), 장 번호 한자, 권별로 매김, 얇은 한지, 서양식 판지 장정.

• **해제:** 한글갈, 230쪽.

| 90 |

C 12

앞의 책과 동일함

• **언어:** 한글

김재국이 앞의 책(해제 89번)의 부 1, 2를 문어체에서 구어체로 수정한 책이다. 이 책은 언어학 측면에서 19세기 후반기의 문어체와 구어체를 비교할 수 있는 흥미로운 자료이다.

필사본. 1885년에 필사되었다. 필사기가 있다. “을유년(1885년) 9월 14일 영국대사관(乙酉九月十四日貞洞大英欽差衛門).” 김재국의 초고본이다.

첫 장에는 애스턴의 다음과 같은 기록이 있다. “I ön (Easy words) A series of popular essays on European civilization. A colloquial version of the first two parts prepared by Kim Chai-kuk, my Corean teacher. W. G. Aston. Mentone. Feb. 1887.”

애스턴 문고. 25cm×20cm, 본문의 크기 19.7cm×12.8cm, 1책, 106장+2장 빈 면, 장 번호 서양식, 1면당 10행, 서양 종이, 본문 먹으로 기록됨, 달필임, 서양식 판지 장정.

VIII 민속학

| 91 |

A 1

상례쵸언히죵 (Санънэ чхёонхэ чжун)
본죵오복도 (Пончжёнъ обокто)
"장례의식의 설명서. 장례(喪)의 다섯 가지 단계"

- **저자:** 미상
- **언어:** 한글

참최(斬衰), 재최(齊衰), 대공(大功), 소공(小功), 시마(緦麻) 상의 다섯 가지 종류가 서술되었다.

조선시대의 상례는 엄격하게 정해져 있었다. 이와 같은 상례법은 당대 조선의 복잡한 친척 관계를 이해하는 데 도움이 된다. 상례의 규범은 친척이라는 개념을 정하는 데에 기준이 된다. 이 책은 중세 한국의 법을 배우는 데에 참고가 된다.

목판본. 간행 연도 및 간행 장소 기록 없음.

애스턴 문고. 17.5cm×11cm, 1책, 31장, 장 번호 한자, 얇은 한지, 서양식 장정이 아님.

• **해제**: M. Cour., Bibl. cor. No. 1075

| 92 |

A 2

듀공희몽셔 (Тюгонъ хэмонъсё)

"꿈을 해석하는 책"

• **저자**: 미상
• **언어**: 한글

하늘, 땅, 해, 달, 별 등의 주제별로 나누어져 있는 해몽서이다. 이 책은 민중의 신앙이 반영되어 있어서 흥미로운 자료이다.

목판본. 간행 연도 및 간행 장소 기록 없음.

애스턴 문고. 18cm×12cm, 1책, 35장, 장 번호 한자, 얇은 한지, 서양식 장정이 아님.

| 93 |

B 5

규합총셔 (Кюхап чхёнъсё)

"살림살이에 관한 책"

• **저자**: 빙허각 이씨(1759~1824)
• **언어**: 한글

여러 가지 살림하는 방법이 서술되어 있다. 술 담그는 법, 콩으로 음식을 만드는 방법, 고기를 저장하는 방법, 반죽을 만드는 방법, 조림하는 방법, 비단옷을 빨래하는 방법과 풀을 먹이는 방법, 비단과 책을 손상하는 벌레를 없애는 방법, 달아난 노비를 돌아오게 하는 방법 등이 담겨 있다. 조선시대 살림을 연구하는 데에 도움이 되는 민속학적 자료이다.

목판본. 간행 연도 및 간행 장소 기록 없음. 1869년에 간행된 것으로 추정된다.

애스턴 문고. 25cm×16cm, 1장, 20장, 장 번호 한자, 얇은 한지, 서양식 장정이 아님.

• **해제**: M. Cour., Bibl. cor. No. 46, 한글갈, 102쪽.
• **목록**: 朝鮮書籍目錄, 70쪽, No. 96 (필사본)

| 94 |

D 67 (G 58)

進饌儀軌總目 (Чинчжан ыгуе чхонмок)
"궁중 잔치의 예법"

• **저자**: 미상
• **언어**: 한문

이 책은 1878년 1월 10일에 익종(효명세자)의 왕비 신정왕후에게 새로운 존호를 올리기 위해 궁중에서 진행한 행사에 대한 기록이다. 잔치를 축하하는 글과 시, 헌사 등을 쓴 참가자들의 명단, 다양한 의식 때 참여자들이 지켜야 할 자리 배치도, 낮과 밤에 진행되는 행사장의 그림, 춤추고 있는 궁중 무녀들의 그림, 또한 잔치 때 사용되는 다양한 물건들의 그림(꽃병, 꽃, 술잔, 촛대, 등불, 병풍, 가구, 악기, 의상)이 담겨 있다. 모든 그림은 목판으로 인쇄한 것이다.

목판본. 1878년에 간행되었다.

드미트렙스키 문고. 1907, St. P., 35cm×23.5cm, 1책, 42장, 장 번호 한자, 두꺼운 한지, 삽화: 궁의 외부 13장까지, 춤 13~25장, 장신구 26~42장, 서양식 장정이 아님.

• **해제:** M. Cour., Bibl. cor. No. 1306

IX 법학

| 95 |

D 40 (760)

大明律講解 (Тэмёнъюль канъхэ)
“주해가 있는 명나라의 형법전”

• **언어**: 한문

『대명률』은 명나라(1368~1644)의 형률서이며 1374년에 만들어졌다. 조선은 조선은 건국 이후 『대명률』을 법의 근간으로 삼고 여러 조항에 대한 설명을 보충하였다. 이 법전은 다음과 같은 분류로 되어 있다. 1) 명례율(47조항), 2) 이율(47조항), 3) 호율(95조항), 4) 예율(26조항), 5) 병률(5조항), 6) 형률(171조항), 7) 공률(13조항).

책 1 시작에는 다음과 같은 표가 있다. a) 형벌의 다섯 가지의 종류(매, 곤장, 유배, 추방, 사형), b) 형벌 무기(매, 곤장, 족쇄, 사슬 등), c) 상례의 기간과 형식에 대한 일곱 가지 표.

목판본. 1854년에 간행되었다. 책 3의 마지막 장에는 간기가 있다. "갑인년 11월 대구에서 새로 간행하였다(甲寅仲冬嶺營新刊)."

印: 애스턴의 ex-libris

애스턴 문고. 32cm×21.5cm, 30권 3책, 256장, 장 번호 한자, 얇은 한지, 서양식 장정이 아님.

• **해제**: M. Cour., Bibl. cor. No. 1778

| 96 |

D 38 (F 52)

大典通編 (Тэчжон тхонъпхён)
"대전통편"

• **편찬자**: 김치인(金致仁), 자는 공서(公恕), 호는 고정(古亭), 본관은 청풍(淸風), 1716~1790
• **언어**: 한문

이 책은 1785년에 편찬되었다. 1471년의 『경국대전(經國大典)』, 1744년의 『속대전(續大典)』을 바탕으로 하고 있다. 그리고 1744년 이후 만들어진 모든 법전들이 추가되어 있다. 1471년의 내용은 원(原), 1744년의 내용은 속(續), 그 이후의 내용은 증(增)이라 표시하였다. 그렇기 때문에 『대전통편』은 18세기 조선의 법전 전집이었으며 5책 6부로 구성되어 있다.

제1부(책 1): 관리에 대한 법(吏典). 궁중 관청, 관직, 수도와 지방의 향리, 품계, 과거시험, 관원의 임명 절차, 해유, 해임, 포상, 형벌, 검사, 월급, 벼슬 세습, 왕에게 존호 받는 절차 등에 관한 31항이다. 책 1 권수에

『대전통편』 편찬에 관한 왕명, 편찬자 김치인의 서문, 『경국대전』 편찬자 서거정(徐居正)의 서문, 최항(崔恒)의 발문, 『속대전』 편찬에 대한 왕명, 편찬자 김재로(金在魯)의 서문, 서론, 편찬을 맡은 기관 및 신하들의 명단이 있다.

제2부(책 2): 재무에 대한 법(戶典). 국비 지출, 인구의 가족별 명단, 토지 관리, 관직 현물 봉급, 토지법, 양잠, 곡식 재고와 가계, 인구가 제공한 음식물의 운송, 어업과 염업, 지방관리비 지출, 세금, 현물 세금의 운송, 동전, 농부 포상, 구휼 곡식, 토지, 건물, 노비, 가축의 매매 기간, 미납금 공급, 궁궐로 보내는 진상품, 납세 의무 등에 관한 29항이다.

제3부(책 3): 풍습과 예식에 관한 법(禮典). 예식 종류, 국가 예식, 궁중 예식, 잔치, 사신단 영접 등 행사, 왕릉 관리, 제사, 입양 절차, 결혼, 상례, 궁중에 일하는 사람 선발, 왕의 도장과 일반 도장, 공식 문서 양식, 포상, 나이가 많은 하급 관리와 그 부모, 아내, 홀로 사는 노인에게 흉년 때 제공하는 보상금, 가난한 사람들에게 약과 의사의 도움 제공, 음악, 여노비(女婢) 선발, 불교 고승, 사찰, 국가관리 검사, 수도와 지방 관료를 소개하는 예식, 여러 기관 간의 공식 문서 양식, 증명서, 원서, 상신서, 가족별 인구 명단(족보), 인구통계에 관한 63항이다.

제4부(책 4): 군사에 대한 법(兵典). 수도 병사기관, 군인 등급, 지방 병사기관, 역마, 말먹이와 식량, 무과 시험, 계급 제공 절차, 군직의 문서 양식, 군무, 장교 명단과 예비자 명단, 군인 명단, 군직 면제, 군인 포상, 국가 군방, 성, 병기, 군선(軍船), 봉화, 말먹이 재고 등에 관한 51항이다.

제5부(책 5): 형법(刑典). 범죄 사실을 밝히는 절차, 재판 결정을 내려야 하는 최대 기간, 감금의 최대 기간, 이유 없이 형벌을 늘린 관료의 형벌, 범죄의 종류(위조, 도난, 강도, 탈출, 윗사람에 대한 무고발, 정부가 내린 금지 사항 위반, 살인, 간통 등), 특사, 노비에게 자유를 주는 대가, 형벌을

벌금으로 대체, 매매 절차 등에 관한 40항이다. 노비에 관하여 형전 제한 사항이 부록으로 붙어 있다.

제6부(책 5): 공사에 관한 법(工典). 다리 건설, 도로 건설, 국가기관 건물 건설 및 수리, 역참 관리, 선박과 수레 조작, 나무 심기, 벌목장, 석탄, 광물, 금속, 보석의 채굴 및 가공, 수도와 지방의 붓, 먹, 철 등을 만드는 수공업자, 도량 단위 등에 관한 14항이다.

목판본. 1785년에 간행된 활자본을 번각(翻刻)한 목판본이다.

편제면에 다음과 같은 기록이 있다. "을사년에 편찬하여 수도와 지방에 나누어주기 위해 간행하였다(乙巳彙緝中外印頒)."

印: 편제면에 궁궐 도서관의 도장, 다섯 책 모두 표지 이면에는 애스턴의 ex-libris

애스턴 문고. 37×24, 5책(책 1: 95장, 책 2: 42장, 책 3: 72장, 책 4: 91장, 책 5: 52장+13장), 장 번호 한자, 책별로 매김, 두꺼운 한지.

- **해제**: M. Cour., Bibl. cor. No. 1460, 朝鮮圖書解題, 1932, 78쪽.
- **목록**: 朝鮮書籍目錄, 21쪽, No. 25 (목판본)
- **번역서**: П. Дмитревский. Записки переводчика, составленные переводчиком при Окружном управлении на острове Цусиме Отано Кигоро. Спб., 1884 (이 번역서의 각주에서 『대전통편』의 여러 항목이 러시아어로 번역되어 인용되었다).

| 97 |

Д 6 (F 56)

앞의 책과 동일함

목판본. 1845년에 간행되었다. 책 5의 마지막 장에 간기가 있다. "을 사년 10월에 대구에서 간행하였다(乙巳孟冬嶺營開刊).”

印: 애스턴의 ex-libris

애스턴 문고. 32cm×21cm, 5책 (책 1-92장, 책 2-42장, 책 3-72장, 책 4-91장, 책 5-52장+13장), 장 번호 한자, 책별로 매김, 얇은 한지. 손상 정도: 책 3, 4, 5의 표지를 벌레가 먹음.

| 98 |

D 5 (F 78)

大典會通 (Тэчжон хетхонъ)
“대전회통”

- **편찬자**: 조두순(趙斗淳), 자는 원칠(元七), 호는 심암(心菴), 본관은 양주(楊洲), 1796~1870
- **언어**: 한문

이 책은 1864년에 편찬되었고 1865년에 공개되었다. 18세기에 만들어진 『대전통편』을 바탕으로 하여 이후 90년간 새로 생긴 모든 법률과 규정들이 추가되었다. 18세기 『대전통편』의 내용은 원(原), 속(續), 증(增) 자로 표시했고 새로운 법률은 ‘보(補)’ 자로 표시하였다. 그러므로 『대전회통』은 조선왕조 500년간의 모든 법률을 담고 있다.

책 앞의 서문에는 조선왕조가 주나라와 명나라의 법전을 본받으며 법전을 간행한 역사를 설명하였다. 여기에는 세종 때 1430년에 간행된 『경제육전』부터 1785년 간행된 『대전통편』까지 여러 법전을 언급하였다. 이 서문은 김병학(金炳學)이 쓴 것이다. 이 책의 편집을 맡은 8명의 관료들이

1865년에 왕에게 올린 글이 있다. 『경제육전』의 서문과 범례, 『속대전』을 편찬할 때 영조가 직접 쓴 두 개의 어제(御製), 원경하(元景夏)가 쓴 『속대전』의 서문, 1785년에 정조가 쓴 『대전통편』의 서문, 이복원(李福源)이 쓴 『대전통편』의 서문, 인용 서목과 간행 시 인용한 원본을 구분하기 위해 사용한 여러 활자의 종류에 대한 설명이 있다. 책 편찬자 13명의 명단이 첨부되어 있다.

이 서적은 조선 시대의 법전과 도서 간행의 역사에 대해 연구하는 데 중요한 자료이다.

본문은 18세기 『대전통편』과 동일하게 5책 6부로 되어 있다. 1부(책 1) - 관료에 관한 법(31항), 2부(책 2) - 국가 재정에 관한 법(24항), 3부(책 3) - 예식에 관한 법(63항), 4부(책 4) - 군사에 관한 법(51항), 5부(책 5) - 형법(40항), 6부(책 5) - 공무에 관한 법(14항). 『대전회통』의 조목들은 『대전통편』의 것과 일치된다.

목판본. 1865년에 간행되었다. "을축년에 보충하고 편집하여 중앙과 지방에 배포하였다(乙丑補輯中外印頒)."

드미트렙스키 문고. 1907, St. P., 32cm×23cm, 6권 5책, 383장, 장 번호 한자, 권별로 매김, 얇은 한지, 서양식 장정이 아님.

• **해제:** M. Cour., Bibl. cor. No. 1461, 朝鮮圖書解題, 1932, 78쪽.

I 99 I

D 5A (F 91)

앞의 책과 동일함

목판본. 간행 연도 기록 없음. 1865년에 중앙 기구에서 간행된 책을 번각한 목판본이다.

상트페테르부르크 주재 한국 총영사 이범진의 기증본. St. P., 35cm×22cm, 6권 5책, 383장, 장 번호 한자, 권별로 매김, 얇은 한지, 서양식 장정이 아님. 손상 정도: 모든 책, 특히 첫 번째 책이 벌레가 먹음.

| 100 |

C 37 (D 590)

法規類編 (Попкю–рюпхён)
"대한제국의 법전"

- **언어**: 한글

1896년 1월(建陽元年一月)에 간행된 법전을 바탕으로 하고 대한제국의 정책 개혁에 따라 수정해서 만들었다. 10부로 되어 있다.

제1부 – 정부 체계에 관한 행정법: 궁내부, 국무원, 감사부, 군무부, 법부, 교육부, 농사부, 공상업부, 지방행정부.

제2부 – 재판에 관한 법: 재판, 재판 체제, 항구도시와 지방의 재판 체계 및 개선, 서울 재판소, 경기도 재판소, 지방 재판소에서 이루어지는 범죄 조사 및 상급 재판, 형벌 및 구금, 형벌 제도의 개선, 형벌, 형벌의 종류, 형사 범죄, 전신기 손상 및 우체 규정 위반.

제3부 – 법령: 달력, 국호 및 연호, 부상 및 사망 보상금, 경찰 및 교도관 치료비, 관료의 봉급, 지방 관직의 근무 기간, 근무복, 관직의 의무, 문책 등.

제4부 - 지방 행정: 지방 기관 및 체계, 지방 행정제도의 개선, 관직 봉급, 인구통계 방법, 건설, 도로 건설 등.

제5부 - 경찰: 지방 경찰 법령, 치안 방어, 개항장의 경찰청 설립.

제6부 - 재무: 회계, 수입과 지출 계산법, 행정 지출, 지방의 금고인 관리 지출, 개항장 검사 지출, 세금.

제7부 - 교육: 초등학교에 대한 규정, 사립 초등학교 설립, 국립 초등학교, 학생 퇴학에 대한 규정.

제8부 - 군대: 군대 제도, 친위대, 기병대, 수송대, 대구, 강화, 전주, 해주, 북청에서의 군대 설립, 지방에서 포병 설립.

제9부 - 무역과 상업: 사금 조사 및 채취에 대한 규정, 홍삼에 대한 규정, 국내 철도에 대한 규정.

제10부 - 통신: 우체국에 대한 규정. 국내 전신에 대한 규정, 기존 우체국 규정의 폐지.

본 법전 편찬에 대한 칙령은 건양 원년 9월 24일(建陽元年九月二十四日), 즉 1896년 10월에 내려졌고, 법전은 광무 2년 1월(光武二年一月), 즉 1898년 2월에 공고되었다.

본 법전은 흔치 않은 서적이다. 이 책은 외부와의 교류 시작과 1894~1895년 농민운동 후에 일어난 변화를 반영하고 있으며 한국근대사를 연구하는 데에 좋은 자료이다.

신식 인쇄본. 1898년에 간행되었다.

드미트렙스키 문고. 1907, 25.5cm×18cm, 1책, 347쪽, 장 번호 서양식, 쪽별 매김, 공장에서 제조한 한국 종이, 서양식 장정이 아님.

| 101 |

B 29 (B 75)

欽書 (Хымсо)
본래의 서명은 "흠흠신서(欽欽新書)",
"형사 범죄 조사를 위한 새로운 지침서"

- **저자:** 정약용(丁若鏞), 자는 미용(美庸), 호는 다산(茶山), 사암(俟菴), 본관은 나주(羅州), 1762~1836
- **언어:** 한문

『흠서』는 정약용이 1822년(道光二年)에 저술한 책이다. 정약용은 19세기 초의 진보적인 학자이다. 그는 검열(檢閱)이었으며 죄를 입어 사형을 당할 뻔했는데, 전라도 강진(康津)으로 유배되는 것으로 대체되었다. 그는 유배생활을 19년 동안 하고 돌아왔다. 정약용은 당시에 역사학자, 철학자, 법학자로서 유명하였다. 정약용은 역사, 정치에 관한 내용과 국가정책에 대한 비판, 국민 생활의 경감에 대한 많은 서적을 남겼다. 그는 중국과 한국의 문헌에 대한 지식이 풍부했고 유교 경전에 능통하였다.

『흠흠신서』는 범죄와 수사에 대한 안내서이며 30권 10책으로 되어 있다. 첫 세 권에서는 중국 역사서에 나오는 유명한 특수 사건을 서술하였다(經史要義). 그다음 5권에서는 다른 중국 문헌에 나오는 특수사건을 비판적으로 분석하였다(批評雋抄). 따라서 앞에 8권은 범죄수사의 역사라고 할 수 있다. 그다음의 4권에서는 중국의 사형 범죄 종류와 분류 기준에 대해 서술하였다(擬律差例). 그다음의 15권에서는 한국 문헌에 나오는 특수사건을 동일한 관점에서 서술하였다(祥刑追議). 여기서는 저자가 범죄수사 개론을 제시하였다. 그리고 마지막 3권에서는 죄와 벌에 대한 자신의 생각을 서술하였다(剪跋蕪詞).

이 책은 내용적인 면뿐만이 아니라 정약용의 애민사상을 반영한다는 점에서도 흥미롭다. 이 책은 1822년에 완성되었지만 1906년에 간행되었다. 이 서적의 간행본 두 책(책 3, 책 4)이 카자흐스탄 알마티에 있는 푸쉬킨 도서관 한국 문고에 소장되어 있다.

필사본. 1쪽에 필사기가 있다. "도광 2년(1822년) 봄에 열수 정약용이 씀."(道光二年壬午春洌水丁鏞) 필사자는 미상이다.

印: 애스턴의 ex-libris, 모든 책에서는 이전 소유자의 인장이 잘려있다.

애스턴 문고. 24.5cm×17cm, 본문의 크기 18cm×12.5cm, 30권 10책, 746장, 장 번호 없음, 1면당 10~11행, 얇은 한지, 본문은 먹으로 기록됨, 달필임, 서양식 장정이 아님.

| 102 |

D 19

無冤錄諺解 (Мууоннок онхэ)
"『무원록언해』(증보된 법의학책의 언해본)"

- **번역자:** 서유린(徐有隣), 자는 원덕(元德), 본관은 달성(達城), 1738~1802
- **언어:** 한글

이 책의 원본은 중국 원(元)의 왕여(王輿)가 지었다. 이 책에는 왕여가 1308년(至大改元之歲)에 쓴 서문이 있다. 이 책은 수정 및 보완되어 1438년(正統三年)에 간행되었다. 1790년에 정조는 학자 서유린에게 이 책을 한글로 번역하게 하였다. 2년 후에 서유린은 번역을 마치고 목판으로 간행하여 왕에게 올렸다. 김취하(金就夏)는 이 번역본에 주석을 하였는데, 그것은 본문에서 '增'이라 표시된다.

이 서적의 본문은 한문현토본과 언해본의 병행으로 기록되어 있다. 이 책은 시체 검사의 서술로부터 시작된다. 타살의 징후, 계절에 따른 시체의 상황, 인체의 묘사, 상처 흔적의 분석, 자연사와 타살의 징후, 그 징후의 자세한 분석(익사, 둔기로 인한 타살, 칼에 의한 타살, 자살, 살해, 불태움, 독살, 동사, 일사병, 질병 등). 목차는 없다.

목판본. 간행 연도 및 간행 장소 기록 없음. 18세기 말에 간행된 것으로 추정된다.

印: 애스턴의 ex-libris

애스턴 문고. 32.5cm×21cm, 3권 2책, 198장, 장 번호 한자, 권별로 매김, 두꺼운 한지, 삽화: 책 1(21쪽-시체 상처 크기를 측정하기 위한 단위표, 61쪽-각 부분의 명칭이 적힌 인체의 그림(앞면), 64쪽-같은 그림의 뒷면), 서양식 장정이 아님.

• **해제:** M. Cour., Bibl. cor. No. 1789, 朝鮮圖書解題, 1932, 80쪽, 한글갈, 216쪽.

| 103 |

D 30 (F 53)

兩銓便攷 (Янчжонь бёнго)
"문무관의 인사행정지침서"

• **편찬자:** 남병길(南秉吉), 자는 자상(子裳), 호는 육일제(六一齋), 1820~1869
• **언어:** 한문

을축년(1865년) 10월의 서문에 기록된 것처럼 남병길은 『대전회통』(1865) 편찬자 중에 한 명이었다. 그 당시에 그는 여러 시대에 간행된 법전에 수록된 문·무에 관련된 많은 규정을 정리 및 체계화하라는 왕명을 받았다. 그는 관직의 등급, 서열, 임관, 파직 등에 관한 38개 항목으로 된 법전을 편찬하였다. 『양전편고』는 2책으로 되어 있으며, 책 1은 '건(乾)'으로 표시되어 있고 문관에 관련된 것이다. 책 2는 '곤(坤)'으로 표시되어 있고 무관에 관련된 것이다.

활자본. 중앙 기구의 간행본이다.

표지 이면에 편제면이 붙어 있다. 편제면에는 파란색으로 책의 제목과 간행 연도(1865년)가 찍혀 있다.

印: 애스턴의 ex-libris

애스턴 문고. 31.5cm×19cm, 2책, 103장, 장 번호 한자, 책별로 매김, 얇은 한지, 서양식 장정이 아님.

• **해제:** M. Cour., Bibl. cor. No. 1525; 朝鮮圖書解題, 1932, 75쪽.

| 104 |

C 9

御製戒酒綸音 (Очже кечжу рюным)
"술을 금지하는 왕명"

• **언어:** 한문, 한글

여러 진보적 개혁으로 유명한 영조는 1757년에 계급, 성별, 나이 구별 없이 모든 국민에게 술을 금지하는 왕명을 내렸다. 왕이 양반에게 지배계층의 음주가 백성에게 나쁜 모범이 되고, 윤음을 따라서 계주하면 백성들도 술을 먹지 않을 것이며 백성들의 건강과 국가의 복지가 좋아질 것이라는 내용으로 시작된다. 윤음을 위반하는 경우 다음과 같은 처벌을 받는다고 되어 있다. 처음에는 경고를 받는다. 두 번째로 위반하는 경우 2년간 투옥된다. 세 번째 위반하는 경우에 양반은 섬으로 유배 가게 하고, 백성은 관노비로 삼고 먼 지방에 보낸다. 윤음 위반을 방관하는 경우도 위반하는 것과 마찬가지로 처벌을 받는다. 특정한 관료가 이 윤음을 준수하는 것을 감시하였다.

왕명을 널리 공포하기 위해 본문은 한문과 한글로 쓴 부분과 한글로만 쓴 부분으로 간행되었다. 이 책은 18세기 공식 문서 문체의 예문으로 언어학적 측면에서도 흥미로운 자료이다. 당시에 정부가 백성을 위해 일부 문서를 한문뿐만 아니라 한글로 번역하여 간행한 예문이기 때문이다.

필사본. 필사 연도 및 필사 장소 기록 없음. 19세기 후반에 필사된 것으로 추정된다.

전사본이다. 편제면에 대자로 '술을 금하는 왕명(御製戒酒綸音) 정축(1757년) 11월' 이라고 기록되어 있다. 이 책의 목판은 교서관에 소장되어 있다(芸閣藏板).

본문 1장에는 이 왕명이 만들어진 날짜가 자세히 기록되어 있다(정축년 11월 1일, 丁丑十一月初一日). 마지막 장에는 중앙 기구에서 간행한 연도가 기록되어 있다(정축년 11월 5일, 丁丑十一月初伍日).

印: 애스턴의 ex-libris

애스턴 문고. 27cm×19cm, 한문 본문의 크기 22cm×15cm, 1면당 9행, 한글 본문의 크기 23.5cm×15cm, 1면당 9행, 1책, 한문 본문 19장, 한글 본문 17장, 장 번호 없음, 19세기 후반기에 제작된 얇고 투명한 일본 종이, 본문은 먹으로 기록됨, 일본산 파란색 종이 표지.

| 105 |

D 7

字恤典則 (Чахюль тёнъчхык)
"(흉년을 당해 버려진 아이들의) 구제를 위한 법률집"

• **언어**: 한문, 한글

기근으로 인하여 굶주리는 사람이 많이 생겼기 때문에 1783년에 정조가 기민 구제에 관한 이 법률을 간행하였다. 이 법률에서는 기근이 발생한 이유, 기민에게 주는 식량의 양, 구제를 받을 수 있는 자격조건 등에 관한 사항이 있다.

목판본. 중앙 기구에서 간행한 활자본을 번각한 목판본이다. 한문 본문의 6장에는 간기가 있다. "계묘년(1783년)에 활자로 간행하였다. 목판은 수도와 지방에 소장되어 있다(癸卯活印中外藏板)."

이 법률을 널리 배포하기 위해 한문으로 작성된 본문은 한글로 번역하여 원본에 첨부하였다. 이 법률은 18세기 말 조선의 상황을 반영하는 역사적 기록이라는 점에서 귀한 자료이다. 또한 18세기 공식 문체라는 점에서 언어학적으로도 흥미로운 자료이다.

印: 붉은색으로 찍은 궁궐 도서관 도장, 애스턴의 ex-libris

애스턴 문고. 33cm×22cm, 1책, 한문 본문 6장, 한글 본문 10장, 장 번호 한자, 서양식 장정이 아님.

• **해제**: 朝鮮圖書解題, 1915, 79쪽, 朝鮮圖書解題, 1932, 114쪽, 한글갈, 214쪽.

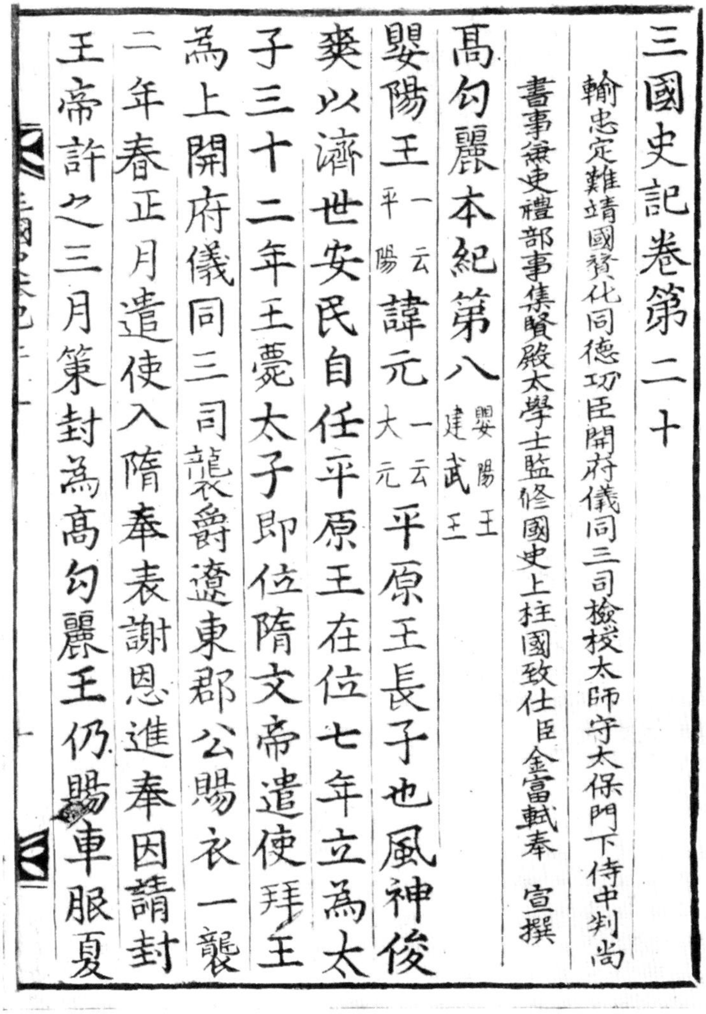

三國史記卷第二十

輸忠定難靖國贊化同德功臣開府儀同三司檢校太師守太保門下侍中判尚

書事兼吏禮部事集賢殿太學士監修國史上柱國致仕臣金富軾奉 宣撰

高句麗本紀第八 嬰陽王 建武王

嬰陽王 一云平陽 諱元 一云大元 平原王長子也風神俊

爽以濟世安民自任平原王在位七年立為太

子三十二年王薨太子即位隋文帝遣使拜王

為上開府儀同三司襲爵遼東郡公賜衣一襲

二年春正月遣使入隋奉表謝恩進奉因請封

王帝許之三月策封為高句麗王仍賜車服夏

Табл. 1. 三國史記 (Самгук саги). «Исторические записи о трех государствах» (Силла, Когурё и Пэкче), кн. 20, л. 1 (из издания начала XV в., напечатанного подвижным шрифтом).

Описание № 1.

그림 1.『삼국사기』, 권 20, 첫 번째 장, 15세기 활자본. 1번 해제.

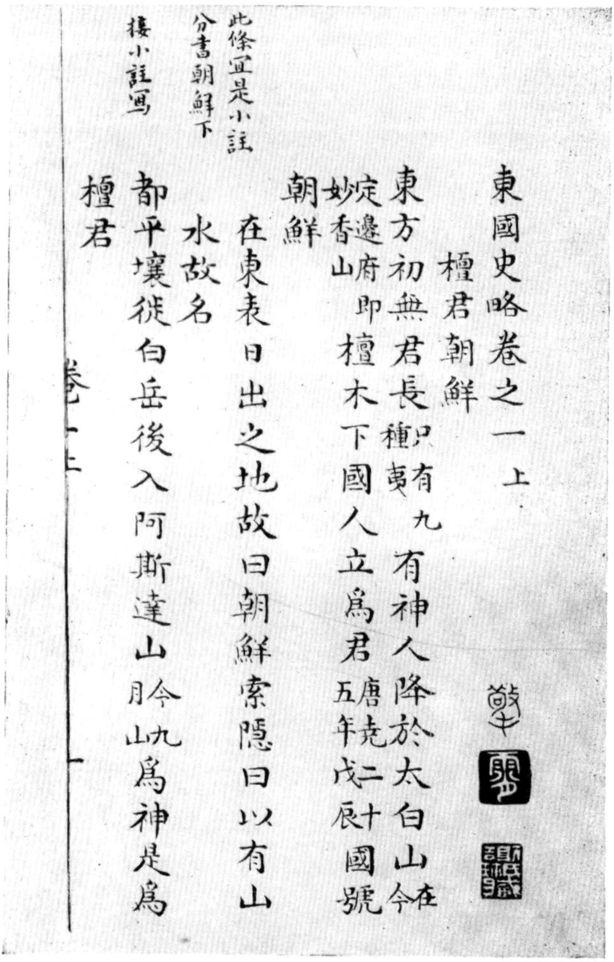

此條宜是小註分書朝鮮下

接小註寫

東國史略卷之一 上

檀君朝鮮

東方初無君長有九種夷有神人降於太白山今在寧邊府妙香山即檀木下國人立爲君唐堯二十五年戊辰國號

朝鮮

在東表日出之地故曰朝鮮索隱曰以有山

水故名

都平壤徙白岳後入阿斯達山今九月山爲神是爲

檀君

卷一上

Табл. 2. **東國史略** (Тонъгук сарякъ). «Краткая история Кореи», кн. 1, л. 1 (из недатированной рукописи XVII? в.).

Описание № 3.

그림 2. 『동국사략』, 권 1, 첫 번째 장, 필사 연도 기록이 없는 필사본 (17세기로 추정). 3번 해제.

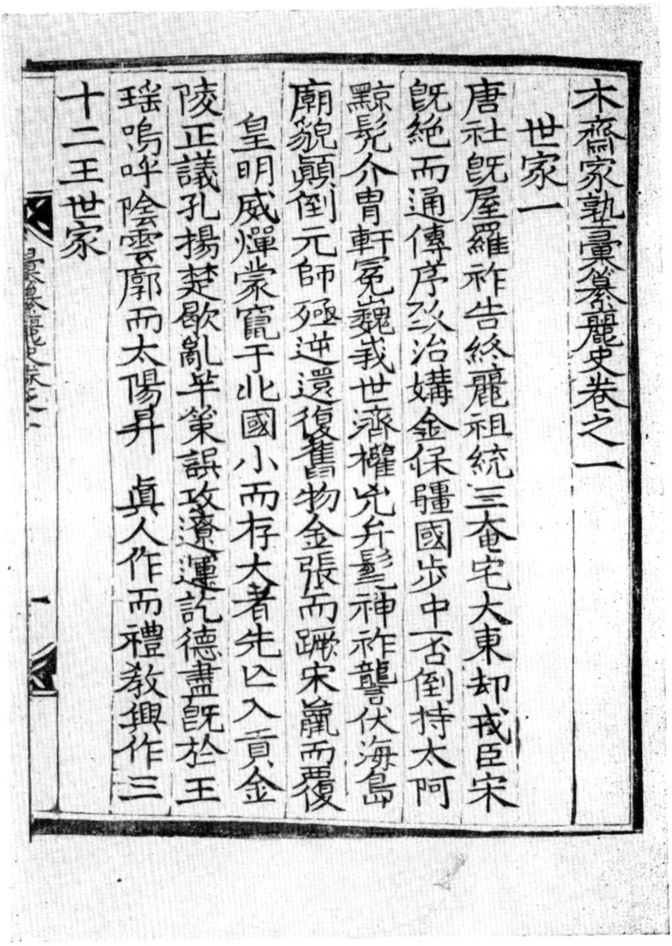

木齋家塾彙纂麗史卷之一

世家一

唐社旣屋羅祚告終麗祖統三韓宅大東却戎臣宋
旣絶而通傳序以治𡢃金保疆國步中否倒持太阿
黥髡介冑軒冕巍峩世濟權兇弁髦神祚龍蟄伏海島
廟貌顚倒元師殛逆還復舊物金張而蹶宋胤而覆
皇明威爀蒙寵于北國小而存大者先亡入貢金
陵正議孔揚楚歌亂竿策誤攻遼運訖德盡旣於王
瑤嗚呼陰雲廓而太陽升　眞人作而禮教興作三
十二王世家

麗史卷之一　一

Табл. 3. **本齋家塾彙纂麗史** (Мок Чэ касюк хючхан нёса).
«История династии Корё школы Мок Чэ», кн. 1, л. 1
(из недатированного ксилографа).
Описание № 8.

그림 3.『목재가숙휘찬여사』, 권 1, 첫 번째 장, 간행 연도 기록이 없는 목판본. 8번 해제.

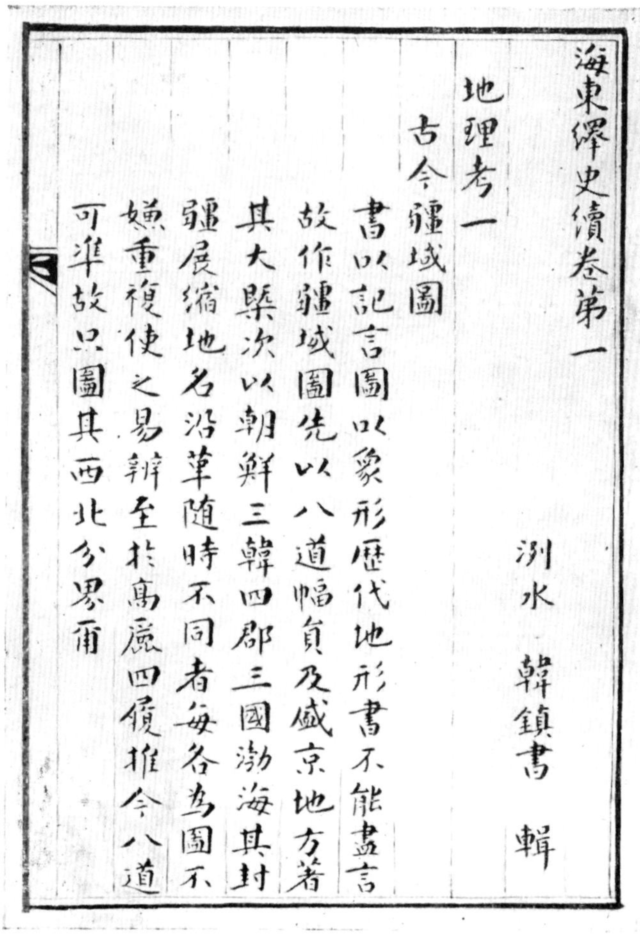

海東繹史續卷第一

洌水 韓鎭書 輯

地理考一

古今疆域圖

書以記言圖以象形歷代地形書不能盡言故作疆域圖先以八道幅員及盛京地方著其大槩次以朝鮮三韓四郡三國渤海其封疆展縮地名沿革隨時不同者每各為圖不嫌重複使之易辨至於高麗四履推今八道可準故只圖其西北分界爾

Табл. 4. 海 東 繹 史 續 (Хэдонъ ёксасок). «Приложение к древней истории Кореи», География, кн. 1, л. 1 (из недатированной рукописи). Описание 15.

그림 4.『해동역사속』, 권 1, 첫 번째 장, 필사 연도 기록이 없는 필사본. 15번 해제.

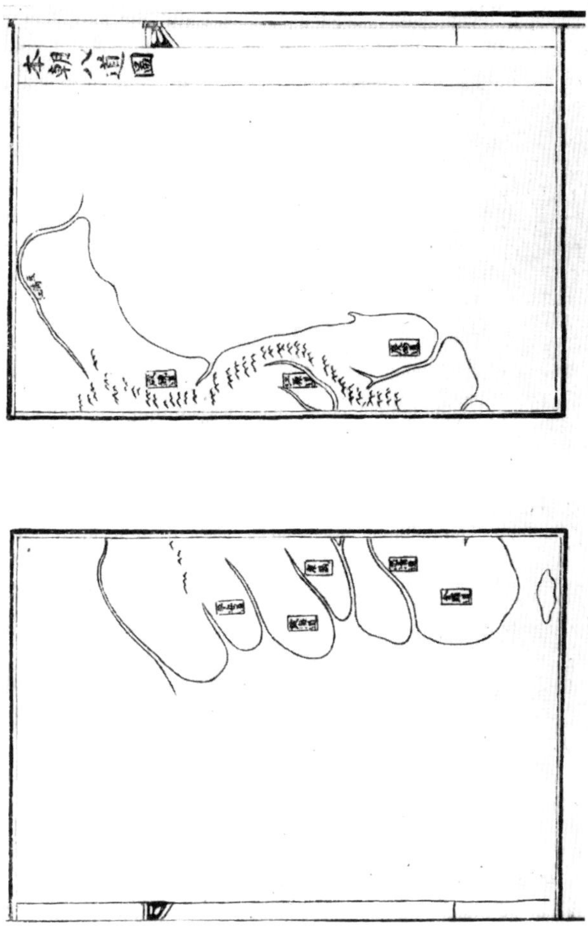

Табл. 5. 本朝八道圖 (Понъчжо пхальдото). Вычерченная от руки карта восьми провинций Кореи (из «Приложения к древней истории Кореи»).
Описание № 15.

그림 5. 본조팔도도. 조선 팔도를 그린 필사본 지도. 『해동역사속』 수록. 15번 해제.

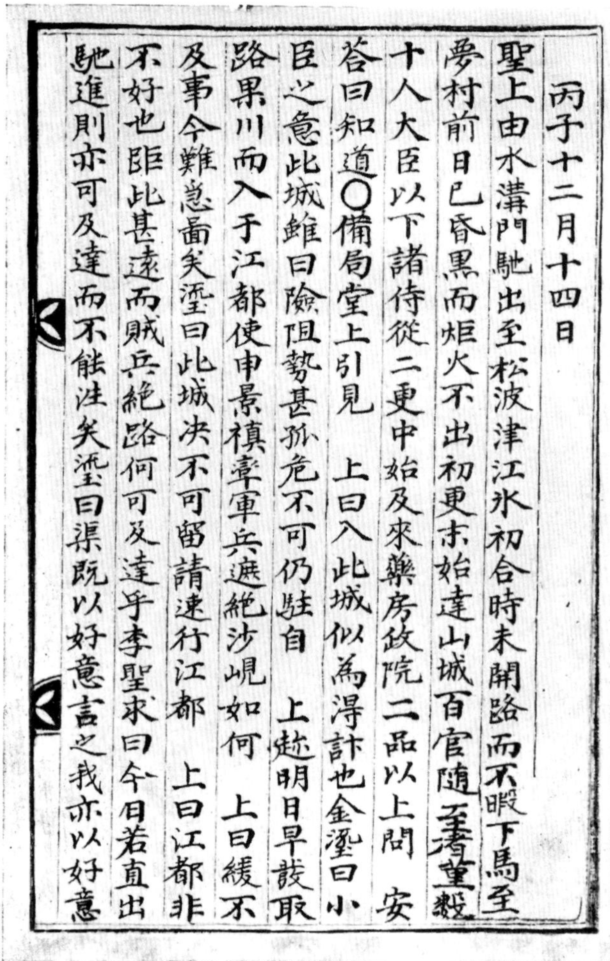
丙子十二月十四日
聖上由水溝門馳出至松波津江氷初合時未開路而不暇下馬至
夢村前日已昏黑而炬火不出初更末始達山城百官隨至者僅數
十人大臣以下諸侍從二更中始及來藥房政院二品以上問 安
答曰知道○備局堂上引見 上曰入此城似為得計也金瑬曰小
臣之意此城雖曰險阻勢甚孤危不可仍駐自 上趂明日早發取
路果川而入于江都使申景禛牽軍兵遮絶沙峴如何 上曰緩不
及事今難急圖矣瑬曰此城決不可留請速行江都 上曰江都非
不好也距此甚遠而賊兵絶路何可及達乎李聖求曰今日若直出
馳進則亦可及達而不能注矣瑬曰渠既以好意言之我亦以好意

Табл. 6. **南漢日記** (Намхан ильги). «Дневник [пребывания] в Намхане»; 1-я страница рукописи дневника с датой **丙子十二月十四日** – 14-е число 12-го месяца года *пёнъчжа* (январь 1637 г. по европейскому летосчислению).

Описание № 18.

그림 6.『남한일기』. 첫 번째 장. 양력 1637년 1월(丙子十二月十四日)에 필사된 필사본. 18번 해제.

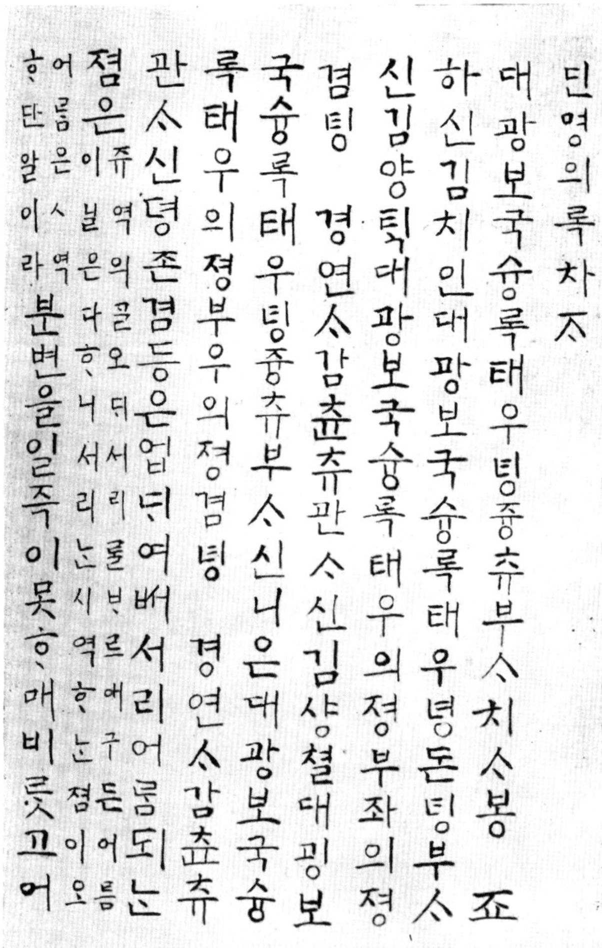

Табл. 7. 딘 명 의 록 차 ᄌᆞ (Тин мёнъыйрок чхача). Перевод на корейский язык «Мёнъыйрок», 1-я страница (из рукописи конца XIX в.). Описание № 20.

그림 7. 진명의록차자. 『명의록언해』, 첫 번째 장, 19세기 말 필사본. 20번 해제.

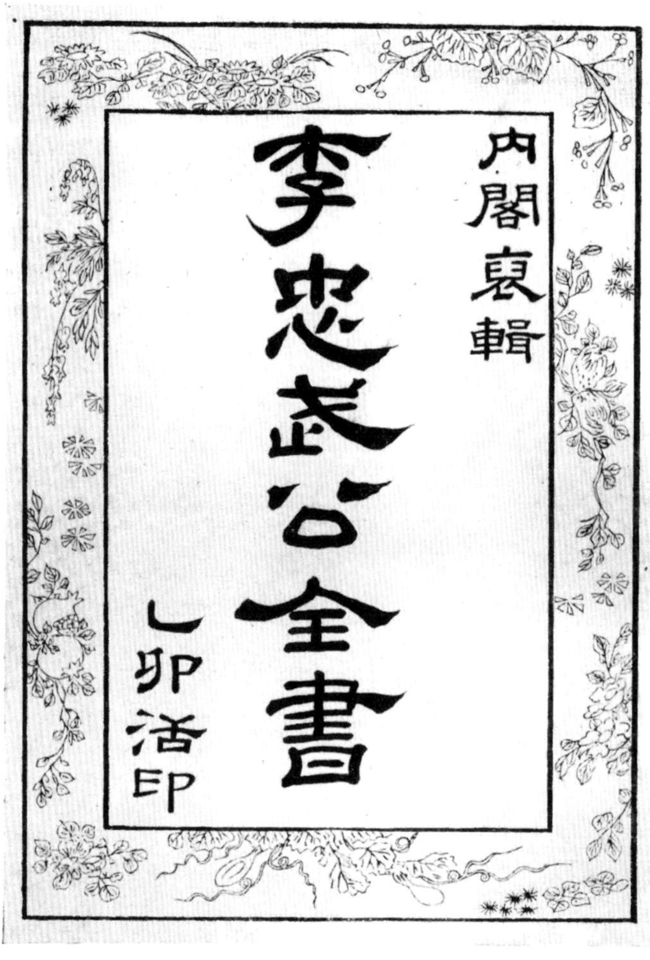

Табл. 8. 李忠武公全書 (Ли Чхунъмугонъ чжонсо). «Полное собрание сочинений флотоводца Ли Сун Сина». Титульный лист королевского издания 1795 г., напечатаннаго подвижным шрифтом.

Описание № 96.

그림 8. 『이충무공전서』. 1795년에 내각에서 출판한 서적의 편제면. 33번 해제.

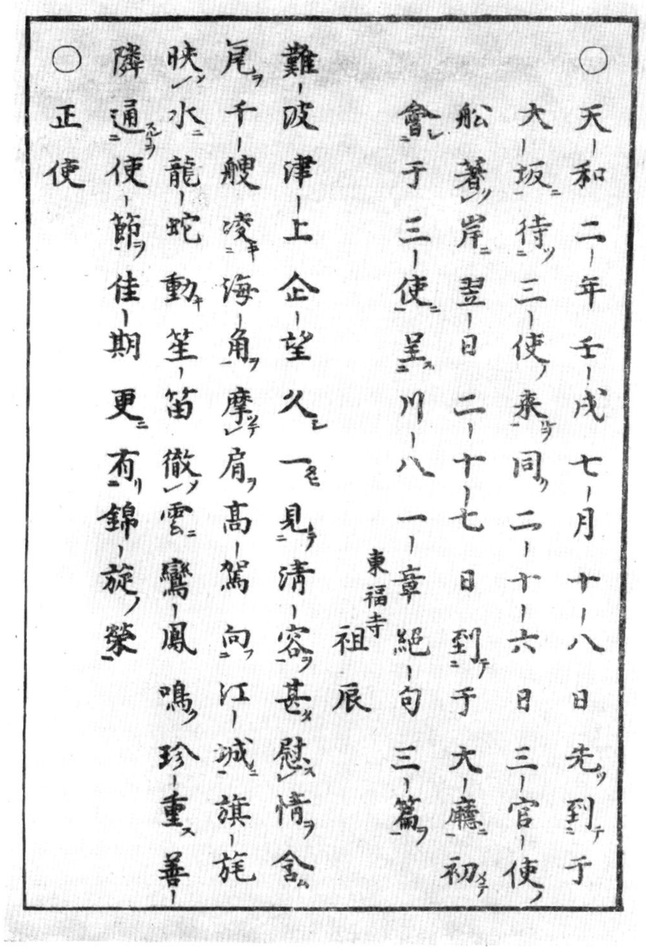
天和二年壬戌七月十八日先到于
大坂待三使來同二十六日三官使
船着岸翌日二十七日到于大廳初
會于三使呈川八一章絶句三篇

東福寺 祖辰

難波津上企望久一見清容甚慰情舎
尾千艘凌海角摩肩高駕向江城旗旋
映水龍蛇動笙笛徹雲鸞鳳鳴珍重善
隣通使節佳期更有錦旋黎

正使

Табл. 9. Первый лист из сборника стихов японо-корейского стихотворного турнира, состоявщегося в Осака 21 августа 1682 г. (из недатированного японского ксилографа).

Описание № 56.

그림 9.『왜한창수집』. 1682년 8월 21일 오사카에서 열린 조선 사신과 일본인 간의 한시 대결 때 창작한 시 모음의 첫 번째 장. 필사 연도 기록이 없는 필사본. 56번 해제.

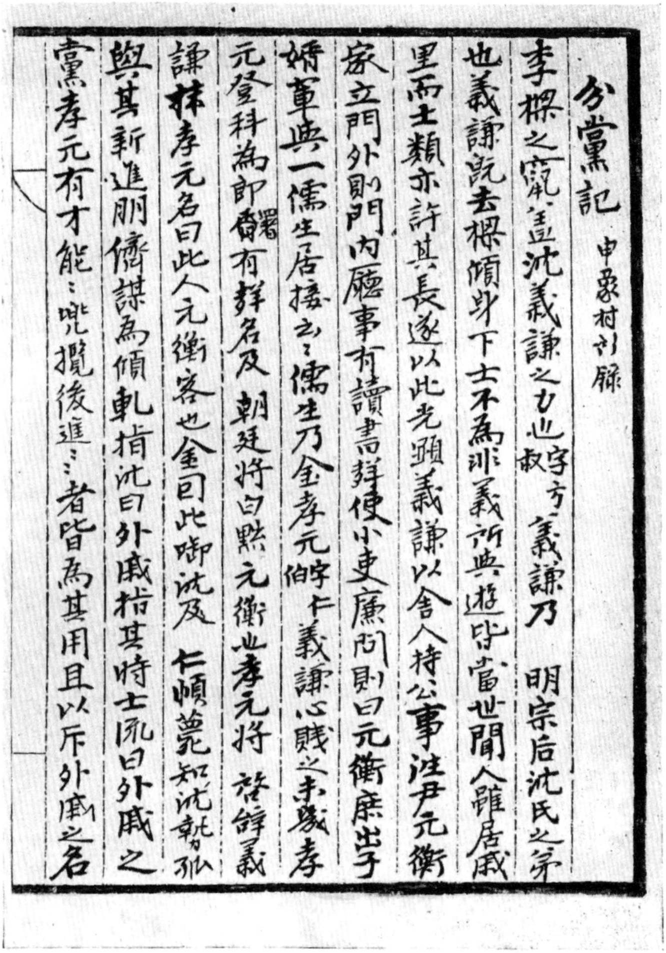

分黨記 申象村引錄
李樑之竄 盖沈義謙之功也 義謙字方叔 明宗后沈氏之弟
也 義謙旣去樑 傾身下士 不爲非義 所與遊皆當世聞人 雖居戚
里 而士類亦許其長 遂以此光顯 義謙以舍人持公事 詣尹元衡
家 立門外 則門內廳事有讀書聲 使小吏廉問 則曰 元衡妾出子
婿輩與一儒生居接之 儒生乃金孝元 字仁伯 義謙心賤之 未幾 孝
元登科 爲郎署有聲名 及朝廷將白點 元衡也 孝元將啓銓義
謙抹孝元名 曰 此人元衡客也 金曰 此吏 沈及 仁順薨 知沈勢孤
與其新進朋儕謀爲傾軋 指沈曰外戚 指其時士流曰外戚之
黨 孝元有才能 能晄攬後進 進者皆爲其用 且以斥外戚之名

Табл. 10. 分 黨 記 (Пунданъги). «Запись о расколе партии», рукопись 1-я, л. 1 (из конволюта XVIII в.).
Описание № 75.

그림 10.『분당기』. 합철본의 첫 번째 원고, 첫 번째 장. 75번 해제.

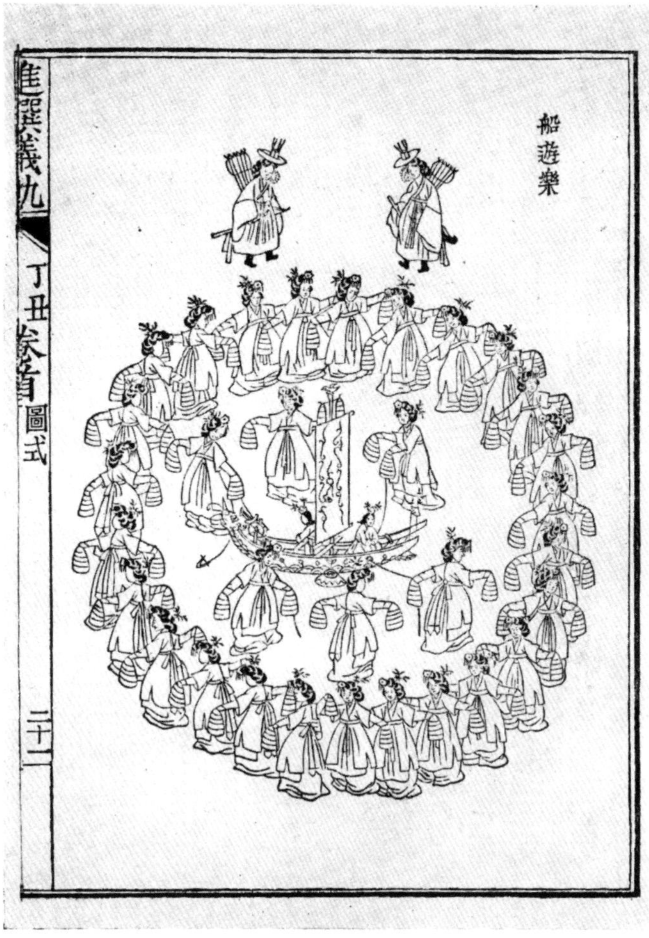

Табл. 11. 船遊樂 (Сонюрак). Танец «Прогулка на судне», исполнявшийся придворными танцовщицами на королевском банкете 10 января 1878 г. (из ксилографа 1878 г.).

Описание № 94.

그림 11. 선유락. 양력 1878년 1월 10일에 궁중에서 열린 잔치의 궁중 무용. 『진찬의궤』. 1878년의 목판본. 94번 해제.

當宁御製

乙巳彙輯

大典通編

中外印頒

Табл. 12. 大典通編 (Тэчжон тхонъпхён). «Великое уложение». Титульный лист ксилографа, воспроизводящего королевское издание, напечатанное в 1785 г. подвижным шрифтом.

Описание № 33,

그림 12.『대전통편』의 편제면. 1785년에 간행된 활자본을 번각한 목판본. 96번 해제.

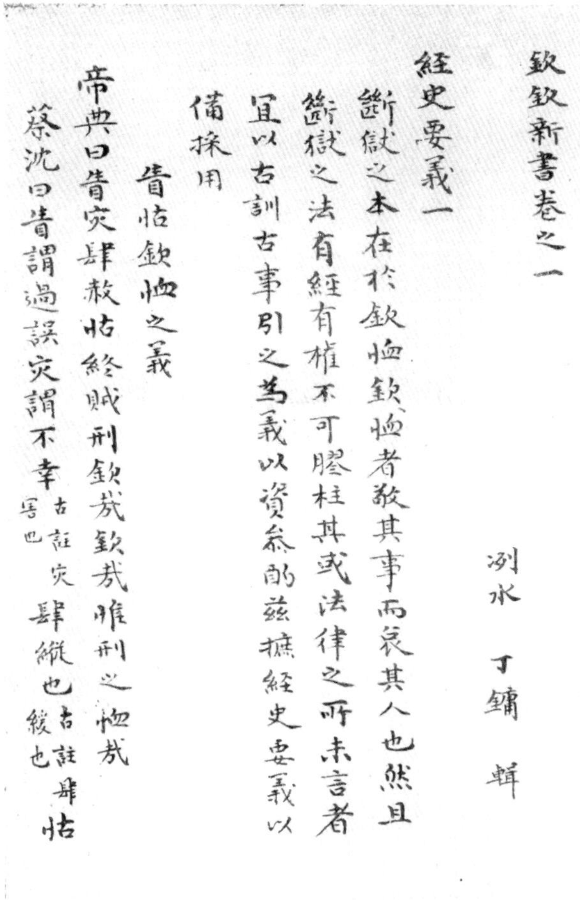

欽欽新書卷之一
洌水 丁鏞 輯
經史要義一
斷獄之本在於欽恤欽恤者敬其事而哀其人也然且
斷獄之法有經有權不可膠柱其或法律之所未言者
宜以古訓古事引之爲義以資參酌茲摭經史要義以
備採用
眚怙欽恤之義
帝典曰眚災肆赦怙終賊刑欽哉欽哉惟刑之恤哉
蔡沈曰眚謂過誤災謂不幸古註災害也肆縱也古註肆緩也怙

Табл. 13. 欽欽新書 (Хымхым синсо). «Новое руководство для судей по разбору уголовных преступлений», кн. 1, л. 1 (из рукописи 1822 г.). Описание № 101.

그림 13.『흠흠신서』, 권 1, 첫 번째 장. 1822년의 필사본. 101번째 해제.

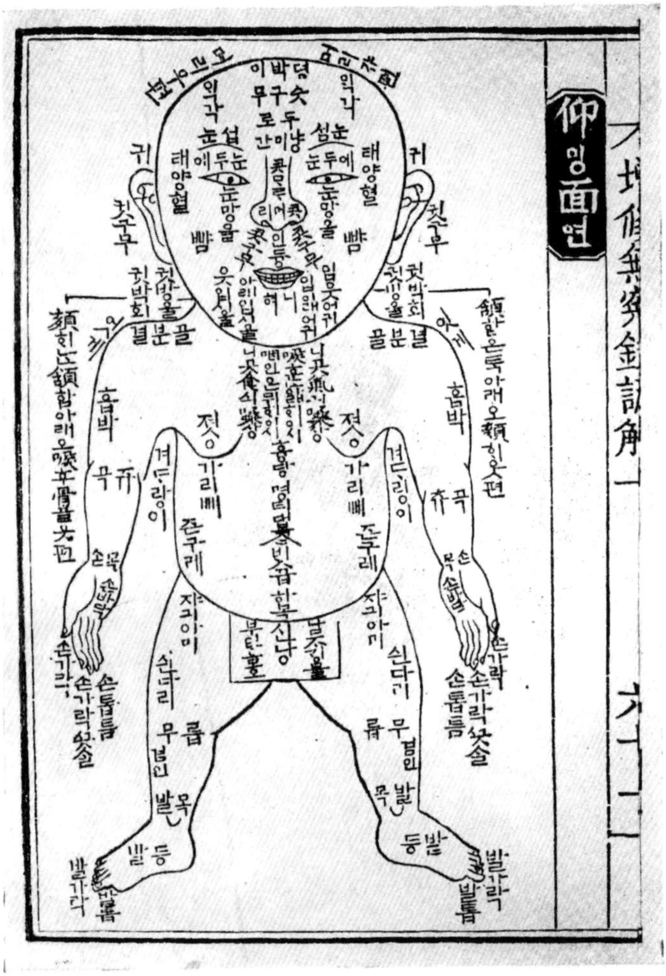

Табл. 14. Изображение человека с номенклатурой частей его тела на корейском языке. Из «Руководства по судебно-медицинской экспертизе вскрытия трупов», т. 1, л. 61 (из ксилографа XVIII? в.).

Описание № 102.

그림 14. 사람의 신체 부분이 한글로 표기된 그림. 『증수무원록언해』, 책 1, 61번째 장. 18세기에 간행된 것으로 추정되는 목판본. 102번 해제.

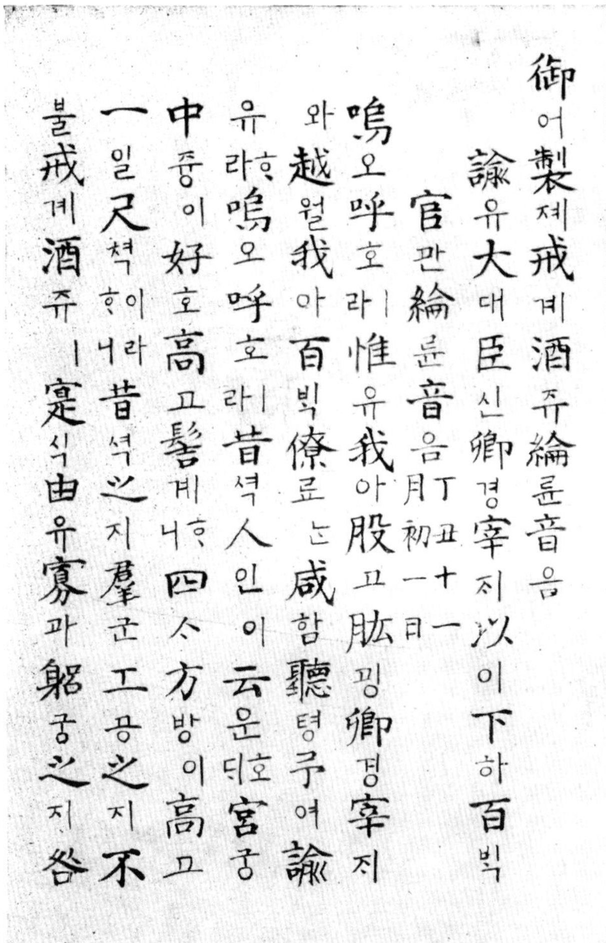

Табл. 15. **御製戒酒綸音** (Очже кечжу рюным). Королевский рескрипт 1757 г. о запрещении вина (1-я страница из недатированной рукописи-списка с рескрипта).

Описание № 104.

그림 15.『어제계주윤음』. 필사 연도 기록이 없는 필사본, 첫 번째 장. 104번 해제.

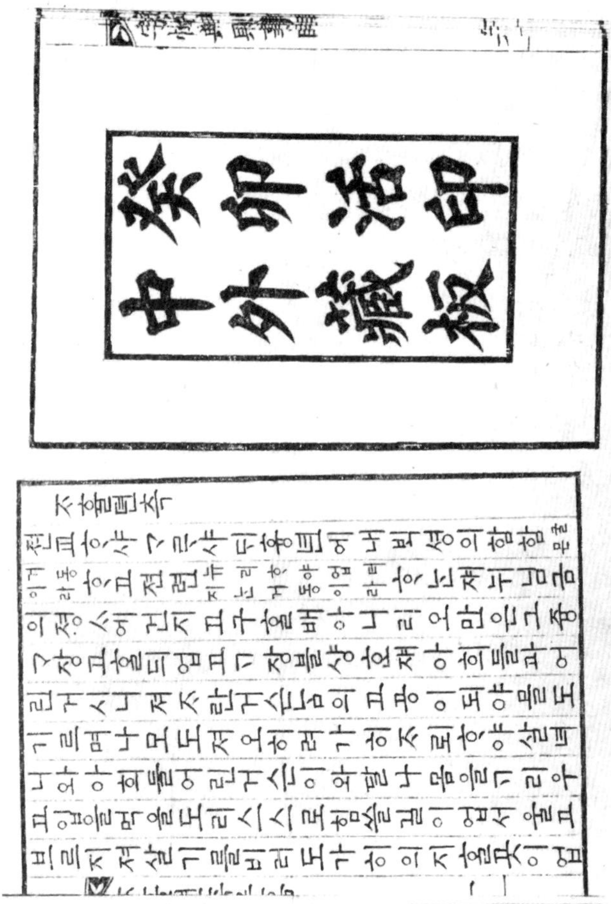

Табл. 16. 則 字 恤 典 (Чахюль тёньчжык). «Правила оказания милости»; колофон 6-го листа китайского текста с датой 1783 года и 1-я страница перевода правил на корейский язык (из ксилографа, воспроизводящего королевское издание 1783 г., напечатанное подвижным шрифтом).
Описание № 105.

그림 16. 『자휼전칙』. 한문 본문의 여섯 번째 장과 한글 본문의 첫 번째 장.
1783년에 국가 기관에서 간행한 활자본을 번각한 목판본. 105번 해제.

도판 목록

그림 1. 『삼국사기』, 권 20, 첫 번째 장, 15세기 활자본. 1번 해제.

그림 2. 『동국사략』, 권 1, 첫 번째 장, 필사 연도 기록이 없는 필사본 (17세기로 추정). 3번 해제.

그림 3. 『목재가숙휘찬여사』, 권 1, 첫 번째 장, 간행 연도 기록이 없는 목판본. 8번 해제.

그림 4. 『해동역사속』, 권 1, 첫 번째 장, 필사 연도 기록이 없는 필사본. 15번 해제.

그림 5. 본조팔도도. 조선 팔도를 그린 필사본 지도. 『해동역사속』 수록. 15번 해제.

그림 6. 『남한일기』. 첫 번째 장. 양력 1637년 1월(丙子十二月十四日)에 필사된 필사본. 18번 해제.

그림 7. 진명의록차자. 『명의록언해』, 첫 번째 장, 19세기 말 필사본. 20번 해제.

그림 8. 『이충무공전서』. 1795년에 내각에서 출판한 서적의 편제면. 33번 해제.

그림 9. 『왜한창수집』. 1682년 8월 21일 오사카에서 열린 조선 사신과 인본인 간의 한시 대결 때 창작한 시 모음의 첫 번째 장. 필사 연도 기록이 없는 필사본. 56번 해제.

그림 10. 『분당기』. 합철본의 첫 번째 원고, 첫 번째 장. 75번 해제.

그림 11. 선유락. 양력 1878년 1월 10일에 궁중에서 열린 잔치의 궁중 무용. 『진찬의궤』. 1878년의 목판본. 94번 해제.

그림 12. 『대전통편』의 편제면. 1785년에 간행된 활자본을 번각한 목판본. 96번 해제.

그림 13. 『흠흠신서』, 권 1, 첫 번째 장. 1822년의 필사본. 101번째 해제.

그림 14. 사람의 신체 부분이 한글로 표기된 그림. 『증수무원록언해』, 책 1, 61번째 장. 18세기에 간행된 것으로 추정되는 목판본. 102번 해제.

그림 15. 『어제계주윤음』. 필사 연도 기록이 없는 필사본, 첫 번째 장. 104번 해제.

그림 16. 『자휼전칙』. 한문 본문의 여섯 번째 장과 한글 본문의 첫 번째 장. 1783년에 국가 기관에서 간행한 활자본을 번각한 목판본. 105번 해제.

한국 기록문화유산의 해제 (하)

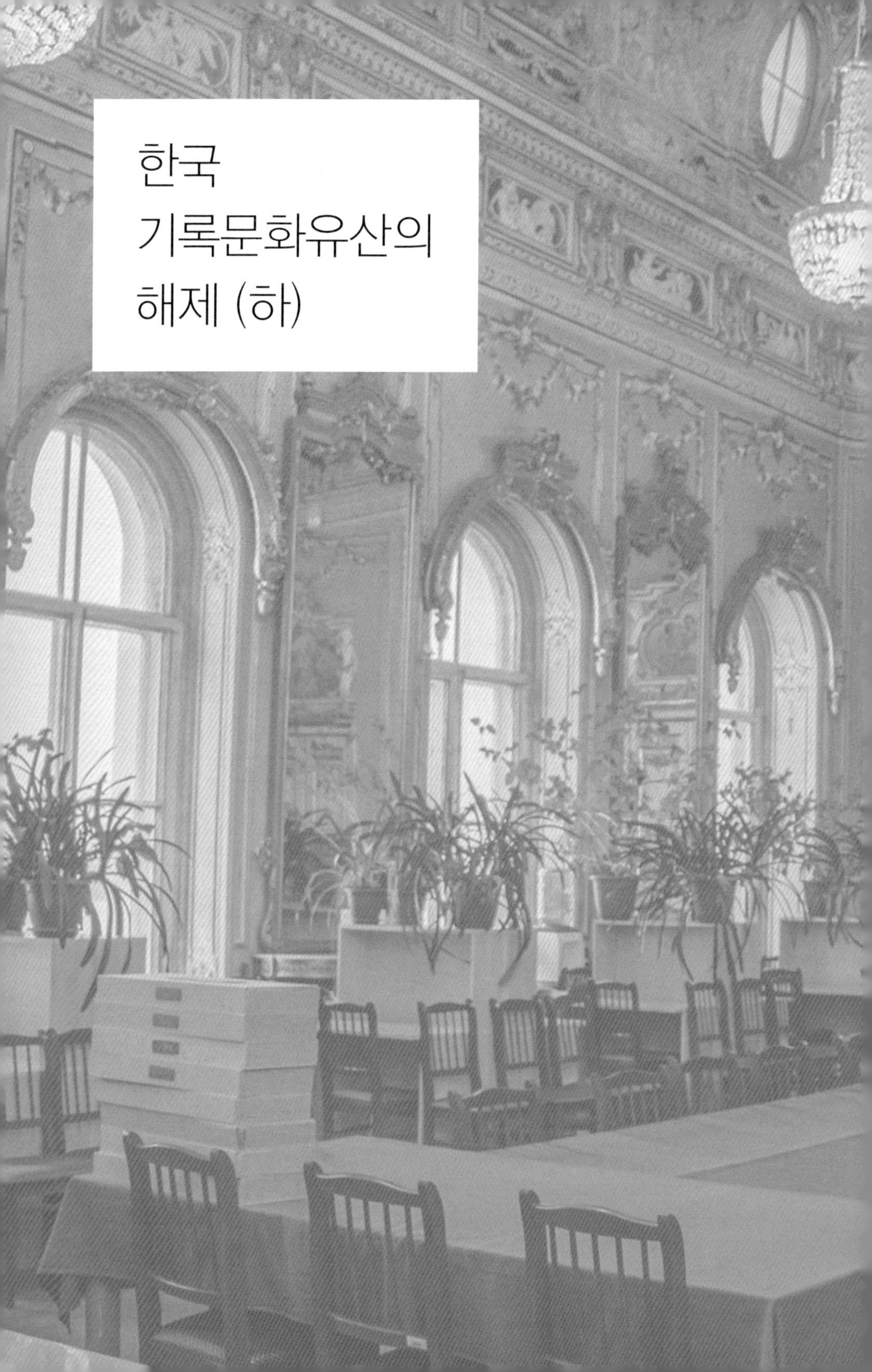

서문

소련 학술 아카데미 아시아민족연구소[100]에서 소장하고 있는 한국 서적의 해제인 『한국 기록문화유산의 해제』 상권은 1956년에 출판되었다. 그 해제에는 9개 분야로 역사, 지리학, 민속학과 법학 등 105종의 서적 해제를 수록하였다. 본 『한국 기록문화유산의 해제』 하권에서는 다음과 같은 분야를 수록하였다. 10. 사상 11. 언어 12. 문학 13. 백과전서 14. 의학 15. 등록과 서간.

'사상' 분야에는 한국에서 간행한 중국 유교 경전의 역주와 언해본, 한국에서 간행한 송나라 신유학서, 한국의 신유학 서적, 윤리 도덕적 내용을 담은 서적, 한국의 다른 종교에 관한 서적을 수록하였다.

'언어' 분야에는 사전, 일본인을 위한 한국어 학습서, 한국인을 위한 중국어 학습서, 간찰서식집을 수록하였다.

'문학' 분야는 세 항목으로 나눌 수 있다.

---

100 【역자주】 여기서 '아시아민족연구소'는 동방학연구소이다. 상권이 출판된 1956년에는 기관명이 '동방학연구소'였으나, 하권이 출간된 1963년에는 기관명이 '아시아민족연구소'로 바뀌었다. 본문에서는 이하 '동방학연구소'로 통일하여 기술하겠다.

1. 한문과 한글로 기록된 문학 작품 2. 한글로 기록된 민중 서사문학 3. 한글로 기록된 장편소설[101]. 첫 번째 항목은 중국 문학의 전통에 부합하는 시문이다. 이 글들은 한문을 알고 중국의 한시와 산문을 향유하였던 지배계층의 문학이었다. 민중의 대부분은 이러한 문학을 접할 수 없었다. 여기에는 중국 유명한 시인들의 한국어 번역본과 한글로 기록된 시 작품들도 수록하였다.

두 번째 항목에는 민중 서사문학을 수록하였다. 이 책들은 구비문학에 가까우며 지배계층 문학에서 제외되는 것들이다. 이 서적들은 환상적인 내용을 담은 소설 작품이 대부분이다. 이 작품들은 민중이 지배계층의 박해에서 벗어나고자 하는 희망과 당대 관습에 대한 저항의식을 담고 있다.

세 번째 항목에는 한글 필사본 장편소설을 수록하였다. 이 작품들은 여러 책으로 되어 있고 한글 흘림체나 반흘림체로 기록되었기 때문에 해제하기가 어려웠다. 이 작품들의 저자는 알 수 없다. 하지만 작가는 궁녀일 가능성도 있다. 이러한 작품에서 사용되는 어휘와 문체는 민중 서사문학 작품과는 다르다. 또 이 작품들은 중국 장편소설의 번역본인지 아니면 중국 작품을 모방한 것인지 판단하기가 어렵다. 여러 책으로 되어 있는 이 작품들을 읽는 데에는 많은 시간이 필요하기 때문이다.

동방학연구소 소속 연구원 니키티나(M. И. Никитина)와 트로체비치(A. Ф. Троцевич)는 『쌍천기봉』 22책 중에 제1책을 러시아어로 번역하고 영인해서 출판하였다.[102]

나머지 작품들은 아직 번역되지 않았다. 이 작품들이 소련 외에 다른

---

101 【역자주】 페트로바는 고전소설을 두 가지로 나누어서 해제를 하였다. 단편 작품은 2번으로 분류하고, 장편소설과 중국 소설의 한글 번역본은 3번으로 분류하였다.

102 【역자주】 Удивительное соединение двух браслетов. Издание текста, перевод и предисловие М. И. Никитиной и А. Ф. Троцевич. М. 1962. 니키티나, 트로체비치 역,

나라에도 알려져 있는지에 대한 정보는 가지고 있지 않다. 본 해제에서는 이러한 장편소설들에 대해 제목의 번역, 형태적 사항만을 수록하였다. 이 책들의 내용에 대한 자세한 해제는 한국 문학 전문가에게 남겨두기로 한다.

'백과전서' 분야에는 백과사전과 편람을 수록하였다. '의학' 분야에는 동양의학 서적을 수록하였다. '등록과 서간' 분야에는 등록 서적과 순조가 가경제(嘉慶帝)[103]에게 보낸 서간의 사본을 수록하였다.

본 해제에 수록한 서적의 번호는 상권의 번호를 이어가며, 하권은 106번부터 시작한다. 서적의 형태적 사항, 저자에 대한 정보 등이 이미 상권에서 서술된 경우, 그 서적을 수록한 분야와 서적의 번호를 표시하였다. 한 서적이 이미 본 해제에서 서술되었을 경우에는 그 한자 제목을 다시 쓰지 않았다.

고유명사, (한글과 한문으로 기록된) 서적의 제목 및 용어 등을 음역(transliteration)해야 하였다. 그러나 상권에서 이미 간략한 전사법(transcription)을 사용했기 때문에, 하권에서도 상권과 동일한 전사법을 사용하였다.

상권에 대한 독자들의 바람에 따라, 하권에서는 서적의 언어를 다음과 같이 구분하였다.

a) 중국어 문어체(文言文(문언문)) - 중국인들이 문언으로 쓴 책의 언어[104]

b) 중국어 구어체(白話(백화)) - 주로 중국어 학습서에서 사용한 언어

c) 한국식 중국어(漢文(한문)) - 한국인이 한문으로 쓴 책의 언어

『쌍천기봉』, 모스크바, 1962

103 【역자주】 가경제(嘉慶帝, 재위 1796년~1820년)는 청나라의 제7대 황제이다.

104 【역자주】 페트로바는 문어체로 작성된 중국 서적의 언어를 '문언'이라고 표기하였다. 하지만 번역할 때에는 이 서적의 언어를 '한문'이라고 번역하였다.

d) 중국어 문어체(文言(분언))과 한글 - 문언(한문)으로 기록한 책이면서 한글로 된 주석이 있는 책의 언어, 그리고 중국어·한국어 사전의 언어

본 해제의 상권은 1956년에 출판되었기 때문에 독자들에게 다음과 같은 정보를 다시 알려 줄 필요가 있다.

본 해제의 일반적인 구조는 다음과 같다. 1) 서적의 내용. 2) 서적의 역사. 3) 형태 사항. 4) 참고 문헌.

만약 필사본, 목판본, 활자본이 아시아박물관이나 동방학연구소 도서관의 청구기호가 있다면, 그것을 새로운 청구기호 다음 괄호 속에 표시한다. 서명은 서적에 적혀 있는 그대로 한자나 한글로 기록하고 러시아 문자로 표기된 서명은 괄호 속에 적었다. 그다음에는 서명을 러시아어로 번역하여 적었다.

저자에 대한 정보는 'a) 성명, b) 자, c) 호, d) 본관, e) 생몰 연도(확인이 가능한 경우)'의 순서로 수록하였다. 저자의 전기(傳記)적 정보는 특별히 관심을 가져야 할 경우에만 서술하였다.[105]

저자에 대한 정보 다음에는 서적의 언어를 표시하였다. 서적의 본문이나 다른 문헌에서 확인할 수 있는 경우에는 서적이 제작된 연도도 표시하였다.

서적의 내용은 독자가 대략 파악할 수 있을 정도로만 간략하게 소개하였다. 서적의 앞과 뒤쪽이 낙장(落張)일 경우에는 존재하는 장수만 표시하였다. 서적 본문의 내용 출처는 대부분 표기되어 있지 않았다. 따라서 출처를 표시하지 않은 경우에는 참고한 서적을 찾기가 어려웠다.

한국 필사본에는 대부분의 경우 필사 연도나 장소가 기록되지 않았기

---

105 【역자주】이 단락은 상권의 서문에도 동일하게 나오는 부분이다.

때문에 초고본(草稿本)인지 전사본(傳寫本)인지를 알아내기는 거의 불가능하다. 전사본일 경우에는 원본과 일치되는 것인지 아닌지도 알 수 없다. 그렇기 때문에 본 해제에서는 서적의 내력에 대해서는 기록하지 않았다.

서적의 형태 사항에는 다음과 같은 정보를 기록하였다. 소장된 문고의 이름, 연구소에 입수된 연도(알려져 있을 경우), 구입한 장소, 크기, 권책수, 장수, 장 번호, 행수(필사본 경우에만), 지질, 필체, 삽도, 장정, 손상 정도.

본 해제 하권에서는 상권에 없던 몇 가지 참고 문헌이 추가되었다. 상권과 마찬가지로 참고 문헌의 약어표를 수록하였다.

본 해제 하권 원고를 교정하고 여러 지적을 해주신 소련 동방학연구소 레닌그라드부 소속인 콜로콜로프(В. С. Колоколов) 연구원, 판크라토프(Б. И. Панкратов) 연구원에게 감사를 드린다. 이 작업에 관심을 많이 기울인 상·하권의 책임편집자 티호노프(Д. И. Тихонов) 연구원께도 감사를 드린다.

올가 페트로브나 페트로바

[하권의 참고문헌: 해제]

1. 해제

H. Cord., Bibl. Sin. - Henri Cordier. Bibliotheca Sinica. Dictionnaire bibliographique des ouvrages relatifs à l'Empire Chinois), 1-4, Paris, 1904; supplement et index, Paris, 1922.

M. Cour., Bibl. Cor. - Maurice Courant. Bibliographie Coréenne (Tableau littéraire de la Corée, contenant la nomenclature des ouvrages publiés dans ce pays jusqu'en 1890, ainsi que la description et l'analyse détaillées des principaux d'entre ces outrages), 1-3, Paris, 1896.

朝鮮圖書解題, 1915 - 朝鮮圖書解題, 京城: 朝鮮總督府, 1915.

朝鮮圖書解題, 1932 - 朝鮮圖書解題, 京城: 朝鮮總督府, 1932.

漢籍解題 - 桂伍十郞, 漢籍解題, 東京: 明治書院, 1913.

增訂國書解題 - 佐村八郎. 增訂國書解題, 1-2, 東京, 1926.
조선어사강독 - 조선어사강독, 평양, 1953.
한글갈 - 최현배, 한글갈, 경성: 정음사, 1942.
조선서지학개관 - 조선서지학개관, 평양, 1955.

2. 목록

L. Serr. Bibl. Jap. - L. Serrurier. Bibliothèque japonaise: catalogue raisonné des livres et des manuscrits japonais enrégistrés à la bibliothéque de l'Université de Leyde, 1896.

R. Kenn. Cat. Jap. - R. Kennaway Douglas. Catalogue of Japanese printed books and manuscripts in the British Museum acquired during the years 1899~1903, London : British Museum, 1904.

東洋文庫岩崎文庫和漢書目錄 - 東洋文庫岩崎文庫和漢書目錄, 東京: 東洋文庫, 1934.

東洋文庫小田切文庫目錄 - 東洋文庫小田切文庫目錄, 東京: 東洋文庫, 1938.

朝鮮書籍目錄 - 金澤庄三郞, 朝鮮書籍目錄, 1911.

東洋文庫朝鮮本分類目錄 - 東洋文庫朝鮮本分類目錄, 東京: 東洋文庫, 1939.

古鮮册譜 - 前間恭作, 古鮮册譜, 京都: 東洋文庫, 1945~1957.

Описание - О. П. Петрова. Описание письменных памятни ков корейской культуры. вып 1. М. Л.: Издательство АН СССР, 1956. (페트로바, 한국 기록문화유산의 해제, 상권, 소련학술아카데미출판사, 1956.)

X 사상

한국 간행 유교 경전과 언해본

| 106 |

D 71 (F 70)

大學類義 (Тэхак рюый)
“『대학(大學)』의 주석”

• **언어:** 한문

동방학연구소 소장본은 국가기관에서 제작한 책이다. 그래서 일반 책과 달리 편제면(編題面)이 있다. 용무늬가 있는 광곽 안에 ‘왕명으로 정한 대학의 해석’(御定大學類義)과, 오른쪽에는 ‘정조 연간 1799년에 완성’(正廟己未重校), 왼쪽에는 ‘현재 재위하고 있는 왕 1805년에 활자간행’(當宁乙丑活印)이라고 기록되어 있다. 한국판 『대학』은 송나라 이종(理宗) 연간(1225~1264) 때 간사인 진덕수(眞德秀)가 만든 『대학연의(大學衍義)』와 명나라 태조(太祖, 1368~1398) 때에 살던 구선(丘渲)의 『대학연의보(大學衍義補)』를 바탕으로 하여 만들어졌다. 그 책에 주희의 비평적 주석이 추가되었고 그 외에 송대 철학자 16명의 주해(註解)와 명대 철학자 32명의 주해가 추가되었다. 그렇기 때문에 송대, 명대 『대학』의 모든 주석이 이 책에 수록되어 있다.

한국에서 『대학유의』는 31년에 걸쳐 만들어졌고 1781년에 마무리되었다. 그 후에 다시 6년 동안 추가 및 수정되었고 1799년에 편집이 완성되어 1805년에 간행되었다.

활자본. 1805년에 중앙 기구에서 간행한 희귀본.

서문은 '정조의 왕명에 따라 만든 대학의 주석'(正廟御製題大學類義)이라는 제목이 있고 김조순(金祖淳, 1765~1832)이 썼다. 서문은 목판으로 제작되었다.

印: 첫 번째 책의 첫 번째 장에 붉은색으로 찍은 궁궐 도서관 도장

드미트렙스키 문고. 1907, St. P., 32cm×22cm, 21권 10책, 836장, 장 번호 한자, 권별로 매김, 고품질 한지, 서양식 장정이 아님.

- **해제**: 朝鮮圖書解題 1932, 25~26쪽.
- **목록**: 古鮮册譜 책 3, 1291쪽.

| 107 |

D 37 (F 48)

大學章句 (Тэхак чанъгу)

"『대학장구』"

• **언어:** 한문

한국 간행본은 영조의 왕명에 따라 이루어졌다. 영조는 직접 서문을 썼고 서문에는 '1758년 10월'이라는 간기가 있다(戊寅十月甲寅序).

목판본. 1888년에 간행되었다. 마지막 장에는 간기가 있다. "무자년에 대구에 있는 경상감영 소장본으로 새로 간행하였다(戊子新刊嶺營藏板)."

印 : 애스턴의 ex-libris

애스턴 문고. 32cm×22cm, 1책, 서문 14장+본문 69장, 장 번호 한자, 저품질 한지, 서양식 장정이 아님. 손상 정도: 본문의 인쇄가 잘 안 되어서 해독이 어려운 부분이 있다.

• **해제:** H. Cord., Bibl. Sin. 3795쪽, 漢籍解題 34쪽
• **목록:** 東洋文庫朝鮮本分類目錄 3쪽, VII-I-46, 古鮮册譜 책 3, 1284쪽

| 108 |

D 23

大學諺解 (Тэхак онхэ)
"『대학언해』"

• **언어:** 한문, 한글

본문의 한글 언해는 선조(宣祖)의 왕명에 따라 만들어졌다. 한자 밑에 한국어 발음이 한글로 적혀 있고 문법 표시가 되어 있다. 동사와 형용사를 제외하고는 중국어 어휘이다. 번역은 간략하고 중국어 어휘가 많다.

목판본. 1888년에 간행되었다. 마지막 장에는 간기가 있다. "무자년에

대구에 있는 경상감영 소장본으로 새로 간행하였다(戊子新刊嶺營藏板).”

印: 애스턴의 ex-libris

애스턴 문고. 32.5cm×21.5cm, 1책, 32장, 장 번호 한자, 저품질 한지, 서양식 장정이 아님. 손상 정도: 본문이 명확하게 인쇄되지 않아 해독이 어려운 부분이 있다.

- **해제**: M. Cour. Bibl. Cor. No. 209, 朝鮮圖書解題 1932, 24쪽, 조선어사강독 715~716쪽, No. 29
- **목록**: 東洋文庫朝鮮本分類目錄 3쪽, VII-I-46, VII-I-44, 古鮮册譜 책 1, 391~396쪽.

| 109 |

D 38 (F 46)

中庸章句 (Чунъёнъ чанъгу)
“『중용장구』”

- **언어**: 한문

『중용』은 윤리와 정치에 관한 유학서인데 33장으로 구성되어 있다. 이 책은 공자의 손자인 자사(子思)가 지었고 사서(四書) 중에 세 번째 책이다. 한국 간행본은 1189년(淳熙己酉公時十六年)에 주희가 쓴 서문으로 시작된다. 각 장에는 자세한 주석이 있다.

목판본. 1888년에 간행되었다. 마지막 장에는 간기가 있다. “무자년에 대구에 있는 경상감영 소장본으로 새로 간행하였다(戊子新刊嶺營藏板).”

印: 첫 번째 장에 크고 붉은색의 네모난 도장 3개가 찍혀 있다.

애스턴 문고. 32cm×21.5cm, 1책, 주희의 서론(8장)+서문(3장)+본문

(135장), 장 번호 한자, 저품질 한지, 서양식 장정이 아님. 손상 정도: 본문이 명확하게 인쇄되지 않아 해독이 어려운 부분이 있다.

- **해제:** M. Cour. Bibl. cor. No. 210; H. Cord., Bibl. Sin. 1402~1404쪽; 漢籍解題 41쪽.
- **목록:** 東洋文庫朝鮮本分類目錄 4쪽, VII-I-46; 古鮮册譜 책 3, 1353쪽.

| 110 |

D 22

中庸諺解 (Чунъёнъ онхэ)

"『중용언해』"

- **언어:** 한문, 한글

『중용』의 오래된 한글 언해는 세종의 명에 따라 1448년에 만들어졌다. 두 번째는 1576년에 사서삼경의 간행과 1588년의 재간행본이었다. 세 번째는 1609년에 만들어졌다. 1684년에는 사서오경 가운데 삼경의 재간행이 이루어졌다. 그 후 영조는 사서삼경에 새로운 언해본을 제작하라는 명령을 내렸고 1748년에 간행되었다.

동방학연구소가 언해의 모든 간행물을 가지고 있지는 않다. 그래서 본 목판본이 어느 판본을 재간행한 것인지 확인할 수 없다. 그러나 언해가 영조, 정조 연간에 간행된 문서의 문체와 비슷하기 때문에 이 책은 1748년의 책을 다시 간행한 것이라고 판단된다.

목판본. 1888년에 간행되었다. 마지막 장에는 간기가 있다. "무자년에 대구에 있는 경상감영 소장본으로 새로 간행하였다(戊子新刊嶺營藏板)."

印: 소장자의 도장 4개, 애스턴의 ex-libris

애스턴 문고. 35.5cm×22.5cm, 1책, 62장, 인쇄가 선명하지 않음.

- **해제**: M. Cour., Bibl. cor. No. 211; 朝鮮圖書解題, 1932, 27쪽; 조선어사강독, 714쪽, No. 28
- **목록**: 東洋文庫朝鮮本分類目錄; VII-I-46; 古鮮册譜, 책 1, 390~396쪽.

| 111 |

D 39 (F 59)

孟子 (Мэнъчжа)
"맹자"

- **언어**: 한문

이 책은 중국 유학자 맹자가 여러 사람들과 나누었던 문답을 수록하고 있다. 한국의 간행본은 주희(朱熹)가 쓴 맹자의 생애로부터 시작된다. 분량은 7책이며 맹자가 쓴 7장의 서술과 주희가 작성한 주석을 수록하고 있다.

목판본. 1824년에 간행되었다. 마지막 장에는 간기가 있다. "갑신년 대구에 있는 경상감영 소장본으로 새로 간행하였다(甲申新刊嶺營藏板)."

印: 애스턴의 ex-libris

애스턴 문고. 33cm×21.5cm, 14권 7책, 611장, 장 번호 한자, 권별로 매김, 얇은 한지, 서양식 장정이 아님, 인쇄가 선명하지 않음. 손상 정도: 표지가 낡고 먹이 묻어 있음.

- **해제**: M. Cour., Bibl. cor. No. 219; 漢籍解題, 39쪽.

• **목록**: 東洋文庫朝鮮本分類目錄, 4쪽, VII-I-7; 古鮮册譜, 책 3, 1814~1815쪽.

| 112 |

D 24

孟解 (Мэнъхэ)

“『맹자』의 한글 언해본”

• **언어**: 한문, 한글

권수제(卷首題): 맹자언해(孟子諺解)

조선의 왕들은 주희의 찬양자이자 추종자였기 때문에 주희의 해석이 있는 『맹자』의 본문을 언해해서 간행하라는 명령을 내리곤 하였다. 가장 빠른 한국 간행본은 1448년에 제작되었다. 그 책은 중종 연간(1506~1544)에 활자본으로 간행되었다. 이후 1576년, 1588년, 1609년, 1684년, 1749년(활자본)에도 간행되었다.

목판본. 동방학연구소 소장본은 1884년에 간행되었다. 권 14 마지막 장에는 간기가 있다. “갑신년 대구에 있는 경상감영 소장본으로 새로 간행하였다(甲申新刊嶺營藏板).” 『한글갈』 161쪽에 권 14 첫 번째 장의 사진이 실려 있는데, 그것은 16세기 초에 간행된 활자본이다. 그 사진은 동방학연구소의 1884년에 목판본으로 간행된 이본의 내용과 일치된다.

印: 애스턴의 ex-libris

애스턴 문고. 32.5cm×21cm, 14권 7책, 574장, 장 번호 한자, 권별로 매김, 얇은 한지, 서양식 장정이 아님, 인쇄 상태가 선명하지 않음.

- **해제**: M. Cour., Bibl. cor. No. 220; 朝鮮圖書解題, 1932, 29쪽; 조선어사강독, 712쪽, No. 27; 한글갈, 161쪽.
- **목록**: 東洋文庫朝鮮本分類目錄, 4쪽, VII-I-40; 朝鮮書籍目錄, 52쪽, No. 70; 古鮮册譜, 책 1, 390~396쪽.

| 113 |

D 72 (F 4)

書傳大全 (Сочжон тэчжон)
"『서전대전』"

- **언어**: 한문

『서경(書經)』 혹은 『상서(尙書)』라 불리는 이 책은 기원전 2365~630년의 중국 역사를 담은 책이다. 이 책은 주희가 주해한 중국 간행본을 조선에서 재간행한 것이다. 주희의 제자인 채침(蔡沈, 1167~1230)이 1209년에 쓴 서문이 있다. 재간행본은 11권 10책으로 구성되어 있다. 첫째 권에는 한(漢), 위(魏), 당(唐), 송(宋), 원(元), 명(明)나라까지 『서전(書傳)』을 주해한 사람들의 명단, 32개의 도표와 그림(중국 왕족의 족보, 달력, 천문학, 하루 길이의 측정, 달의 변화 단계, 오행, 천체의 이동, 강의 흐름과 다른 지리적 정보, 단위, 제기(祭器), 제사에 쓰이는 동물, 제사 도구, 음악과 악기, 의복, 장식, 무기, 황제의 행차, 관직의 품계, 산천의 그림, 종묘)이 있다. 그다음에는 채침의 서문이 있다.

활자본. 1820년(純祖二十年)에 간행되었다. 모든 표는 목판으로 제작되었다.

印: 러시아제국 외무부 아시아국의 도장

아시아국 문고. 1864년, St. P., 36cm×24cm, 11권 10책, 805장, 장 번호 한자, 권별로 매김, 고품질 두꺼운 한지, 32개의 그림(표, 도표, 도형, 그림), 서양식 장정이 아님. 손상 정도: 책 10의 표지는 벌레가 먹음.

- **해제**: M. Cour., Bibl. cor. No. 183; H. Cord., Bibl. Sin. 1376~1380쪽; Ibid. Supplement et index, 3791~3792쪽.
- **목록**: 東洋文庫朝鮮本分類目錄, 2쪽, VII-I-8; 古鮮册譜, 책 2, 656, 851쪽.

| 114 |

D 68 (F 64)

儀禮 (Ыйре)
"의례(풍속과 예식)"

- **언어**: 한문

풀로 덧붙인 종이에는 손으로 쓴 권수제(卷首題)가 있다. "그림이 있는 의례 십육 책(儀禮圖解十六册)". 서문에는 "새로 간행된 그림이 있는 의례(新刊儀禮圖解)"라는 또 다른 제목이 있다.

이 책 앞에는 여염(呂枏)이 1536년(嘉靖十五年丙申夏六月)에 쓴 서문이 있다. 또한 주희가 삼례에 관해 황제에게 올린 보고서 및 당나라 학자인 가공언(賈公彦)의 서문과 영덕(寧德)의 진보(陳普)가 쓴 서문이 있다.

한국 간행본의 내용은 다음과 같다. 권 1-성인이 되는 날 관례(사관례士冠禮). 권 2-혼례식(사혼례士婚禮). 권 3-관료들이 서로 방문할 때의 의례(사상견례士相見禮). 권 4-잔치를 여는 의례(연례燕禮). 권 5-활쏘는 의례(향사례鄕射禮). 권 6-지방관이 잔치를 여는 의례(향음주례鄕飮酒禮). 권 7-

궁중 활쏘기의 의례(대사大射). 권 8-다른 제후에게 선물을 보내는 의례(빙례聘禮). 권 9-제후가 보낸 사람을 대접하는 의례(공식대부례公食大夫禮). 권 10-제후가 천자를 방문하는 의례(근례覲禮). 권 11-상복(喪服). 권 12-관료의 장례식(사상례士喪禮). 권 13-관료가 죽은 이튿날 저녁에 하는 의례(기석旣夕). 권 14-제사 의례(사우례士虞禮). 권 15-죽은 사람의 영혼에게 소를 올리는 의례(특생궤식례特牲饋食禮). 권 16-죽은 사람의 영혼에게 양을 올리는 의례(소뢰궤식례少牢饋食禮). 권 17-사당의 의례(유사철有司徹).

본문은 한문으로 되어 있다. 하지만 한국어로 읽을 수 있게끔 손으로 쓴 훈독 표시(구결)들이 있다. 이 책은 한국어와 한글의 역사를 전공하는 학자들에게 흥미로운 자료가 될 수 있다.

『의례』의 소유자는 모든 장의 제목을 서미(書眉)에다 손으로 기록하였다. 그리고 모든 책의 표지에 수록되어 있는 각 장의 제목이 기록되어 있다.

목판본. 16세기에 간행되었다.

印: 박한손(朴漢巽)의 인장

드미트렙스키 문고. 1907, St. P., 35cm×23cm, 17권 4책, 203장, 장번호 한자, 권별로 매김, 한지, 서양식 장정이 아님. 손상 정도: 책이 낡았으며 책 2, 3의 표지가 손상되어 있다.

• **해제**: M. Cour., Bibl. cor. No. 195; H. Cord., Bibl. Sin. 1407~1408쪽.
• **목록**: 古鮮册譜, 책 1, 320쪽.

| 115 |

D 69 (F 65)

儀禮圖 (Ыйредо)

"그림이 있는 의례"

• **언어**: 한문

『의례』 17권의 해설 및 그림이다(해제 114번 참조).

목판본. 16세기에 간행되었다.

印: 소유자인 박한손(朴漢巽)의 사각형 도장

드미트렙스키 문고. 1907, St. P., 35cm×23cm, 11책: 책 1(권 1, 2), 책 2(권 3, 4), 책 3(권 5), 책 4(권 6, 7), 책 5(권 8), 책 6(권 9, 10), 책 7(권 11), 책 8(권 12), 책 9(권 13, 14), 책 10(권 15, 16), 책 11(권 17), 564장, 장 번호 한자, 권별로 매김, 한지, 서양식 장정이 아님. 손상 정도: 파손된 책. 책 1, 2, 3, 6, 7, 9, 10이 벌레 먹음. 표지 및 앞뒤 장의 서미(書眉)가 손상되었음.

• **목록**: 古鮮册譜, 책 1, 319쪽.

| 116 |

D 70 (F 66)

儀禮旁通圖 (Ыйре панътхонъдо)

"『의례』의 추가적인 그림"

• **언어**: 한문

이 책은 "해설이 있는 『의례』"의 부록이다. 이 책에는 왕릉의 설계도, 지방관 묘의 설계도, 높은 관리 묘의 설계도, 의례복과 상례복의 종류, 제기(祭器)의 목록, 희생 동물의 종류, 신체 부위의 명칭이 있는 희생양의 그림, 희생 동물의 19가지 신체 부위, 의례에 사용되는 병(瓶)의 종류 등이 실려 있다.

이 책에는 왕세자의 스승인 한내동(漢內童)이 1556년에 쓴 발문이 있다.

목판본. 16세기에 간행되었다.

印: 소유자 박한손의 사각형 인장

드미트렙스키 문고. 1907, St. P., 35cm×23cm, 45장, 장 번호 한자, 한지, 서양식 장정이 아님. 손상 정도: 손상된 책. 표지는 벌레가 먹음.

- **해제**: M. Cour., Bibl. cor. No. 195
- **목록**: 東洋文庫小田切文庫目錄, 186쪽, V-5-13-16; 古鮮册譜, 책 1, 319쪽.

한국 간행 신유학서

| 117 |

D 26 (F 49)

延平李先生師弟子答問 (Ён пхёнъ ни сонсэнъ сачжечжа таммун)

"이연평과 그의 제자 주희 간의 대화"

• **편찬자**: 주목(周木)
• **언어**: 한문

주희와 그의 선생인 이통과 문답식으로 이정(二程) 형제의 사상을 서술한 책이다. 양구산(楊龜山)이라는 이름으로 더 잘 알려진 양시(楊時, 1053~1135)와 그의 추종자 나종언(羅從彦, 1072~1135)은 이 사상의 기초를 최초로 서술하였다. 나종언의 제자인 이연평(1093~1163)은 주희의 스승이 되었다. 주희는 1158~1163년에 이연평의 지도하에 이정 형제의 사상을 공부하였다. 이연평의 본명은 이통(李侗)이고 자는 원중(願中)이다. 그러나 그는 복건(福建) 지역에 있는 고향 '연평'을 따서 쓴 이름으로 더 유명하다.

이 책은 편집자인 주목이 1495년(弘治乙卯夏四月)에 쓴 서문이 있다. 주목은 주희의 추종자이다. 문답은 주희와 그의 스승인 연평이 1158년 6월 26일부터 7월 28일까지 나누었던 문답의 기록이다.

그다음에는 후록이 붙어 있는데, 이정 형제의 사상과 조사하(趙師夏)가 1214년(嘉定甲戌三月)에 황제에게 올린 글이 있다.

책 2는 주희와 연평의 문답을 해설하는 주희의 보록(補錄)이 있다. 여기서는 주희와 연평에게 바친 추도문과 제문이 있다. 그 후에는 다음과 같은 내용이 있다.

a) 주목이 1486년(成化二十二年七月)에 쓴 소개

b) 연평의 14세손인 이습(李習)이 1513년(正德癸酉歲春正月)에 쓴 발문

c) 조선의 철학자 이황이 1554년으로 쓴 한국 간행본의 발문

d) 이황이 쓴 한국 간행본에 대한 소개

목판본. 1554년에 간행되었다. 마지막 장에 간기가 있다. "가정 갑인년 겨울에 청주에서 간행되었다(嘉靖甲寅冬淸州牧開刊)."

애스턴 문고. 30cm×17cm, 2책, 137장, 장 번호 한자, 한지, 서양식 장정이 아님. 손상 정도: 두 책의 표지는 벌레가 먹음. 책 1의 앞에서 열 장과 끝에서 열한 장, 책 2의 앞의 스무 장과 끝에서 열일곱 장에는 노란 액체가 묻어 있지만 해독이 가능함.

- **해제:** M. Cour., Bibl. cor. No. 2908; 漢籍解題, 194쪽.
- **목록:** 古鮮册譜, 책 1, 70쪽.

| 118 |

D 65 (F 76)

二程全書 (Ичжонъ чонсо)

"『이정전서』"

- **저자:** 정호(程顥), 자는 백순(伯淳), 호는 명도(明道), 본관은 낙양(洛陽), 1032~1085
  정이(程頤), 자는 정숙(正叔), 호는 이천(伊川), 1033~1107
- **언어:** 한문

이정 형제의 글은 초고 및 편지 형식으로만 남아 있었다. 주희가 남아 있는 초고 및 편지를 편집하고 체계화하였다. 전집은 주희가 1168년에 편집한 『이정유서(二程遺書)』부터 시작된다(권 1~29).

1173년에 주희가 이정 형제의 사상을 정리하는 『이정외서(二程外書)』라는 자신의 글을 출판하였다. 이 서적은 12개 장으로 되어 있으며 전집에 두 번째 자료로 수록되었다(권 30~39). 셋째는 양시(楊時)라는 학자의 전집이 수록되었다(권 40~45). 넷째로는 형제 중에 동생인 정이의 서적 해설이 수록되었다(권 46~53). 다섯째로는 형인 정호의 전집이 수록되었다(권 54~58). 여섯째는 정이의 전집이다(권 59~63).

이 이본은 낙질본이다. 목차에 따르면 이 전집은 68권 15책으로 구성되어 있는데, 마지막 책이 없다.

한국 간행본은 서필달(徐必達)이 1606년(萬曆丙午三月)에 쓴 서문이 있다.

목판본. 간행 연도 기록 없음.

印: 모든 책에 소유자의 도장이 잘려 있다.

드미트렙스키 문고. 1907, St. P., 32cm×21cm, 63권 14책(책 15는 없다), 1119장, 장 번호 한자, 권별로 매김, 한지, 서양식 장정이 아님. 손상 정도: 모든 책 첫 장에는 소유자의 도장이 잘려 있다.

• **목록**: 古鮮册譜, 책 3, 1565쪽.

| 119 |

D 64 (F 57)

朱書百選 (Чусо пэксон)
"주희의 100가지 편지글 모음"

• **저자**: 주희(朱熹), 자는 원회(元晦), 본관은 복건성(福建省) 우계(尤溪), 1130~1200
• **언어**: 한문

주희는 송나라 철학자 가운데 마지막 대표적인 인물이다. 그는 신유학의 철학적 체계를 완성하고 조직시켰다. 그의 사상은 중국뿐만이 아니라 한국과 일본에서 근대까지도 유교의 이상적 개념을 만드는 데 근본이 되었다. 한국에서는 주희의 추종자들이 많았는데, 그들은 주희의 철학적 체계를 전통 사회에 맞게 발전시켰다. 그래서 한국에서는 주희의 저서들이 여러 번 간행되고 주해되었다.

『주서백선』은 주희가 그의 선생인 이연평, 장진후와 송나라 신유학의 다른 대표적 인물과 주요 문제(자연과 사회)에 대한 문답에서 71개를 수록한 것이다.

활자본. 1794년에 중앙 기구에서 간행되었다. 편제면에는 용무늬 광곽 속에 다음과 같은 제목이 있다. "왕이 직접 편집한 주희의 편지 100선, 1794년에 내각에서 활자로 간행하였다(御定朱書百選甲寅內閣活印)."

드미트렙스키 문고. 1907, St. P., 36cm×22.5cm, 6권 2책, 187장. 장 번호 한자, 권별로 매김, 두꺼운 한지, 서양식 장정이 아님. 손상 정도: 책 1의 표지와 마지막 3장에 벌레가 먹음.

- **해제**: M. Cour., Bibl. cor. No. 454; H. Cord., Bibl. Sin., 1423~1424쪽; Ibid., supplement, 3084쪽; 朝鮮圖書解題, 1915, 162쪽; 朝鮮圖書解題, 1932, 541쪽.
- **목록**: 古鮮册譜, 책 2, 804~805쪽.

| 120 |

D 36 (F 58)

小學 (Сохак)

"『소학』"

- **저자**: 주희 (해제 119번 참고)
- **언어**: 한문

첫 번째 장에는 '소학제가집주(小學諸家集註, 여러 유학자들의 주석이 있는 소학)'라는 제목이 있다. 『소학』은 유교 윤리의 기본에 관한 주희의 책 중에 가장 유명한 것이다. 저자는 이 책에서 모든 시대에 통하는 '윤리 규칙'을 제시하려고 하였다. 『소학』은 중국, 한국, 일본에서 19세기 말까지 윤리교육의 기본 교과서였다.

이 책은 한국 간행본이며, 이덕성(李德成)이 왕명을 받아 1694년(甲戌春正月)에 쓴 서문이 있다.[106] 두 번째 서문은 홍봉조(洪鳳祚)가 1744년(甲子春正月)에 국가기관 간행본을 위해 쓴 것이다. 그다음에는 임정(任珽)이 1814년의 간행본을 위해 쓴 범례가 있다. 여기서는 이 간행본이 1429년의 간행본을 바탕으로 번각하였다는 기록인 지기(識記)가 있다. 그 다음에는 1429년 간행본의 서문이 수록되어 있다. 그리고 범례, 목차, 주희의 해석이 있는 본문과 여러 학파 유학자들이 만든 주석들이 있다. 권 6 끝에는 성혼(成渾)이 작성한 연대 미상의 발문이 있다.

목판본. 간행 연도 기록 없음. 19세기 말로 추정된다.

印: 애스턴의 ex-libris

애스턴 문고. 34cm×22cm, 5책 6권, 319장, 장 번호 한자, 권별로 매김, 얇은 한지, 서양식 장정이 아님. 손상 정도: 책 1, 3의 표지에 벌레가 먹음.

- **해제**: M. Cour., Bibl. cor. No. 241; H. Cord., Bibl. Sin., 1434쪽
- **목록**: 東洋文庫朝鮮本分類目錄, 43쪽, VII-3-8b; 東洋文庫小田切文庫目錄, 38쪽, III-2-802; 古鮮册譜, 책 2, 860쪽.

---

106 【역자주】 원문에는 1814년으로 표기되어 있다. 『소학집주』의 '어제소학서'는 1694년에 이덕성(1655~1794)이 작성하였다. 따라서 본문의 갑술년은 1694년이다.

| 121 |

D 21

御製小學諺解 (Очже сохак онхэ)
“『어제소학언해』”

• **언어**: 한문, 한글

한국에서는 『소학』이 1475년, 1518년, 1612년에 한글로 간행되었다. 본 서적은 1744년에 간행되었다. 이 책은 영조가 1744년(甲子春二月)에 쓴 서문이 있다. 이 서문에서 영조는 모든 국민들에게 이 책을 읽는 것을 명령하였다. 그다음에는 이 언해 간행본과 기존의 간행본들과의 차이를 설명하는 글이 있다. 기존 책에서는 주석과 함께 한자에 대한 설명도 같이 수록되어 분량이 늘어났다. 이 간행본에서는 영조가 반드시 필요한 것만을 남기고, 나머지 설명을 생략하도록 명령하였다.

이 설명 다음에는 주희가 1187년(淳熙丁未三月朔日)에 작성한 서문의 한글 번역이 있다. 그 뒤에는 『소학』 6책의 언해가 있다.

본문은 한자와 한글로 서술되어 있다. 각 한자 옆에는 그 발음이 한글로 서술되었다. 그리고 본문에는 한글로 현토가 표시되어 있다. 각 장의 해석은 한글로만 서술하였다.

이 책은 18세기 한국어를 담고 있다는 점에서 언어학적으로 가치가 높은 자료이다.

목판본. 간행 연도 기록 없음. 19세기 말로 추정된다.

印 : 애스턴의 ex-libris

애스턴 문고. 34cm×22cm, 5책 6권, 465장, 장 번호 한자, 권별로 매김, 서양식 장정이 아님.

• **해제:** M. Cour., Bibl. cor. No. 240; 朝鮮圖書解題, 1915, 161쪽; 朝鮮圖書解題, 1932, 307쪽; 조선어사강독, 710쪽, No. 25
• **목록:** 東洋文庫朝鮮本分類目錄, 41쪽, VII-3-83; 古鮮册譜, 책 2, 862쪽.

한국 신유학 저서

| 122 |

D 52 (F 75)

彝尊錄 (Ичжуннок)
"존경하는 조상에 대한 기록"

• **저자:** 김종직(金宗直), 자는 계온(季昷), 호는 점필재(佔畢齋), 본관은 선산(善山), 1431~1492
• **언어:** 한문

15세기 말 한국에서는 주자학의 한 갈래가 형성되었는데, 김종직은 그것을 이끌었다. 김종직은 야은(冶隱) 길재(吉再)의 제자인 유명한 유학자 김숙자(金叔滋)의 아들이다. 김종직은 아버지의 사상을 기록하여 이 책을 만들었다. 책은 1480년(成化十六年庚子)에 완성되었고 1498년에 간행되었으며, 1558년에 재간행되었다.[107] 첫 번째 부분에는 김씨의 가계(家系), 연대기, 김숙자 제자와 추종자의 명단이 있다. 두 번째 부분에서는 김숙자

107 【역자주】『이존록』은 1497년에 간행되었고, 1528년에 다시 간행되었다.

및 그 학파의 사상 및 활동, 신유학자들의 예식과 전통이 서술되었다. 이 책은 한국 유교의 역사 및 근본에 대한 정보를 담고 있어서 흥미롭다.

1498년에 김종직은 생전에 지은 '기원전 205년에 항우에게 살해를 당한 중국 황제에 대한 시'인 「조의제문」 때문에 부관참시를 당하였다(항우는 봉기 때 초나라 의제(義帝)를 의지했는데 그다음에 그를 죽였다.). 이것은 그 당시 재위하고 있던 연산군의 할아버지인 세조에게 죽음을 당한 단종(端宗)을 의제에 비유한 것이었다. 김종직은 부관참시를 당하고 그의 제자 대부분은 죽음을 당하거나 유배를 가게 되었다. 연산군이 폐위한 후에야 김종직은 명예를 되돌려 받았다.

이 책은 1497년(弘治十年丁巳)에 김종직의 제자 조위(曹偉)가 쓴 서문이 있다.

발문에는 이 책이 1498년에 처음 간행되었고, 그다음 간행은 1558년에 제작된 간행본은 임진왜란 때 소멸되었기 때문에 거의 100년 뒤인 1609년에 제작되었다는 기록이 있다. 1609년의 간행본은 김종직의 전집이다. 이 책은 8책으로 구성되어 있으며 내용은 다음과 같다.

책 1은 행정과 예식에 관한 규칙, 편지, 비문, 제문, 추도문, 『후비명감(后妃明鑑)』의 서문을 비롯한 여러 책의 서문이다. (『후비명감』은 세조의 명에 따라 최항(崔恒)과 신숙주(申叔舟)가 만든 책이다. 이 책에서는 유교적 관점에서 고대부터 명나라 말까지 중국의 유명한 황후들의 선행을 서술하였다. 책 2에서는 여러 해석, 발문, 기록, 비문, 『신간주례(新刊周禮)』 발문(2~3장), 『송도록(松都錄)』 발문(4~5장), 『여지승람(輿地勝覽)』 발문(6~8장)을 포함한 여러 발문이 있다. 이 부분은 역사학자들의 관심을 받을 만하다.

안음현에서 유학 학교(향교)의 설립에 대한 기록(安陰縣新創鄕校, 14~16장)도 한국의 유교사를 연구할 때 관심을 받을 만하다. 역사 및 지리학 면에서 경상도 지도(37장) 및 선산(善山)의 지리지에 대한 설명도 흥미로운 자료이다.

책 3~7은 23권으로 구성되어 있고(권 1~4, 권 5~9, 권 10~14, 권 15~18, 권 19~23) '시(詩)'라는 제목으로 묶은 저자의 시 작품집이다(이 책의 '문학' 분야 참조).

목판본. 간행 연도 기록 없음.

印: 소유자의 도장이 잘려 있다.

드미트렙스키 문고. 1907, St. P., 32cm×21.5cm, 8책: 2부분으로 구성된 책(72장)+7책 본문 522장, 장 번호 한자, 권별로 매김, 두꺼운 한지, 서양식 장정이 아님. 손상 정도: 노후된 책. 표지는 벌레가 먹은 흔적이 있음.

- **해제**: M. Cour., Bibl. cor. No. 558, No. 1947; 朝鮮圖書解題, 1932, 265쪽, 378쪽; 조선서지학개관, 215쪽.
- **목록**: 古鮮册譜, 책 1, 14~15쪽. Описание, No. 79

| 123 |

D 54 (F 71)

退溪集 (Тхё ге чжип)

"『퇴계집』"

- **저자**: 이황(李滉), 자는 경호(景浩), 호는 퇴도(退陶), 본관은 온계리(溫溪里), 1501~1570
- **언어**: 한문

첫째 장에 '퇴계선생문집(退溪先生文集)'이라는 원래의 제목이 있다. 이황은 이퇴계(李退溪)라는 이름으로 유명하다. '퇴계'라는 이름은 그의

호 퇴도옹(退陶翁, 도산으로 들어간 노인)의 첫 번째 한자와 그 고향 온계리(溫溪里)의 두 번째 한자를 합쳐 만든 이름이다.

이황은 뛰어난 문학 활동가이자 주자학자였고, 그의 철학체계는 한국 밖에서도 유명해져서 중국과 일본에서도 추종자들이 생겨났다. 그는 신유학 학교를 설립하고 많은 제자를 길러내어 '조선의 주희'라는 별명을 얻기도 하였다. 오랜 기간 동안 그의 사상은 한국 주자학의 형이상학적 개념 체계에 많은 영향을 미쳤다.

이황은 많은 저술을 남겼으며 그의 사망 후에도 계속해서 간행되었다. 전집은 1599년에 간행되었다.

이황은 유학 경서를 공부하면서 자신만의 방법으로 주석을 달았는데 그 가운데 일부분은 퇴계 본인이 작성했고 일부분은 제자들이 완성시켰다. 이황이 청소년을 위해 만든 『주역』에 대한 해설서인 『계몽전의(啓蒙傳疑)』는 널리 알려져 있다. 이 해설서에서는 이황이 『주역』에 대한 자신의 해석을 제시하였다.

『시경』, 『서경』, 『역경』의 해설서인 '삼경석의(三經釋義)', 사서의 해설서인 '사서석의(四書釋義)'는 이황 사망 후 8권 2책으로 1608년에 간행되었다.

이황의 제자인 이덕홍(李德弘)과 이함형(李咸亨)은 송나라 진서산(眞西山)의 『심경(心經)』에 대한 이황의 주석을 기록하여 4권으로 간행하였다. 뒤이어 송시열(宋時烈)은 이 책을 수정 및 보충하여 한글로 번역하였다.

이황은 주희의 저술을 공부하면서 어려운 철학적 용어들을 해설하고 주해하여 『주자서절요기의(朱子書節要記疑)』라는 제목으로 간행하였다. 이황의 본격적 저술은 『이학통록(理學通錄)』이며 이 책에서는 그의 사상이 구체적으로 설명되어 있다.

주희의 가르침에 의하면 세계의 정체성과 근본은 '태극(太極)'이다. 이 태극은 두 가지 시작을 가지고 있는데, 이상적인 '이'(理)와 형이하학적인 '기'(氣)이다. 실재가 형성하는 과정에서는 '이'가 '기'를 만든다. 이 과정은 빛의 힘 '양'(陽)과 어두움의 힘 '음'(陰)의 활동 속에서 이루어진다. 주희는 창조문제에 대해 이상주의적 해결을 제시하고 있다. 주희는 윤리의 기본적 개념으로 역시 '이(理)'를 주장했고 '이'는 하늘에서 생겨난 사람의 첫째 본질인 '심(心)'을 형성한다. 박애, 공정, 예의, 진실이라는 네 가지 기본적 요소는 윤리원칙을 구성한다. 그것을 원초라고 한다.

주희의 개념은 다음과 같다.

네 가지 원초는 '이'에서 발하고(四端發於理), 일곱 가지 감정은[108] '기'에서 발한다(七情發於氣).

하지만 이황은 이 이론을 다음과 같이 수정하였다.

사단은 '이(理)'의 발이다(四端理之發). 칠정은 '기(氣)'의 발이다(七情氣之發).

이러한 수정은 격렬한 논쟁을 불러일으켰다. 새로운 개념의 반대자들은 이황에게 편지를 보내기도 하였다. 그들 중 첫 번째는 기대승(奇大升)으로 자는 명언(明彦), 호는 고봉(高峰)이다. 그 이후에 기대승(奇大升)에게 이이(李珥, 1536~1584)가 동조하였다. 한국 유학에서는 이황 학파와 이이 학파의 두 가지 흐름이 생겼다. 이 흐름은 주리파(主理派, '이'를 우위로 두는 흐름)와 주기파(主氣派, '기'를 우위로 두는 흐름)라는 이름을 받았다.

이황과 이이가 살아 있었을 때는 철학적 논쟁이 학문적 성격을 가지고 있었다. 제자들은 철학적 진리를 이해하기 위해 이황과 이이를 찾아가기

---

108 일곱 감정: 기쁨, 노여움, 슬픔, 두려움, 사랑, 미움, 욕심.

도 하였다. 하지만 이후에는 철학적 불일치가 붕당 간의 정치적 투쟁으로 더욱 복잡해졌다. 이퇴계의 제자 류성룡(柳成龍)과 그의 추종자들은 '남인'(南人)이 되었고, 이율곡의 추종자들은 '서인'(西人)이 되었다. '서인'은 1659년에 노론(老論)과 소론(小論)이라는 두 붕당으로 갈라졌다. 이퇴계의 학설은 남인의 사상적 도구였고, 이율곡의 학설은 노론의 것이었다. 붕당 간의 정치적 투쟁은 300년 동안 이어졌다. 그 과정에서 유학의 두 흐름 간의 이론적 논쟁도 중단되지 않았다.

이퇴계 전집의 목차:

권 1~5 - 여러 주제의 한시 ('문학' 분야 참조)

권 6 - 행정적 교시, 요청서, 공식적 편지

권 7 - 이퇴계의 철학적 체계와 학설. 이 중에는 유교철학의 10가지 도식(聖學十圖箚子)이 있다. 이 그림은 태극도, 대학도, 소학, 윤리 기본도 등을 포함하고 있고, 각 그림에는 설명이 있으며, 연도는 1568년(隆慶二年)으로 되어 있다.

권 8 - 공식 문서, 요청서, 보고서 등

권 9~40 - 이퇴계가 유학자들과 주고받은 편지, 주로 논쟁적 성격을 가진 이퇴계의 답문과 편지이다.

권 41 - 철학적 성격을 가진 여러 가지 글(雜著): 태극의 그림과 해설(天命圖說後敍), 심경에 대한 후론(心經後論) 등

권 42 - 주자절요서(朱子節要序), 계몽전의서(啓蒙傳疑序) 등

권 43 - 연평답문후어(延平答問後語), 서역범제도병후(書易範諸圖屛後), 다른 유교서의 발문

권 44 - 명(銘), 전(箋) 등

권 45 - 유교 제문, 예식, 한국 신유학의 예식

권 46~47 - 비문

권 48~49 - 지문, 지장, 행장

동방학연구소에 소장된 『퇴계집』은 낙질본이다. 10책까지는 위에서 제시한 목차의 내용과 일치된다. 책 11에는 권 11~12, 책 12에는 권 13~14, 책 13에는 권 15~16이 수록되어 있다. 책 15는 없다. 권 17, 18, 19, 20, 21, 22이 없다. 책 14는 다양한 주제의 시가 수록되어 있는 외집(外集)이다. '16~17'이라는 표시가 있는 책에는 권 23~24, 책 18에는 권 25~26권, 책 19에는 권 27~28이 묶어져 있다. 권 29~30은 없다. 책 21에는 권 31~32, 책 22에는 권 33~34, 책 23에는 권 35~36, 책 24에는 권 37~38, 책 25에는 권 39~40, 책26~27에는 권 43, 44, 45가 합철되어 있다.

유학에 대한 여러 저술을 담고 있는 책 26에 해당하는 권 41~42가 없다. 책 20에는 목차, 속집(續集)의 권 1~2가 묶여 있다. 책 26~27에는 속집의 권 5~6이 묶여 있다. 권 46, 47, 48, 49와 속집의 권 3, 4는 없다. 마지막 권이 없기 때문에 간행 연도는 확실하게 알 수 없다.

『조선도서해제(朝鮮圖書解題)』(1932, 394쪽)에 의하면 『퇴계집』은 본문 49권(1599년 간행), 외집(外集) 1권, 속집 8권, 생애 3권, 연대기 6권, 총 67권+1권(목차)로 68권 31책으로 구성되어 있다. 하지만 동방학연구소에 소장된 본 책은 26책까지만 있다.

목판본. 간행 연도 기록 없음.

드미트렙스키 문고. 1907, St. P., 31.5cm×20.5cm, 41권 26책, 1751장, 장 번호 한자, 권별로 매김. 손상 정도 : 목차-책이 전체적으로 벌레가 먹음. 반점이 있고 서미 부분이 상한 책들이 있음. 구멍이 난 책도 있음.

• **해제:** M. Cour., Bibl. cor. No. 284~287, 450, 453, 457, 458, 611, 612, 614;

朝鮮圖書解題, 2, 16, 31, 300~303, 308, 311, 313, 394쪽; 조선서지학개관, 239쪽.

• **목록**: 東洋文庫朝鮮本分類目錄, 41쪽, Ⅶ-3-95; 64쪽 Ⅶ-4-23, Ⅶ-4-21, Ⅶ-5-1001; 古鮮册譜, 책 3, 1248~1249쪽.

| 124 |

D 54 (F 71)[109]

一齋先生集 (Ильчэ сонсэнъ чжип)
"일재 이항의 문집"

• **저자**: 이항(李恒), 자는 항지(恒之), 호는 일재(一齋), 본관은 성주(星州), 1499~1576

• **언어**: 한문

어렸을 때부터 무인이 되려고 했던 이항은 30살부터 유학을 공부하기 시작하였다. 그는 중국 유학자와 주희의 신유학 철학을 공부하였다. 그는 공부하면서 발생한 의문을 해결하기 위해 당대 학자인 이황, 기대승과 이이를 찾았다. 이항은 신유학에 대한 주요한 저술을 남기지 않았다.

이항 전집 책 1에서는 퇴계 이황의 저술과 관련해서 이상적 '이(理)'와 형이하학적인 '기(氣)'의 근본과 상관 관계를 설명하는 편지들이 수록되어 있다. 이 편지들은 한국 유학의 전공자들에게 관심을 받을 만하다.

이항의 전집은 1673년에 초간되었고 한 책으로 구성되었다. 송시열(宋時烈)의 발문과 같은 해(崇禎紀元後癸丑八月)에 씌어진 박세채(朴世采)의

109 【역자주】이 책의 청구기호는 앞의 책(『퇴계집』)과 동일하게 기록되어 있다.

서문이 있다.

책 1 끝에는 '유사(遺事)'라는 제목의 부록이 있다. 여기에는 이항 생애에 대한 정보가 있다. 부록은 1749년(崇禎紀元百二十二年己巳三月)에 유숙기(兪肅基)가 썼다. 부록의 발문은 1759년(己卯季秋)에 조정(趙晸)이 썼다,

책 2는 '일재선생속집(一齋先生續集)'이라는 제목이 있다. 이항의 후세가 첫 번째 책을 간행한 지 11년 후인 1684년에 이 책을 편찬하였다. 이 책의 본문에는 (이전 해제에서 서술된) 명종 연간(1545~1567) 두 가지 철학 사상의 방향 간 논의에 대한 이항의 기록, 이황과 기대승과 주고받은 편지 및 다른 저술들이 들어 있다. 또한 이항을 존경하였던 여러 학자들의 헌사가 있다.

'속집(續集)'은 안동 김성근(金聲根)이 쓴 서문 및 이항 9세인 손동래(孫東萊)가 1887년(崇禎紀元後二百伍十九年丁亥四月)에 쓴 발문이 있다. 또한 이항의 10세손인 손기식(孫箕植)이 쓴 두 번째 발문과 당시 전라도 관찰사 김성근의 추천으로 속집을 활자로 간행하였다는 기록이 있다.

책 1은 목판본. 간행 연도 기록 없음.

책 2은 활자본. 1887년에 간행되었다.

印: 책 1 첫 번째 장에는 노란색 사각형 도장. 책 2의 도장은 오려내었다.

드미트렙스키 문고. 1907, St. P., 31.5cm×21cm, 2책, 131장, 장 번호 한자, 한지.

- **해제**: M. Cour., Bibl. cor. No. 509; 朝鮮圖書解題, 1915년, 241쪽; 朝鮮圖書解題, 1932년, 393쪽.
- **목록**: 古鮮册譜, 책 1, 19쪽.

| 125 |

D 53 (F 79)

西厓集 (Со э чжип)
“서애 류성룡의 문집”

• **저자:** 류성룡(柳成龍) (‘임진왜란 관련 문헌’ 분야의 35번 해제 참고)
• **언어:** 한문

류성룡은 이황의 제자로 남인의 설립자이다. 그는 큰 권위를 가지고 있었으며 제자와 추종자가 많았지만, 철학적 저술을 많이 남기지 못하였다. 류성룡은 이황의 사상의 전달자이자 보급자였다. 이황의 사상을 정확히 따르며 교정하거나 보충하지 않았다.

류성룡의 신유학적 저술은 다음과 같다. 권 15에는 공자, 맹자, 왕양명, 주희의 말을 해설하는 글과 『대학』, 『중용』, 『주역』에 대한 주석이 있다. 권 17에는 주례와 무속에 관한 논설(周禮說文巫論), 『동몽수지』의 발문(跋童蒙須知後), 『구경연의』의 발문(九經衍義跋)이 수록되어 있다. 권 17에 있는 저술 중에는 연산군에게 벌을 받은 김종직(해제 122번 참조) 학파의 명단이 흥미로운 자료이다. 권 18에는 한국에서 주희의 최초 추종자 중에 한 명인 정몽주(鄭夢周)의 1585년에 간행된 『포은전집』의 발문이 있다. 정몽주는 1392년에 고려 공양왕을 따르다 목숨을 잃었다. 그리고 1589년에 간행된 『효경대의』의 발문(孝經大義跋己丑)과 1600년에 간행된 『퇴계선생연보』의 발문(退溪先生年譜跋庚子)이 수록되어 있다.

『서애집』에 대해서는 해제 35번을 참고.

| 126 |

D 80 (F 40)

耳溪遺集鈔 (И гэ ючжипсо)
"이계의 사후 문집을 필사한 책"

- **저자**: 홍양호(洪良浩), 자는 한사(漢師), 호는 이계(耳溪), 본관은 풍산(豊山), 1724~1802
- **언어**: 한문

홍양호는 유학자이자 역사학자이다. 정조 연간에 사절단과 함께 청나라에 가서 중국 신유학 철학을 본격적으로 공부하였다. 당시 청나라의 유학자 중에서 큰 권위를 가졌던 예식장관 기윤(紀昀)은 그의 저술을 읽게 되었다. 기윤은 홍양호의 전집에 두 개의 서문을 썼다.

『조선도서해제(朝鮮圖書解題)』(1932, 507쪽)에 의하면 홍양호는 전집의 앞 18권을 본인이 편찬하여 간행할 수 있게 준비하였다. 22권은 그의 사망 후에 편찬되었으며, 마지막 12권은 그의 역사와 철학에 대한 저술을 수록하고 있으며 부록으로 간행되었다.

동방학연구소에 소장되어 있는 홍양호 문집의 필사본은 내용을 간추린 초집(抄集)으로 보인다. 이 책은 5권 4책으로 구성되어 있다. 기윤이 쓴 두 개의 서문이 수록되어 있다.

문집의 목차는 다음과 같다.

권 1-시. 권 2-산문, 서문, 발문, 여러 기록 등. 권 3-서간과 유교에 관한 여러 기사(伍伯論, 經權論, 太史公改古文論, 伍就桀辨, 管仲不死子糾辨) 등. 권 4-이원론적 관점에서 쓰인 만물의 기원에 관한 논설(萬物元始), 변화의 근본인 하늘과 땅에 대한 논설(天地适化之本). 권 5-여섯 가지 문체에 대한 논설(六書經緯), 창세에 대한 철학적 논설(1. 하늘(仰觀篇)과 자연 이원론적 힘(陰陽), 선신과 악신, 2. 땅(俯察篇), 땅의 구조, 오행(火水木金土)과 그의 기능, 3. 사람의 본질(近取篇), 4. 세상(遠取篇), 자연, 식물, 동물, 5. 여러 가지 물건(雜物篇), 무생물계, 사람이 만드는 물건, 6. 덕행(撰德篇), 7. 이름의 판별(辨名篇))

필사본. 필사 연도 기록 없음. 한지 상태로 보아 19세기 초로 추정된다. 필사자는 미상이다.

印: 아시아국의 도장

아시아국 문고. 1864, St. P., 32cm×22cm, 본문의 크기 23cm×16cm, 5권 4책, 354장, 장 번호 없음, 1면당 10행, 고품질 얇은 한지, 달필임, 중국식 파란색 책갑. 손상 정도: 책 2에는 노란색 액체가 묻어 있지만 해독이 가능함.

- **해제:** 朝鮮圖書解題, 1915년, 320쪽; 朝鮮圖書解題, 1932년, 507쪽.
- **목록:** 東洋文庫朝鮮本分類目錄, 76쪽, Ⅶ-4-210쪽(필사본, 94권 49책), Ⅶ-4-207(1843년에 간행된 서적, 50권 22책), 古鮮册譜, 책 2, 949~951쪽.

| 127 |

D 59 (F 77)

楓皐集 (Пхунъ го чжип)

"풍고 김조순의 문집"

- **저자:** 김조순(金祖淳), 자는 사원(士源), 호는 풍고(楓皐), 본관은 안동(安東), 1765~1832
- **언어:** 한문

김조순은 순조의 명에 따라 1801년에 박준원(朴準源)과 함께 『서전인물유취(書傳人物類聚)』를 편찬한 것으로 유명해졌다. 김조순은 유교 경서 및 그 책들의 송대 주해에 관한 지식이 풍부하였다. 유학자의 전기(권 15), 유교 서적의 해설과 창세에 대한 논설(開闢辨)이 있는 여러 저술(권 16)이 한국 유교사를 연구할 때 관심을 받을 만한 자료이다.

이 문집에는 철종이 1854년(予卽阼五載)에 쓴 서문과 조두순(趙斗淳), 김흥근(金興根)이 1854년에 쓴 발문이 있다.

문집의 목차는 다음과 같다. 권1~6-한시('문학' 분야 참조). 권 7, 8-보고서, 설명서, 다른 공식적 글. 권 9-헌사, 설명서, 비문. 권 10-편지. 권 11, 12-애문, 제문, 비문. 권 13, 14-찬사. 권 15-서문, 기록, 발문, 애문, 헌사, 전. 권 16-잡저.

활자본. 1854년에 간행되었다.

철종의 서문은 목판으로 판각되었으며, 철종의 인장도 함께 새겨져 있다.

드미트렙스키 문고. 1907, St. P., 32cm×20cm, 16권 8책, 761장, 장번호 한자, 권별로 매김, 한지, 서양식 장정이 아님.

- **해제:** M. Cour., Bibl. cor. No. 696; 朝鮮圖書解題, 1915년, 316쪽; 朝鮮圖書解題, 1932년, 520쪽.
- **목록:** 東洋文庫岩崎文庫和漢書目錄, 369쪽(간행본, 16권 8책), 古鮮册譜, 책 3, 1668쪽.

| 128 |

D 55 (F 592)

梅山集 (Мэ сан чжип)

"매산 홍직필의 문집"

• **저자**: 홍직필(洪直弼), 자는 백응(伯應), 호는 매산(梅山), 본관은 남양(南陽), 1776~1852
• **언어**: 한문

홍직필은 주기파[110] 유학자이다.

그는 17세였을 때 송시열(宋時烈)의 추종자인 박근재(朴近齋)의 제자가 되었다. 홍직필은 칠 년 동안(1792~1799) 『대학』, 『중용』과 다른 유교서, 송시열을 포함한 여러 한국 신유학자들의 저술을 공부하였다. 홍직필은 노론의 당원이었고 송시열의 학설을 추종하는 19세기 전반기의 권위 있는 학자 가운데 한 명이 되었다. 50여 명의 제자를 두었다(책 27 권 53의 '생애' 항목 참고).

이 문집은 53권 28책으로 구성되어 있다. 목차는 다음과 같다.

권1~3-한시('문학' 분야를 참고). 권4-발문, 공식적 글. 권5~26-편지. 권27-글, 서문. 권 28, 29-기록('역사' 분야를 참고). 권30-발문, 애문, 다른 공식적 글. 권31-제문. 권32-비문. 권35~44-비문, 제문 등. 권45~50-추도문. 권51-전기. 권52, 53-매산의 여러 글, 제자인 서하(西河) 임헌회(任憲晦)가 쓴 매산의 생애가 있다. 임헌회는 1864년에 이 문집의 발문을 썼다.

한국 유교학의 연구자들에게 매산이 박근재와 다른 유교학자들에게 보낸 편지들은 관심을 받을 만한 자료들이다. 이 편지들은 매산의 주자학에 대한 해설을 담고 있기 때문이다(권 5~26).

'이'와 '기'의 본질에 대한 논설(권 52)을 제외한 글들은 유학의 윤리에 관한 것이다.

---

110 해제 123 참고.

활자본. 1866년에 간행되었다.

印: 사각형의 도장

드미트렙스키 문고. 1907, St. P., 30cm×20cm, 53권 27책+목차 1책, 2497장, 한지, 서양식 장정이 아님. 손상 정도: 책 1, 2, 23의 표지에 벌레 먹음. 책 14의 뒤표지와 마지막 5장, 책 16의 마지막 3장은 노란색 액체가 묻어 있지만 해독이 가능하다.

- **해제**: 朝鮮圖書解題, 1915년, 319쪽; 朝鮮圖書解題, 1932년, 524쪽.
- **목록**: 東洋文庫朝鮮本分類目錄, 79쪽, Ⅶ-4-173(1867년에 간행된 서적); 古鮮册譜, 책 3, 1622쪽.

한국 유교 윤리와 교화서

| 129 |

C 64

童蒙先習 (Тонъмонъ сонсып)
"아동의 기본 교육서"

- **언어**: 한문

아동을 위한 유교 윤리 교과서이다. 이 책은 계급에 상관없이 한국인의 규범의 기본을 정하는 책이다.

이 책의 저자는 김안국(金安國)이라고 알려져 있다. 김안국, 자는 국경

(國卿), 호는 모재(慕齋), 본관은 의성(義城), 1478~1543. 그는 경상도 관찰사였고 유교 윤리의 보급에 많은 노력을 하였다. 『조선도서해제(朝鮮圖書解題)』(1932)에서는 이 교과서를 박세무가 편찬하였다고 하였다. 박세무(朴世茂), 자는 경번(景番), 호는 소요당(消遙堂), 본관은 함양(咸陽), 1487~1565.

『한글갈』(201쪽)에 영인되어 있는 이 교과서의 1쪽과 동방학연구소 소장본을 비교하면 내용이 동일하다는 것을 확인할 수 있다. 이것은 저자가 김안국이라고 추측할 수 있는 근거가 된다. 하지만 동방학연구소 소장본에는 저자명이 없다. 이 교과서는 다음과 같은 내용을 담고 있다.

1. 세상에 대한 정보(하늘, 땅, 사람)
2. 오륜(부자지간, 군신지간, 부부지간, 형제지간, 친구지간). 그 이후에는 오륜을 종합하는 내용이 있고, 오륜 가운데 부자지간의 효를 특히 강조하고 있다.
3. 명나라까지 중국의 간략한 역사 및 조선시대까지 한국의 간략한 역사가 서술되었다.

이 교과서는 기존 유교 교육제도에서 필수적인 것이었다. 본문은 한자 대자로 기록되어 있고, 또한 한자 소자로는 이두(吏讀) 규칙에 따라 한국어 읽기를 돕는 조사들이 기록되어 있다. 이 책은 한국 문어문의 역사를 연구하는 사람에게 교육서에서 이두 사용의 사례로 관심받을 만하다.

목판본. 1794년에 간행되었다. 마지막 장에는 간기가 있다. "계축(癸丑)년 12월 16일에 새로 간행되었다(昭陽赤奮若大呂旣望新刊)."[111] '계축년'

---

111 옛 중국에서는 '癸'의 표시는 '昭陽'이었고, '丑'의 표시는 '赤奮若'이었다(고갑자). 음력

은 양력으로 1794년에 해당된다.

기타 입수. 29cm×19cm, 1책, 77장, 장 번호 한자, 한지.

• **해제:** M. Cour., Bibl. cor. No. 12; 朝鮮圖書解題, 1932년, 305쪽; 한글갈, 201~202쪽.

| 130 |

2 / III-I

啓蒙篇諺解 (Кэмонъпхён онхэ)
"『계몽편』의 한글 언해"

• **언어:** 한문, 한글

이 책은 서문(首篇), 하늘에 대한 편(天篇), 땅에 대한 편(地篇), 만물에 대한 편(物篇), 사람에 대한 편(人篇)의 다섯 편으로 구성되어 있다. 첫 번째 부분은 책 전체 내용을 요약하는 것이다.

이 교과서는 유교적 세계관에서의 창세, 사회 윤리에 관한 내용을 담고 있다. 이 책은 19세기까지 기초 단계 교육에서 필수적인 것이었다. 본문의 각 한자에는 발음이 한글로 적혀 있고, 모든 편의 해설은 한글로만 서술되어 있다. 교과서 각 편의 제목은 앞이 아닌 뒤에 적혀 있다.

목판본. 간행 연도 기록 없음.

애스턴 문고. 23cm×19cm. 한국 민중 문학 모음집. 합철본 책 3, 24

12월은 '大呂'라고 하였다. 음력으로 16일은 '旣望'라고 하였다.

장, 장 번호 한자. 저품질 한지.

- **해제**: M. Cour., Bibl. cor. No. 21
- **목록**: 朝鮮書籍目錄, 75쪽, No. 103; 古鮮册譜, 책 1, 420쪽.

| 131 |

B 2 / III–5

녀훈졔ᄉᆞ (Нэхун чэса)
"시집간 여자를 위한 교훈"

- 이 책의 저자는 화암(花巖)으로 추정된다.
- **언어**: 한글

이 책에는 부녀자의 행동 규칙을 제시하고 있다. 집안일하기, 책을 많이 읽지 않기, 상인, 승려 및 점쟁이의 방문을 허락하지 않기, 허풍 떨지 않기 등이다.

목판본. 간행 연도 기록 없음.

애스턴 문고. 23cm×19cm, 한국 민중 문학 모음집, 합철본 책 3, 11장, 장 번호 한자, 저품질 한지.

- **해제**: M. Cour., Bibl. cor. No. 793[112]

112 【역자주】 쿠랑의 『한국 서지』에서 793번 해제는 〈숙향전〉이다. 쿠랑 저, 이희재 역, 앞의 책, 276쪽.

| 132 |

C 40 (F 586)

四忠集 (Сачхунъ чжип)

"충신 4인의 문집"

- **저자**: 김창집(金昌集), 이이명(李頤命), 조태채(趙泰采), 이건명(李健命)의 문집을 모아 편찬한 책이다.
- **언어**: 한문

이 문집은 영조의 명에 따라 영조 34년(1758년)에 홍봉한(洪鳳漢)이 담당하여 편찬하고 간행하였다(책 23에 수록된 발문을 참고). 이 책은 "사충합집"이라는 제목을 가지고 있다. 왜냐하면 영조는 그에게 많은 도움을 준 대신의 이름을 영원히 전해주고 싶었기 때문이다. 경종(景宗) 연간(1720~1724) 때부터 후계자 문제 때문에 붕당 간에 심각한 투쟁이 벌어졌다. 왜냐하면 경종은 자식이 없었기 때문이다. 이 4인의 충신은 경종의 동생인 영조를 지지하는 붕당에 속했는데 그것 때문에 사형을 당하였다.

합집에서 첫 번째 문집은 김창집의 것이다. 김창집, 자는 여성(汝成), 호는 몽와(夢窩), 본관은 안동(安東), 1648~1722.

김창집은 숙종(肅宗) 연간(1674~1720)의 대신이었고 1721년에 거제도로 유배 갔다가 그곳에서 죽었다.[113] 그는 『후자경편(後自警編)』으로 유명해졌다. 그 책은 여러 문집의 언어, 역사, 행정, 무역 등에 관한 글들을 순서대로 엮은 책이다. 하지만 『후자경편』은 이 합집에는 수록되어 있지 않다.

---

113 【역자주】 김창집은 거제도에 유배된 다음 해에 성주에서 사사되었다.

전집에서 수록된 김창집의 글 목차는 다음과 같다.

책 1~2(권 1~4) - 시('문학' 분야 참고)
책 3~4(권 5~8) - 행정 보고서
책 5(권 10) - 유교 예식, 궁내 예식에 관한 보고서

권 10에는 1758년(崇禎百三十二年戊寅孟秋)에 작성된 발문이 있다.

권 10 뒤에는 부록으로 김창집의 아들 김제겸(金濟謙), 호는 죽취(竹醉)의 여러 저술이 있다(시, 산문, 보고서, 발문, 기록, 비문, 제문, 기도 등). 김제겸 저술의 발문 날짜는 동일하게 1758년(崇禎百三十二年戊寅孟秋)으로 되어 있다.

둘째 문집은 이이명의 것이다. 이이명, 자는 양숙(養叔), 호는 소재(疎齋), 본관은 전주(全州), 1658~1722.

이이명은 숙종의 고문이며, 우의정으로 궁내에서 큰 권위를 가지고 있다가 영조가 재위하는 것을 반대하는 붕당에게 탄압을 받았다. 시호는 충문(忠文)이다.

그의 전집에 수록된 글 목차는 다음과 같다.

책 6(권 1, 2) - 시('문학' 분야 참고)
책 7~9(권 3~8) - 왕에게 올리는 문서, 보고서
책 10(권 9) - 홍문관에 관한 문서, 왕명, 전(箋)
(권 10) - 여러 문집의 서문, 책의 서론 및 발문
책 11(권 11) - 비문, 제문, 간언, 추천서, 여러 글
(권 12) - 여러 주제의 글
책 12(권 13) - 왕릉의 비문, 다른 묘의 비문

(권 14) - 비석문

책 13(권 15, 16) - 제문

책 14(권 17, 18) - 제문, 애문

책 15(권 19, 20) - 편지

권 20의 끝에는 손자인 이봉상이 1759년(崇禎紀元後百三十二年己卯正月不肖孫鳳祥泣血謹識)에 쓴 후서(後序)가 있다.

세 번째 문집은 조태채의 것이다. 조태채, 자는 유량(幼亮), 호는 이우당(二憂堂), 본관은 양주(楊州), 1660~1722.

조태채는 숙종의 우의정이었으며 경종이 재위하는 해에 저위에 관한 사건으로 탄핵당해 사형을 당하였다. 영조 초에 명예가 복권되고 충익(忠翼)이라는 시호를 받았다.

전집에서 수록된 조태채의 글 목차는 다음과 같다.

책 16(권 1~2) - 여러 주제의 시('문학' 분야 참조)

책 17(권 3~4) - 왕에게 올린 (주로) 홍문관에 관한 보고서(권 3),
여러 기관에 관한 보고서(권 4)

책 18(권 5) - 군사 및 경제에 관한 보고서

(권 6) - 보고서, 왕에게 올리는 판결의 계획, 생각, 제문, 훈령, 비문, 비석문

네 번째 문집은 이건명의 것이다. 이건명, 자는 중강(仲剛), 호는 한포재(寒圃齋), 본관은 전주(全州), 1663~1722.

이건명은 숙종 때의 대신이었고 1722년에 경종 때 저위에 관한 사건으로 탄핵당해 사형을 당하였다. 영조 초기인 1725년에 명예가 회복되고 충

민(忠愍)이라는 시호를 받았다. 그의 문집은 다섯 책으로 되어 있다.

책 19(권 1~2) - 시('문학' 분야를 참조)

책 20, 21(권 3~6) - 왕에게 올린 보고서

책 22(권 7) - 왕에게 올리는 보고서, 판결의 계획, 보고서

(권 8) - 메모, 여러 지방 관찰사에게 보낸 훈령, 왕에게 올린 글의 답장 초안

책 23(권 9) - 서문, 기록, 발문, 여러 주제의 글, 비석문, 죽은 사람의 생애, 비석문, 비문 등

(권 10) - 제문, 편지

책 23 끝에는 전집의 발문이 있다. 발문은 이 책을 간행하게 된 사연과 간행본에 관한 정보를 담고 있다. 발문은 1758년(歲崇禎三戊寅七月)에 손자인 이복상(李復祥)이 쓴 것이다.

활자본. 1758년에 간행되었다.

印: 소유자의 붉은색 인장

드미트렙스키 문고. 1907, St. P., 29cm×18cm, 46권 23책, 1916장, 장 번호 한자, 권별로 매김, 서양식 장정이 아님. 손상 정도: 낡은 책임. 책의 일부에는 벌레가 먹고 액체가 묻어 있음. 내용의 해독은 가능함.

• **해제**: 朝鮮圖書解題, 1932, 558쪽.
• **목록**: 古鮮册譜, 책 2, 754쪽.

| 133 |

D 66 (F 80)

禮書箚記 (Ресо чапки)
"유교 예식의 편람"

• **언어:** 한문

유교의 윤리·정치적 체계는 조선에서 공식적인 국가 이념의 위치를 담당하였다. 전국에서 학자들이 유교에 관해 의논하는 향교와 사원들이 건립되었다. 위대한 유학자들은 점점 신과 같이 모셔졌고 그들을 위한 제사도 이루어졌다. 그래서 유교는 조상과 성현을 위한 제사의 예식을 진행하는 종교의 성격을 가지게 되었다.

이 편람은 본문을 편찬할 때 참고한 서적의 목록부터 시작된다. 그 목록에서는 중국 사서오경, 주례, 의례 등과 주희의 저술과 한국의 주자학자들의 저술을 포함한 총 119책이 수록되어 있다.

편람의 첫 번째 서문은 김낙현(金洛鉉)이 1888년(戊子菊秋)에 쓴 것으로 이 편람을 재간행해야하는 이유들을 설명하고 있다. 재간행은 서문과 같은 연도에 이루어졌다.

두 번째 서문은 남도진(南道振)이 1719년(崇禎後二己亥)에 쓴 것이며 편람이 초간되었을 때의 서문이다.

그다음에는 이 편람이 어떤 자료를 참고했는지를 설명하는 서론이 있다.

편람의 목차:

권 1 - 신주단지, 조상숭배와 관련 된 예식

권 2 - 가족관계

권 3 - 제사예식

권 4 - 의복과 두건, 성년의례

권 5~6 - 혼례

권 7~24 - 상례

권 25~26 - 조상을 위해 후세들이 하는 의례

권 26의 부록에는 서원(書院)에 대한 규칙들이 제시되어 있다. 서원에서는 유명한 유교학자들을 찬양하였고 그들과 관련된 축제가 진행되었다.

발문은 1888년(戊子)에 작성되었다.

활자본. 1888년에 간행되었다.

드미트렙스키 문고. 1907, St. P., 31cm×20cm, 26권 12책+목차 1책, 1553장, 장 번호 한자 권별로 매김, 한지.

• **목록:** 古鮮册譜, 책 3, 1959쪽.

| 134 |

D 60 (F 72)

白沙集 (Пэк са чжип)

"백사 이항복의 문집"

• **저자**: 이항복(李恒福), 자는 자상(子常), 호는 백사(白沙), 필운(弼雲), 본관은 경주(慶州), 1556~1618
• **언어**: 한문

이항복은 선조 때의 영의정이며, 유학자이다. 이율곡의 제자로 주기파에 속하였다(그의 생애는 권 1의 부록을 참조). 그는 철학적 저술보다는 유교의례에 관한 저술을 많이 남겼다. 그의 유명한 저술인 『사례훈몽(四禮訓蒙)』은 네 가지 예식(관례, 혼례, 상례, 제례)에 대해 설명한 책이다. 의례를 진행할 때에는 상세 부분에 있어서 심한 논쟁이 발생하곤 했는데, 이항복은 '예기(禮記)'에서 내용을 발췌하고 자신의 설명을 덧붙였다. 이 책은 이항복이 사망한 후 그의 제자 김지남(金止男)에 의해 간행되었다.

이항복은 임진왜란 때 왕을 따라 의주에 갔으며, 류성룡, 이덕형과 함께 국가의 방어를 지휘하였다. 이항복의 많은 기록들은 수필, 일기, 선조에게 올린 보고서 등으로 임진왜란 시기의 것이다.[114]

『백사집』은 장유(張維)가 1629년(崇禎後元之二年歲在己巳閏下旬)에 쓴 서문과 장유가 평안도 덕수(德水)에서 1635년(崇禎乙亥孟夏)에 쓴 발문이 있다.

『조선도서해제』(1932, 418쪽)에 의하면 원래 이항복의 문집은 두 종이 있었다. 하나는 이현영(李顯英)과 이명준(李命俊)이 편찬한 것으로 『강릉집』이라는 제목으로 알려져 있다(강원도 강릉(江陵)). 다른 하나는 『진주집』이라는 제목으로 알려져 있다(경상도의 진주(晋州)).

장유는 서문에서 편찬과정을 설명할 때 『강릉집』을 언급하고 있다.

영조 연간(1725~1776)에 이항복의 오세손인 이오천(李梧川)은 이 두

---

114 이 기록에 대해서는 해제 38번을 참고.

문집을 합치고 후세들이 가지고 있었던 시와 문서를 추가하여 『백사집』으로 간행하였다.

동방학연구소에 보관되어 있는 『백사집』은 1629년의 서문과 1635년(重刊白沙先生集跋)에 쓴 발문을 수록하고 있다. '『동양문고이와사키문고목록(東洋文庫岩崎文庫和漢書目錄)』(369쪽)'에는 이 간행본의 이본이 있는데 제목은 『백사선생급부록(白沙先生及附錄)』(부록이 있는 백사 이항복의 문집)이다. 목록에는 다음과 같이 기록되어 있다. "목판본, 1635년(崇禎八序)의 서문, 권 2, 권 3은 다시 간행됨, 부록 7권 모두 15책."

동방학연구소 소장본의 책 15의 마지막 장에는 다음과 같은 간기가 있다. "병오년 가을에 대구에서 새로 간행하였다(丙吾仲秋嶺營新刊)."

책 1에는 목차 다음에 이오천이 두 문집을 편집하고 추가하였다는 설명이 있다. 여기서 나오는 연도는 1726년에 해당하는 것으로 보인다.

이 책의 목차는 다음과 같다.

권 1~4 - 시('문학' 이라는 분야 참조)

권 5~8 - 왕에게 올린 보고서('역사' 분야의 해제 38번 참조)

권 9~12 - 왕에게 올리는 추천서

권 13, 14 - 생각과 논의

권 15 - 교훈, 금언, 기록, 서문, 발문

권 16 - 여러 글

권 17~20 - 비문('역사' 분야의 해제 38번 참조)

권 21 - 찬사(讚辭), 후세를 위한 교훈, 제문

권 22 - 편지

권 23 - 수필, 여행록('역사' 분야의 해제 38번 참조)

부록 권 1 - 생애('역사' 분야의 해제 38번 참조)

권 2 - 계보

권 3 - 찬사, 비문

권 4 - 제문

권 5 - 기도, 제문

권 6 - 백사에 대한 다른 사람들의 헌사

권 7 - 백사에 대한 다른 사람들의 기록

목판본. 1726년에 간행되었다.

印: 소유자의 도장이 잘리고 백지가 붙어 있음.

드미트렙스키 문고. 1907, St. P., 32cm×20.5cm, 30권 15책(23권 본문, 7권 부록), 944장, 장 번호 한자, 권별로 매김, 한지.

- **해제:** M. Cour., Bibl. cor. No. 629, No. 2095, No. 3144; 朝鮮圖書解題, 1915, 242쪽; 朝鮮圖書解題, 1932, 418쪽.
- **목록:** 東洋文庫岩崎文庫和漢書目錄, 396쪽; 東洋文庫朝鮮本分類目錄, 86쪽, VII-4-221(15책, 1653년에 작성된 서문이 있는 서적), VII-4-76(8책, 1677년에 간행된 서적), VII-4-77(3책, 간행 연도 기록 없음); 前間恭作 古鮮册譜, 책 3, 1599쪽; Описание No. 38

| 135 |

D 60 (F 72)

知守齋集 (Чи су чжэ чжип)
"지수재 유척기의 문집"

- **저자:** 유척기(俞拓基), 자는 전보(展甫), 호는 지수재(知守齋), 본관은 기계(杞溪), 1691~1767

• **언어**: 한문

유교가 공식적인 사상이 되면서 의례를 올바르게 진행하는 것을 전담하는 학자들이 생겨났다. 의례의 아주 상세한 내용에 대한 위반은 학자들 간에 심한 논쟁을 불러일으켰다. 지수재도 그러한 학자 중에 한 명이었는데, 그는 의례(儀禮)를 설명하는 데에 큰 권위를 가지고 있었다.

이 문집은 김병학(金炳學, 1821~1879)의 서문이 있다. 창작 연도가 1878년(戊寅)으로 되어 있고, 이저(李埁) 서명이 있다. 두 번째 발문은 같은 해에 저자의 5대손인 유치익(兪致益)이 쓴 것이다.

전집의 목차:

권 1 - 시('문학'이라는 분야 참조)

권 2~5 - 보고서 및 다른 공식적 문서

권 6 - 전(箋), 제문 등

권 7 - 편지

권 8~12 - 비문

권 13, 14 - 생존, 사후의 찬사

권 15 - 서문, 기록, 발문, 여러 글

활자본. 1878년에 국가 기관에서 간행한 활자본이다. 편제면에는 장식이 있는 광곽 안에 아름다운 문체로 '지수재집(知守齋集)'이라는 제목이 적혀 있다.

드미트렙스키 문고. 1907, St. P., 31cm×20cm, 15권 7책(본래 8책임, 책 7(권 12~13)이 분실됨, 667장, 장 번호 한자, 권별로 매김, 한지.

• **해제**: M. Cour., Bibl. cor. No. 676; 朝鮮圖書解題, 1932, 493쪽.
• **목록**: 古鮮册譜, 책 3, 1317쪽.

다른 종교서

a) 도교

| 136 |

D 13

敬信錄諺釋 (Кёнъсиннок онсок)

“『경신록』의 한글 번역서”

• **언어**: 한글

한국에서는 1517년 도교가 금지된 이후에도 승려들은 도교서의 번역과 보급을 계속하였다. 이 번역본들은 옛 한국어를 담고 있어서 관심을 받을 만하다. 이 책은 각 장의 제목만 한자로 작성되고, 본문은 한글로 쓰였다. 이 책은 다음과 같은 내용을 담고 있다. 1) 일의 포상 및 벌 2) 문학 신의 보호 3) 효도에 관한 조언 4) 자기 자신을 악에게서 보호하는 조언 5) 난로 신 숭배에 대해 6) 한문 숭배 7) 하늘 신의 부활 8) 운명에 대한 논설 9) 유씨 성을 가진 사람이 조앙신과의 만남에 대한 기록 10) 기적과 행복 11) 기적 논설을 읽고 일어나는 기적 12) 경신록을 읽고 일어나는 기적 13) 몸을 보호하는 것에 대한 조언 14) 돈을 쓰지 않고 얻을 수 있는 공덕 15) 돈을 써서 얻는 공덕 16) 공덕과 죄의 구분.

목판본. 1796년에 간행되었다. 다음과 같은 간기가 있다. "정조 20년 8월 20일에 간행하였다. 목판은 양주 천보산 불암사에 소장되어 있다(上之二十年嘉慶丙辰仲秋開刊楊州天寶山佛巖寺藏板)."

印: 애스턴의 ex-libris

애스턴 문고. 31cm×23cm. 1책, 84장(2장 발문), 장 번호 한자, 1면당 대자 11행, 소자 22~24행, 한지.

- **해제:** M. Cour., Bibl. cor. No. 2619; 朝鮮圖書解題, 1932, 316쪽.
- **목록:** 古鮮册譜, 책 1, 409쪽.

b) 불교

| 137 |

C 3

持經靈驗傳 (Чигёнъ нёнъхом чжон)
"불경을 보전하고 있다가 일어난 기적"

- **언어:** 한글

이 책은 각 장의 제목들을 제외하면 전체가 한글로 작성되었다. 제1부는 '관음해석(觀音解釋)'이라는 제목을 지니고 있고 이 불교 신에 대한 설명이다. 제2부의 제목은 '관세음보살지송영험전(觀世音菩薩持誦靈驗傳)'이며 관음을 모시다가 일어난 기적을 서술하고 있다.

이 책은 언어학 측면에서 관심을 받을 만하다. 한글이 생긴 이후 불교 승려들은 한자를 최소한만 사용하여 불경을 한글로 번역하였다. 그것은 한문을 모르는 대중을 위한 것이었다. 불경의 언어는 순수 한국어 어휘를 사용하고 있으며, 문법 구조도 독특하다는 점에서 흥미롭다. 철자법은 한국어 음운 구조의 특징을 담고 있다.

목판본. 간행 연도 기록 없음.

印: 애스턴의 ex-libris

애스턴 문고. 26.5cm×19.5cm, 1책, 25장, 장 번호 한자, 두꺼운 한지, 서양식 장정이 아님.

• **해제:** M. Cour., Bibl. cor. No. 2661

c) 기독교

| 138 |

A 5

예수셩교셩셔맛되복음 (Ёсу сонъгё сонъсо Маттё погым) "마태복음"

• **언어:** 한글

한국에서 선교사들은 1871~1875년에 『신약전서』를 한국어로 번역하였다. 번역 과정에서 독특한 한국어 철자법을 사용하였다. 그것은 그 당시에 한국에서 쓰이고 있었던 음운 규칙을 기준으로 하는 철자법과 달랐다.

또한 그 이후 주시경이 만든 규칙과도 달랐다. 선교사들은 이 책을 통해서 그러한 철자법을 보급하였다. 이 책은 한국어 철자법의 역사를 연구하는 언어학자들에게 흥미로운 자료가 될 수 있다.

신식 인쇄본. 1886년인 광서(光緖) 12년에 간행되었다.

고스케비치 문고. 1897, St. P., 21cm×12cm, 1책, 88장, 장 번호 없음, 얇은 중국 종이, 서양식 장정이 아님.

• **해제**: 한글갈, 308쪽.

한국 기록문화유산의 해제 (하)

XI 언어

사전

| 139 |

B 31

訓蒙字會 (Хунмонъ чахё)
"아동의 교육을 위한 한자 학습서"

- **저자:** 최세진(崔世珍), 자는 공서(公瑞), 1468~1542
- **언어:** 한문, 한글

최세진은 1468년에 태어났고 1503년에 과거에 급제하여 역관이 되었다. 그는 중국어에 능숙했고 다음과 같은 사전을 만들었다. 1. 『사성통해(四聲通解)』-성조의 사전(1517년) 2. 『운회옥편(韻會玉篇)』-부수와 운이 있는 중·한 사전(1537년). 그 외에도 최세진은 조선인을 위한 여러 중국어 학습서를 만들었다.

이 책은 1527년(嘉靖六年四月)에 완성되고 간행되었다. 『훈몽자회』는 아동에게 가르쳐야 할 기본적인 3360자의 한자가 수록된 사전이다. 이 책 이전에는 주요한 한자 학습서가 두 종만 있었다. 첫째, 『천자문(千字文)』은 중국의 양나라(502~557) 때 만들어졌다. 둘째, 『유합(類合)』이라는 사전이 있었다. 최세진은 '『유합(類合)』'에 잘못된 부분이 많다고 판단하여 새로운 학습서를 만들기로 하였다. 그리하여 3360자의 한자를 뽑아 유별(類別)로 정리하였다.

한자의 발음 표시와 한자 뜻을 한국어로 번역할 때 한글로 표기하였다. 그는 한자 발음을 표시하기 위해 두 가지 한자를 이용하는 중국의 방법을 사용하였다. 첫 번째 한자는 어절 첫 부분의 발음을 표현하고, 두 번째 한자는 어절의 다음 부분의 발음을 표현한다. 이런 방법은 '반절(半切)'이라고 한다. 최세진은 한글을 사용하여 반절 규칙을 더욱 더 강화시켰다. 그는 훈민정음의 글자를 모음과 어울리는 성격에 따라 다음과 같은 순서로 배열하였다. 모음 전후로 사용되는 자음 8개(ㄱ ㄴ ㄷ ㄹ ㅁ ㅂ ㅅ ㅇ), 모음 앞에서만 사용되는 자음 8개(ㅋ ㅌ ㅍ ㅈ ㅊ ㅿ ㆁ ㅎ). 그다음에는 모음 11개를 뽑았다(ㅏ ㅑ ㅓ ㅕ ㅗ ㅛ ㅜ ㅠ ㅡ ㅣ ㆍ). 따라서 최세진이 정리한 한글 반절은 다음과 같은 모습이 되었다(가 갸 거 겨 고 교 구 규 그 기 ᄀᆞ 나 냐 너 녀 노 뇨 누 뉴 느 니 ᄂᆞ 등).

이상과 같은 한글 반절의 배열 순서는 국문이 생길 때까지 유지되었다. 반절 규칙에 의하여 최세진은 자음 8개만을 받침에 사용한다고 정하였다. 그리하여 그는 받침이 있을 수 있는 어절의 종류를 8가지 어절로 한정시켰다(예: 각 간 갇 갈 감 갑 갓 강). 글자 배열을 설명하는 글은 한문으로 작성하였고, 한글은 중국어 성조에 대한 설명에만 사용하였다.

사전의 순서는 다음과 같다.

권 1 - 천문(天文), 지리(地理), 화품(花品), 초훼(草卉), 수목(樹木), 과실(果實), 화곡(禾穀), 야채(蔬菜), 동물과 새(禽鳥), 집에서 사는 동물(獸畜), 어패류(鱗介), 곤충(昆蟲), 신체(身體), 천륜(天倫), 유학(儒學), 서식(書式)

권 2 - 인류(人類), 궁과 집(宮宅), 관아(官衙), 기명(器皿), 음식(食饌), 옷과 장식(服飾), 선박(舟船), 수레(車輿), 안구(鞍具), 군장(軍裝), 채색(彩色), 포백(布帛), 금속과 보석(金寶), 음악(音樂), 질병(疾病), 상장(喪葬)

권 3 - 여러 단어(雜語)

각 한자 밑에는 한국어 번역과 발음이 적혀 있다. 그리고 뜻을 한자로도 풀이하여 설명하였다. 그러나 중국 단어 모두에 해당되는 한국어 단어가 있는 것은 아니었다. 중국 단어에는 성조가 표시되어 있다. 이 책에 수록된 순수한 한국 단어의 수는 한문 어휘 단어보다는 그 수가 상당히 적지만, 16세기 순수 한국어 어휘에 대한 이해를 도와준다. 그러한 측면에서 한국어 어휘 연구에 중요한 자료가 된다.

16세기 목판본의 영인본. 동방학연구소에 소장된 이본에는 한국의 유명한 언어학자 주시경(周時經, 1876~1914)이 1912년(壬子至月)에 쓴 발문이 있다.

1913년에 간행되었다.

22cm×15cm, 3권 1책, 권 1(41장), 권 2(35장), 권 3(35장), 발문(4장), 총 115장, 장 번호 한자, 권별로 매김, 신식 한국 종이.

• **해제**: M. Cour., Bibl. cor. No. 1075[115]; 朝鮮圖書解題, 1932, 34쪽; 한글갈, 342~354쪽; 조선서지학개관, 87쪽, 174번.
• **목록**: 朝鮮書籍目錄, 51쪽, No. 65; 東洋文庫朝鮮本分類目錄, 5쪽, VII-5-801; 古鮮册譜, 책 1, 350~351쪽.

| 140 |

D 15 (E 955)

三韻聲彙 (Самун сонъхю)
"성조(운)별로 배열된 중국어 단어의 사전" (운서)

• **저자**: 홍계희(洪啓禧), 자는 순보(純甫), 호는 담와(澹窩), 본관은 남양(南陽), 1703~1771
• **언어**: 한문, 한글

홍계희는 영조 때 병조판서였다. 그는 긴 세월 동안 중국어를 배웠다. 공부를 하는 동안 중국어 단어의 한국어 발음이 왜곡되어 있다는 것을 발견하였고 그것을 바로잡기로 하였다. 당시 영의정인 김재로(金在魯)는 이 사전 서문에서 다음과 같이 썼다. "중국 문자의 한국식 발음은 점차 변했는데 그것을 본래 발음에 가깝게 만드는 것이 바람직하다. 그러나 중국 문자의 올바른 발음을 알고자 하는 사람이 여러 중국어 사전을 살펴보아도 그 사전에서 사용되고 있는 반절(反切) 발음 표기는 정확하지 않기 때문에 부정확한 것만 찾게 될 것이다." 그래서 김재로는 홍계희에게 도움을 요청하였다.

---

115 【역자주】 쿠랑의 『한국 서지』에서 1075번 해제는 〈喪禮抄諺解〉이다. 쿠랑 저, 이희재 역, 앞의 책, 329쪽. 이 책은 쿠랑의 해제 9번에 수록되어 있다.

홍계희는 사전 앞에 표 3개를 제시하였다. 첫 번째 표는 『홍무정운(洪武正韻)』(1375년 중국 명나라 홍무 연간에 편찬된 운서)에서 인용한 것이다. 『홍무정운』은 어절 첫째 자음 31개를 제시하였다(그보다 오래된 자료 『광운(廣韻)』은 36개를 담고 있다). 그 자음 모두를 일곱 개의 유형으로 분류하였는데 오음(五音)과 오행(五行)에 해당한다. 또한 조음별로는 4개의 종류로 분리하였다. 각 자음을 중국 표기로 표시하고 발음을 한글로 전사하였다.

두 번째 표는 한국어 음을 한글로 표기한 것인데, 훈민정음과는 다르게 배열하였다. 이 표에는 한국어에서 더 이상 변별되지 않는 음을 표기하는 'ㆁ','ㆆ', 'ㅿ' 글자가 없다.

세 번째 표는 사성(四聲)별로 각 운과 부합하는 한국어 종성과 모음을 정리한 도표이다.

중국어 단어는 17세기에 편찬된 『증보삼운통고(增補三韻通考)』의 방식대로 배열되었다. 평성(平聲), 상성(上聲), 거성(去聲)으로 발음되는 단어는 89개의 운을 이루는 순서로 배열되어 있다. 입성(入聲)으로 발음되는 단어는 17개의 운을 이루는 순서로 배열되어 있다. 한국어 발음은 같은 운(韻)의 첫머리에 큰 글자로 기록되어 있다. 중국식 발음은 각 한자 밑에 한글로 작성되어 있다. 각 한자의 뜻은 성조 표시 이전에 한문으로 설명되었다. 이 사전에는 모두 12964자가 담겨 있다.

홍계희는 이중모음에 관심을 두었다. 이 사전은 18세기 한국어와 중국어 발음을 비교할 수 있다는 점에서 가치가 있다.

김재로가 1751년(上之二十七年辛未孟秋)에 쓴 서문이 있다. 책 2 끝에는 간기가 있다. "신미년(1751년) 6월 국가기관(교서관)에서 간행하였다(辛未季夏芸閣開板)." 이 발문은 책의 저자가 같은 해에 쓴 것이다.

목판본. 1751년에 간행되었다.

印: 애스턴의 ex-libris, 이전 소유자의 도장이 잘려 있다.

애스턴 문고. 35cm×22cm, 2책(모리스 쿠랑은 이 사전이 3책으로 되어 있다고 하였는데, 책 3은 같은 한자들이 부수별로 배열된 것이다. 『조선도서해제』(33쪽)에도 이와 같은 내용이 있다.) 137장, 장 번호 한자, 한지, 낡은 책.

- **해제**: M. Cour., Bibl. cor. No. 66, 朝鮮圖書解題, 1915, 25쪽, 朝鮮圖書解題, 1932, 33쪽, 한글갈, 258~260, 264, 374~377쪽, 조선서지학개관, 86~87, 174쪽.
- **목록**: 東洋文庫朝鮮本分類目錄, 7쪽, VII-1-19, 朝鮮書籍目錄, 43쪽, No. 50, 古鮮册譜 책 2, 646~647쪽.

| 141 |

D 20

全韻玉篇 (Чонун окпхён)
"한자를 부수 순서대로 해설한 사전"

- **언어**: 한문, 한글

이 사전은 중국 사전인 『강희자전(康熙字典)』(1717년)을 바탕으로 제작한 것이다. 『강희자전』 중에서 가장 빈번하게 이용되는 한자들을 뽑아서 만들었다. 조선에서 발행된 책의 분량은 중국 『강희자전』의 오분의 일 정도이다. 한자는 부수의 순서대로 정리되어 있다.

책 1에는 214개의 부수 표가 있다. 각 부수 아래에는 한글로 한국어 발음이 있으며, 한문으로 설명한 뜻과 성조가 표시되어 있다.

이 책에서는 각 한자의 오른쪽에 붉은색으로 한국어 번역과 발음이 필사되어 있다. 이 사전은 당시의 중국어와 한국어가 동시 표기되어 있어 언어학적 가치가 높다.

목판본. 간행 연도 기록 없음. 『조선도서해제』의 34쪽에 이 사전이 정조 연간(1776~1800)에 최초로 간행되었다는 언급이 있다.

印: 애스턴의 ex-libris

애스턴 문고. 32cm×21cm, 2책, 137장, 장 번호 한자, 고품질 두꺼운 한지. 손상 정도: 각 책의 표지에 벌레 먹음.

- **해제**: M. Cour., Bibl. cor. No. 68; 朝鮮圖書解題, 1915, 25쪽; 朝鮮圖書解題, 1932, 34쪽; 한글갈, 264–266쪽; 조선서지학개관, 87쪽.
- **목록**: 東洋文庫朝鮮本分類目錄, 5쪽, Ⅶ–1–12, Ⅶ–1–13; 古鮮册譜 책 2, 1156쪽.

| 142 |

D 46 (E 594)

앞의 책과 동일함

목판본. 1850년에 간행되었다. "경술년 가을에 유동(서울에 있는 지명)에서 다시 간행하였다(庚戌仲秋油洞重刊)."

드미트렙스키 문고. 1907, St. P., 31cm×20.5cm, 2책, 147장, 장 번호 한자, 얇은 한지.

- **해제와 목록**: 141번 해제를 참조.

| 143 |

C 50

類合 ([Р]юхап)
"한문 기초 교육을 위한 주제별 사전"

• **언어**: 한문, 한글

『한글갈』에서는 이 사전을 서거정이 편찬하였다고 하였지만, 모리스 쿠랑은 지볼트(P. F. von Siebold, 1796~1866)를 인용하여 저자는 중국 학자인 곽성장(郭成章)이라고 하였다. 한자의 한국어 발음 표시와 번역을 누가 하였는지는 알 수 없다.

이 사전은 아동의 한문 교육에 필수적인 것이며 보통 『천자문』과 함께 제작되었다. 본문에서는 각 한자 밑의 오른쪽에는 그 뜻을 한글로 적고, 왼쪽에는 한글로 발음을 적었다. 사전은 숫자부터 시작된다. 그다음에는 하늘, 땅, 동서남북, 공간의 개념, 천체의 명칭, 계절의 명칭, 시간 계산, 대기 현상, 색깔, 지명, 식물과 동물, 사람 간의 관계 명칭, 집, 건축, 마을, 친척의 명칭, 사람과 동물의 신체 명칭, 집의 각 부분의 명칭, 옷의 명칭, 그릇과 무기의 명칭, 신체적 및 정신적 행동의 명칭, 정신 현상과 추상 개념의 명칭이 있다. 사전에는 모두 1512자의 한자가 있다. 이 사전은 아동을 위한 학습서로써 인기가 많아서 여러 번 재간행되었다.

목판본. 간행 연도 기록 없음.

브로세 문고. 26.5cm×19cm, 1책, 22장, 장 번호 한자, 저품질 한지.

• **해제**: M. Cour., Bibl. cor., No. 7; 한글갈, 272~273쪽; 조선서지학개관, 87쪽.
• **목록**: 東洋文庫朝鮮本分類目錄, 6쪽, Ⅶ-1-36, Ⅺ-4-13, Ⅶ-1-49; 古鮮册譜

책 3, 1947쪽.

• **번역서:** P. F. von Siebold. Lui Ho, sive, Vocabularium Sinense in Koraianum conversum: opus Sinicum origine in peninsula Korai impressum, Lugduni Batavorum, Leyden, 1838. 이 책에 관한 리뷰. J. Edkins. A Korean Tonic Dictionary. Korean Repository, 5 (1898): pp. 237 ~ 238. Ф. Зибольд. Путешествие по Японии, т. 1~3. Спб., 1854, стр. 255~264.

| 144 |

B 2 / VI-1

앞의 책과 동일함

목판본. 간행 연도 기록 없음.

印: 애스턴의 ex-libris

애스턴 문고. 23.5cm×19cm, 합철본 책 6의 첫 번째 목판본임, 22장, 장 번호 한자, 저품질 한지.

• **해제와 목록:** 143번 해제를 참조.

| 145 |

C 49

千字文 (Чхончамун)
"천자문"

• **저자:** 주흥사(周興嗣)

• **언어:** 한문, 한글

아동을 위한 한문 교육의 기초 서적이다. 제목의 다음 줄에 저자가 중국의 주흥사라고 표시되어 있다. 양나라 무제(武帝)는 주흥사에게 반복되지 않는 1000개의 한자가 들어간 서적을 만들라고 하였다고 한다. 주흥사는 이 책을 하룻밤 만에 만들었지만 긴장을 했기 때문에 다음날 아침에 백발이 되었다고 한다. 이 서적은 중국, 한국, 일본에서 한자를 배우는 기초 학습서가 되었다.

『천자문』은 판본이 다양하다. 동방학연구소에 소장된 책은 19세기의 간행본이다. 간행 연도 및 간행 장소는 기록이 없다. 각 한자 밑의 오른쪽에는 한글로 그 뜻이 표기되어 있고 왼쪽에는 한글로 발음이 표기되어 있다.

목판본. 간행 연도 기록 없음.

브로세 문고. 27cm×18.5cm, 32장, 장 번호 한자, 얇은 한지. 손상 정도: 표지에 벌레 먹음.

- **해제:** M. Cour., Bibl. cor., No. 3, 4; 조선서지학개관, 187쪽.
- **목록:** 朝鮮書籍目錄, 51쪽, No.66; 東洋文庫朝鮮本分類目錄, 6쪽, VII–1–37; 古鮮册譜 책 2, 1144~1147쪽;
- **번역서:** P. F. v. Siebold. Tsián dsű wèn, sive Mille literae ideographicae: opus Sinicum origine cum interpretatione Kooraiana, in peninsula Kooraï impressum. Lugduni Batavorum, 1833. P. F. v. Siebold. Tsian Dsu Wen, oder Buch von 1000 Wőrten aus dem Chines. Leiden, 1840. 이 책에 관한 리뷰. Ко Чинь Чжень, китаец. Цань–цю–вынь, или тысяча идеографических знаков с корейским переводом. изд. Ф. Зибольда. Журнал министерства народного просвещения, т. XV, 1837, No. 9, стр. 641~642.

| 146 |

D 57

제목 없음
("한 · 중 한자 사전")

• **언어**: 한문, 한글

제목별로 정리되어 있는 필사본 한자 사전이다. 본문의 내용은 번호 없이 다음과 같은 순서로 정리되었다. 천체와 대기 현상, 시간 계산, 계절, 지명, 국가, 관직, 행정 구획, 윤리, 전통, 법률, 행정 기관, 형벌, 형벌의 도구, 유교 의례, 명절, 상례, 장례, 음악, 악기, 서적, 문학, 무기, 수학, 군사, 사람, 직업, 사람 간의 관계, 친척 간의 명칭, 신체 부분의 명칭, 정신과 감정, 질병, 상해, 놀이, 오락, 도시, 마을, 도로, 수도, 궁궐, 능묘, 정부 기관, 토지관리, 농사 기구, 무역, 공업, 돈과 보석, 조명, 비단, 방직공, 색채, 직물, 모자, 의복, 신발, 가죽과 모피, 가구, 그릇, 그림, 선박, 수레, 육류, 야채, 양념, 곡식, 과실, 초목, 꽃, 금수, 가축, 파충류, 어류, 곤충.

사전에 수록된 한자는 총 3380개이다. 각 쪽은 가로 2단으로 나누어져 있는데, 한자 밑에 한국어 번역을 작성할 공간을 남겨두었다. 한자는 정성스럽게 쓰여 있다. 한자의 발음 및 성조는 표시되지 않았다. 한국어 번역은 다른 필체의 한글로 적혀 있는데 초반 세 분야에만 작성되었다. 그 이후의 번역은 몇몇 한자에만 있으며 몇몇 한자에는 한국어 발음이 한글로 표시되어 있다.

필사본. 필사 연도 기록 없음. 19세기로 추정된다.

브로세 문고. 30cm×26cm, 1책, 65장, 장 번호 없음, 각 쪽에 2줄, 각 줄마다 13개의 단어, 중국 종이, 먹으로 기록됨, 한자는 해서(楷書)로 기록되었고 한글은 흘려 썼음, 서양식 장정이 아님. 손상 정도: 앞표지는 찢어졌고 뒷표지는 없다.

한국어 학습서

| 147 |

C 16

交隣須知 (Корин–сути)
"이웃과 교류를 위한 지식"

- **편찬자:** 아메노모리 호슈(雨森芳洲), 이즈하라(嚴原)를 수도로 삼은 쓰시마번의 번주를 모시던 사무라이
- **언어:** 한글, 일본어

한국어 회화 학습서로 단어를 종류별로 정리하여 1704~1715년에 3책으로 제작된 책이다. 이 학습서에는 각 단어의 한자가 있고 그 밑에는 이 단어가 들어간 예문이 있다. 한국어 문장 오른쪽에는 일본어 번역이 있다. 이 책은 책 1의 내용을 담은 필사본이다. 내용은 미완성이며 두 항목(천문과 시절)만 수록되어 있다.

필사본. 필사 연도 및 필사 장소 기록 없음.

애스턴 문고. 27cm×19cm, 본문의 크기 23cm×15cm, 1책(미완성본), 11장, 장 번호 없음, 1면당 12~15행, 얇은 한지, 본문은 먹으로 기록됨, 서

양식 장정이 아님. 손상 정도: 많이 손상된 책임. 6, 7, 8, 9, 10, 11장에는 벌레가 먹었으나 해독이 가능하다.

• **해제**: M. Cour., Bibl. cor., No. 9, 159, 160

| 148 |

C 31

앞의 책과 동일함

• **편찬자**: 아메노모리 호슈(雨森芳洲), 우라세 유타카(浦瀬裕)가 수정 및 보충하였다.
• **언어**: 한글, 일본어

위의 해제 147번에 수록된 서적의 제2책에 해당하는 부분으로 다음과 같은 분야가 수록되어 있다. 1) 짐승(走獸), 2) 수족(水族), 3) 곤충(昆蟲), 4) 화곡(禾穀), 5) 채소(蔬菜), 6) 농포(農圃), 7) 과실(果實), 8) 수목(樹木), 9) 꽃(花品), 10) 풀(草卉), 11) 주택(宮宅), 12) 도시(都市), 13) 맛과 냄새(味臭), 14) 음식(喫貌), 15) 숙설(熟設), 16) 매매(賣買), 17) 질병(疾病), 18) 행동(行動).

활자본. 스오(周防)에서 호세코 시게카쓰(寶迫繁勝)가 간행하였다. 간행 연도 기록 없음.[116]

印: 애스턴의 ex-libris, 붉은색의 사각형 도장 - 도쿄외국어학교도서(東京外國語學校圖書)

---

116 【역자주】이 책은 외무성 명치 14년에 간행되었다는 기록이 있다. (Hayashi, Nozomu, and Peter F. Kornicki ed. Op. cit. p. 370)

애스턴 문고. 26cm×18cm, 1책, 장 번호 한자, 56장, 일본 종이, 서양식 장정이 아님.

• **해제**: M. Cour., Bibl. cor., No. 160

| 149 |

B 4

"Manual of Korean"
"한국어 지도서"

• **편찬**: 부산 일본 통역사 학교(Complied by the Japanese College of Interpreters at Fusankai)
• **언어**: 한글, 일본어

이 책은 한국어 학습서이다. 『교린수지』(해제 147번 참조)처럼 단어를 주제별로 정리하여 편집되어 있는데, 책 1, 2는 어법 사전이다. 각 단어는 한자 또는 한자의 복합으로 표시되는데 그 밑에 이 단어의 예문이 있다. 한국어 문장의 오른쪽에 한국어 본문보다 조금 작은 일본 가나로 적힌 일본어 번역이 있다.

한국어 본문에는 서양 종이가 삽입되어 있다. 그 종이에는 애스턴이 한국어를 일본어와 비교하는 관점에서 쓴 문법과 어휘에 관한 기록이 있다.

책 1에는 다음과 같은 항목이 있다. 천문(天文), 계절, 시절(時節), 주야(晝夜), 방향(方位), 지리(地理), 강과 호수(江湖), 물의 성격(水貌), 선박과 도구(舟檝), 인품(人品), 관작(官爵), 천륜(天倫), 머리 부분의 명칭

(頭部), 신체 명칭(體部), 형모(形貌), 조류(鳥類). 속표지에는 위에서 언급한 영어 제목이 있다. 제목과 편찬 상황 밑에는 연필로 쓴 "21st day 2nd month 1841. Urase Iwajiro"라는 기록이 있다. 그 반면에는 영어 번역이 있는 한국어 부사 목록이 연필로 적혀 있다. 그다음의 두 장에서는 형용사의 목록이 있다. 두 번째 장의 반대면에는 다음과 같은 기록이 있다. "Aston's notes un these volumes. Sunt bona, sunt quaedam medivania sunt plura males[117]. W. G. Aston. Mere notes represent very easy studies of Corean. W. G. Aston." 책 1의 마지막 장에는 1846년(弘化三丙吾年續始)의 필사기가 있다.

책 2에는 다음과 같은 항목이 있다. 정지(靜止), 수동(手動), 움직임(足使), 심동(心動), 언어(言語), 어사(語辭), 정신 현상(心使), 사단(四端), 태다(太多), 범위(範圍), 범위의 부록(增補), 잡어(雜語), 잡어의 부록(增補), 천간(天干).

책 2의 속표지에도 영어로 제목이 적혀 있다. 또한 그 반대면에는 애스턴이 연필로 쓴 기록이 있다("Combinations of consonants in Korean words"). 그다음의 장에는 한국어와 일본어에서 사용하는 중국 외래어의 음성 대응이 제시되어 있다.

책 1과 책 2에 삽입된 장에는 애스턴이 쓴 한국어 음성과 문법에 관한 기록이 있다. 그 기록은 한국어 연구자들에게 관심을 받을 만한 자료이다. 또한 한국어와 일본어의 음성 대응표가 제시되어 있다(159장). 한국어 1인칭, 2인칭, 3인칭 대명사 표도 있다(160장).

한국어 본문의 마지막 장에는 1842년의 필사기가 있다(酉時暮癸戌時夜伍亥時四天保十三壬寅年設之壯月秋分). 도모요시(知好)라는 기록이 있

117 【역자주】 Sunt bona, sunt quaedam mediocria, sunt mala plura.

다.

책 3은 '이웃의 언어(隣語)'라는 제목으로 여러 주제가 수록된 한·일 회화서이다. 속표지에는 애스턴이 연필로 쓴 제목이 있다("Manual of Korean. Vol. III. Compiled by the Japanese College of Interpreters at Fusankai, 1841"). 삽입된 종이에는 한국어 본문에 대한 기록이 있다. 다만 대부분의 종이는 빈 종이이다. 본문의 마지막 장에는 또한 도모요시라는 기록이 있다.

책 4는 '이웃의 언어(隣語)'의 속편이다. 속표지에는 애스턴이 쓴 영어 제목이 있다("Manual of Korean. Vol. IV. Compiled by the Japanese College of interpreters Fusankai, 1841").

이 책에는 37장의 삽입된 종이가 있는데, 그 장에는 애스턴이 한국어 본문을 영어로 번역해서 적어 놓았다. 이 책의 본문에는 한국어 문장을 일본어로 번역한 것 외에도, 빨간색으로 가에리텐의 표시와 일본어 접속사의 표시가 있다(애스턴 본인 또는 그의 한국어 선생님이 표시했던 것으로 보인다).

이 책에는 삽입된 장 이외에 영국 문장(紋章)이 그려져 있는 줄무늬 서양 종이 2장이 삽입되어 있다. 이 종이에도 한국어 본문을 영어로 번역한 내용이 적혀 있다. 삽입된 장들은 42장부터 시작하여 간략한 기록이 있거나 아무 기록 없이 비어 있다.

107장에는 마지막 장에 있는 필사기에 대한 번역이 적혀 있다. "덴포 12년 2월 21일, 즉 1841년 4월 12일"(天保十二年辛丑年二月二十一日). 또한 위에서 언급된 도모요시(知好)라는 서명이 있다. 그 아래에는 다른 필체로 우라세 이와지로(浦瀨岩次郎)라고 기록되어 있는데, 애스턴 이전 소유자의 서명이다. 애스턴이 이 사람에게 이 서적을 받은 듯하다. 따라서 한국어 본문은 원본을 베낀 것이고, 영어로 번역된 본문은 애스턴이 쓴 원본이다.

필사본. 1841년에 필사된 것으로 추정된다.

장정 이면에는 애스턴이 남긴 기록이 있다. 책 1에는 "W. G. Aston. H. M. Legation. Yedo", 책 2에는 "W. G. Aston. H. M. Legation. Japan", 책 3에는 "W. G. Aston.".

애스턴 문고. 24cm×16cm, 본문의 크기 20.5cm×12cm, 4책, 632장, 삽입된 장은 서양식으로 아랍 숫자의 장 번호, 한국어 본문은 장 번호 없음, 1면당 10행, 얇은 한지, 삽입된 장은 하얀색 서양 종이, 한국어 본문은 먹으로 기록됨, 애스턴의 번역 및 기록은 대부분이 연필로 기록됨, 가죽으로 된 책등이 있는 서양식 장정. 손상 정도: 한국어 본문 종이는 부분적으로 약간 벌레가 먹음.

| 150 |

C 67

漂民對話 (Пхёмин тэхоа)
"표류한 사람들을 위한 회화책"

- **저자**: 미상
- **언어**: 한글, 일본어

쓰시마 섬에서 한국까지 표류한 일본인을 위한 회화책이다.[118] 일본 어업 선박은 조류에 따라 한국까지 이르는 경우가 자주 있었다. 그렇기 때

118 【역자주】 이 책은 19세기 중반에 전라도 어부들이 일본으로 표류하여 일본 관리와 나눈 대화를 수록하고 있다. 편무진, 기시다 후미타카, 『표민대화』, 불이문화, 2006.

문에 부산 및 다른 항구에서 한국인 관리들과 대화할 수 있는 표현을 담은 회화책을 만들 필요가 있었다.

이 책의 각 한국어 문장은 오른쪽에 일본어 번역본이 있다. 한자로 표기한 단어는 보통 번역하지 않았다. 한자는 동아시아 국가에서 이해되기 때문이다. 이 서적은 2책으로 구성되어 있는데 항목의 소제목이 없다.

책 1에는 여러 주제의 문장이 있다. 한국 선박이 네덜란드나 다른 외국 국가와 무역을 하는지에 대한 심문까지 수록되어 있다. 그리고 유교, 의학, 국가 및 사회 제도에 관한 질문의 본보기가 있다. 본문에는 붉은색의 다른 필체로 오타를 수정하였고 보충 기록을 하였다.

책 2는 선박과 항해에 관한 전문적인 내용을 담고 있다. 책 2의 끝(48~51장)에는 선박의 설계, 단면, 위에서의 모습, 돛대, 노, 닻의 설계가 있다. 모든 그림은 손으로 그린 것이다. 배의 여러 부분의 명칭은 한국어로 적었다.

필사본. 책 1 마지막 장에 필사기가 있는데(嘉永七年寅四月二日), 이것은 1854년 4월 29일에 해당된다.[119] 책 2의 마지막 장에 필사기가 있다(嘉永七年寅伍月十九日). 이것은 1854년 6월 14일에 해당된다. 필사자는 강소량(姜蘇凉)[120]으로 15세의 소년이다.[121]

책 2의 48장에는 배 단면의 설계 그림의 밑에 붉은색으로 적은 나에시

---

119 【역자주】 필사기는 1854년 4월 2일로 되어 있다. 다만 페트로바는 음력 날짜를 양력으로 변환하여 기록한 것으로 판단된다.

120 이 책에서는 '소(蘇)' 자를 특이한 순서(艸+禾+魚)대로 썼다. 원래는 '蘇'를 써야 한다.

121 【역자주】 페트로바는 필사자의 이름을 '강소량(姜蘇凉)'이라고 썼다. 하지만 Троцевич, А. Ф., Гурьева А. А. Описание. 2009. С. 222; "러시아와 영국에 있는 한국전적", 2015., 국외소재문화재재단, 156쪽; Hayashi, Nozomu, and Peter Kornicki. Early Japanese books in Cambridge University Library: a catalogue of the Aston, Satow and von Siebold collections. Vol. 40. Cambridge University Press, 1991, p. 370에서는 '강소순(姜蘇淳)'으로 적혀 있다.

로가와 요시히토(苗代川佳人)라는 서명이 있다. 이 서명의 필체는 설계 그림 위에 있는 기록의 필체와 같은 것이다. 책 1의 69장 후면에도 이 이름이 쓰여 있다.

印: 애스턴의 ex-libris

애스턴 문고. 27cm×19cm, 본문의 크기 22cm×16cm, 2책, 70장+52장, 장 번호 한자, 책별로 매김, 1면당 10~11행, 얇은 한지, 먹으로 기록됨, 그림: 책 2의 48, 49, 50장에 배와 배의 부분 설계 그림, 손으로 그린 그림, 12개, 서양식 장정이 아님. 손상 정도: 많이 손상된 책. 벌레가 먹음. 많이 사용되어서 때가 타고 더러워진 종이. 장들이 손상되고 찢어짐.

| 151 |

C 66

韓語訓蒙 (Хано хунмонъ)
"아동을 위한 한국어 학습서"

- **편찬자**: 박현각, 생몰년도 미상
- **언어**: 한글, 일본어

이 학습서는 여러 주제에 대한 회화책으로 각 면은 두 부분으로 나누어져 있다. 서로 관련이 없는 한국어 문장이 적혀 있고 그 옆에 일본어 번역이 있다.

필사본. 필사 연도 및 필사 장소 기록 없음.

많은 얼룩이 묻어 있는 것을 보아 학생이 사용한 듯한 책이다. 오타는 다른 필체의 붉은색 먹으로 수정되었다. 본문 12장의 후면에는 필사기가 있다. '명치 5년 2월 12일(明治五年二月十二日)', 이는 1872년 3월 20일에 해당한다.

印: 애스턴의 ex-libris

애스턴 문고. 27cm×19cm, 본문의 크기 22.5cm×15cm, 1책, 29장, 장 번호는 아랍 숫자, 장별로 매김, 1면당 13행, 얇은 한지, 본문은 검은색 먹으로 기록됨, 붉은색 먹으로 수정함, 서양식 장정이 아님. 손상 정도: 많이 손상된 책. 벌레가 먹음. 많이 이용되어서 때가 타고 더러워진 종이. 장들이 손상되고 찢어져 마지막 장은 거의 읽을 수 없음. 2, 13, 14, 23, 24, 25장은 먹이 쏟아졌지만 해독이 가능하다.

| 152 |

C 6

"Dialogues in Korean"

"한국어 회화"

- **편찬**: 부산 일본 통역사 학교(Complied by the Japanese College of Interpreters at Fusankai)
- **언어**: 한글, 일본어

첫째 장에는 '강화(講話)'라는 다른 제목이 있다.

이 책은 여러 주제에 대한 한국어 일본어 회화책으로 한국을 방문하는 일본인을 위한 'Language guide' 방식으로 구성되어 있다. 이 책은 또한 한국어 교과서로 이용될 수도 있었다. 속표지에는 애스턴의 다음과 같은 기록이 있다. "Asano says these are written language. Notes by W. G. A. of no value." 그러나 이 책의 본문은 문어체가 아니라 지배층의 회화체 언어이다. 본문은 한자와 한글로 기록되어 있다. 각 줄 옆에는 작은 글씨로 후리가나로 일본어 번역이 있다. 장 사이에는 하얀색 서양 종이가 삽입되어 있다. 이 삽입된 장에는 애스턴이 본문을 영어로 번역하고 문법에 관한 해설을 영어로 기록하였다. 본문의 영어 번역은 앞 6장에만 이루어졌고 그 뒤에는 문법에 관한 간략한 기록만 있고 삽입된 장은 대부분 비워져 있다.

본문 앞에 삽입된 장에서는 영어로 번역된 한국어 지시대명사와 부정대명사의 목록이 있다. 이 책 끝에 삽입된 장에서는 명사와 같이 쓰이는 부사의 목록이 있다. 두 목록 모두 애스턴이 쓰고 번역한 것이다. 모든 기록과 번역은 연필로 작성되었다. 한국어 문법은 일본어 문법과 비교하는 관점에서 설명되었다. 이 책은 한국어를 연구하는 언어학자에게 관심을 받을 만하다.

필사본. 필사 연도 기록 없음.

한국어와 일본어 본문, 영어로 된 번역 및 해설은 모두 애스턴의 초고본으로 보인다. 속표지 앞에 있는 공격지의 이면에는 다음과 같은 기록이 있다. "W. G. Aston. H. M.'s Legation, Yedo, Japan, 1878. 그리고 그 밑에는 "A present from Mr. Miyamoto of the Japan Foreign Office."라는 기록이 있다.

애스턴 문고. 26cm×20cm, 본문의 크기 12cm×15cm, 1책, 한국어 및 일본어 본문 71면, 장 번호 없음, 삽입된 종이는 71면, 장 번호는 서양식으로 매김, 1면당 14행, 얇은 한지, 서양식 장정.

| 153 |

B 16 / I–2

日韓善隣通語 (Никкан дзэнрин цуго)
"일본인을 위한 한국어 자습서"

• **편찬자**: 이서경(李瑞慶), 호세코 시게카쓰(寶迫繁勝)
• **언어**: 한글, 일본어

이 책은 학습자가 이해하기 쉽도록 문답 형식으로 작성되었다. 이 서적은 2책으로 되어 있으며, 2부 21장으로 구성되어 있다.

책 1.

1. 한국어 발음 규칙(發音之原因) 2. 자음과 모음의 차이(字母音之別) 3. a) 'ㅎ' 발음과 모음과의 결합 b) 'ㅋ' 'ㅌ' 'ㅍ' 'ㅊ' 의 발음 c) 모음이 있는 어절의 이중모음 4. 한글로 음절을 쓰는 방법(言文綴法) a) 무성 자음 b) 변하는 어미 5. 한국어로 질문을 만들고 답하는 법(問答同語) 6. 한 단어를 다른 단어 대신에 잘못 사용하는 것(言葉之混雜) 7. 올바른 언어와 그렇지 않은 언어(言語之正格訛格), 도쿄 표준어와 방언, 서울 표준어와 경상도 방언 간에 비교를 한 것이다.[122] (12장에 비교표가 있다.) 8. 방언 어휘를 한문을 통해 설명(俚語之字義解大略) 9. 동음이의(同音異義) 10. 접속어(接續語) 11. 자음의 변화(母音[123] 之變遷) 12. 일·한 어휘의 일치(接要語) 13. 시간의 명칭(年月日之稱) 14. 일, 월, 숫자의 명칭(月日數之稱) 15. 일상에 필요한 단어(日用人事語) 16. 숫자의 명칭, 금액의 명칭(數之稱, 錢數之稱) 17. 매매 시 문답(商語問答)

책 2.

---

122 올바른 발음은 서울 발음이고 그렇지 못한 발음은 방언이다.

123 이 책의 편찬자는 현대 학자들과 반대로 자음을 '모음(母音)'이라고 하고, 모음을 '자음'이라고 하였다. 그렇기 때문에 이 장에서는 자음동화가 설명되어 있다. 예: '관리'라는 단어에서 'ㄴ' 받침이 'ㄹ'로 변하는 것.

18. 높임말의 3단계(常語三等之別) 19. 명령과 질문(命令語, 質問語) 20. 물건의 명칭(各物之名詞) 21. 구구법(九九之聲)

이 책에는 실제로 사용된 표준 한국어와 방언, 그리고 일본어 번역이 있어서 흥미롭다. 또한 한국어 음성의 개관과 문법이 간략히 제시되어 있다. 이 책은 한국어 형성 과정의 역사를 연구하는 데에 도움이 된다.

신식 인쇄본. 1880년(明治十三年)에 간행되었다.

印: 애스턴의 ex-libris

애스턴 문고. 23cm×15cm, 2책, 58장, 장 번호 한자, 일본 종이, 서양식 장정이 아님.

| 154 |

B 15 / I-2

韓語入門 (Канго нюмон)
"한국어 입문"

- **편찬자:** 이서경(李瑞慶), 호세코 시게카쓰(寶迫繁勝)
- **언어:** 한글, 일본어

이 책은 한국어 기초를 위한 학습서이다. 한국어 철자법은『교린수지(交隣須知)』를 바탕으로 하고 있다(해제 147번 참조). 이 책은 4분과 21장으로 구성되어 있다. 책 1은 2분과 3장으로 되어 있고, 책 2는 2분과 18장으로 되어 있다.

분과 1. (음성)

1장. 한국어 조음(調音)표가 있다. 모음은 개구음(開口音) ㅏ ㅑ, 인후음(咽喉音) ㅓ ㅕ, 설음(舌音) ㅗ ㅛ, 순음(脣音) ㅜ ㅠ, 아음(牙音) ㅡ ㅣ ㆍ. 그다음에 개음절 표와 철자법(諺文綴字法)이 있다.

분과 2. (어휘)

2장. 분야별 사전: 천체, 계절, 하루, 동서남북, 지리, 바다와 강, 선박과 선박의 각 부분, 직업, 관직과 벼슬, 사회적 관계, 머리와 신체의 부분, 물건의 형태, 새, 동물, 어류, 벌레, 곡식, 야채, 식용 식물, 농경지, 과실, 나무, 꽃, 풀, 도시, 집, 음식, 질병, 사찰, 건축 재료, 철과 보석, 가정 실용품, 천, 의복과 모자, 여성 장식품, 그릇과 기구, 악기, 수레, 마구, 놀이, 책과 필기구, 무기.

이 사전은 많은 단어를 수록하고 있지는 않지만, 1880년도에 사용되었던 한국어 어휘를 담고 있어서 가치가 있다. 이 단어들은 대부분이 한국어의 고유어 어휘이다. 중국어 외래어 단어일 경우에는 옆에 한자를 적었다. 한자가 적혀 있지 않은 단어에도 일본어 번역은 없다. 모든 설명은 일본어로 작성되었다.

분과 3. (문법)

4장. 보통명사(普通名詞)와 독립명사(獨立名詞)의 표.

5장. 동사에서 인칭 표시. 남성, 여성, 통합성 명사, 중성 명사, 추상 명사, 복수 명사, 명사의 단수복수형 표, 주격, 대격, 목적격, 독립격.

6장. 대명사.

7장. 인칭 대명사, 복수형.

8장. 의문 대명사, 접속어.

9장. 어휘의 변화.

10장. 비교 단계(定位比較最大三級之別).

11장. 접두 형용사.

분과 4.

12장. 동사의 변형.

13장. 시제변형표(과거형, 현재형, 미래형, 명령형).

14장. 희망표현, 타동사, 비타동사.

15장. 강조 조사.

16장. 금지, 경계, 한정의 조사.

17장. 의성어, 변화 시의 음성변화, 일치화, 동음이의, 의문어.

18장. 'ㄱ'의 비음화.

19장. 단어 변형, 구결(口訣).

20장. 연어(連語).

21장. 독본의 발췌문.

발문은 1879년(명치 13년) 10월에 한문으로 작성되었다.

신식 인쇄본. 1880년에 간행되었다.

印: 애스턴의 ex-libris

애스턴 문고. 23cm×15.5cm, 2권 2책, 장 번호 한자, 권별로 매김, 일본 종이, 서양식 장정이 아님.

| 155 |

C 5

제목 없음
"한국어 회화 학습서"

• **언어:** 한글

애스턴이 작성한 그의 한국 도서목록에 있는 기록에 의하면, 이 책은 박정식과 다른 한국인들이 1883~1884년에 애스턴을 위해 만든 책이라고 한다.

교과서는 한국어 회화 예문(1~100장), 그다음에는 『교린수지』(해제 148번 참조)의 2책을 길짐승(走獸)이라는 항목부터 맛과 냄새(味臭)라는 항목까지를 베껴 적은 부분이 있다. 애스턴이 본문을 필사한 것으로 보인다. 한국어 본문만 기록되어 있고, 몇몇 단어에는 일본어 번역이 있고 몇몇 문장과 단어에는 영어 번역이 있다(101~164장).

그다음에는 장을 위아래 부분으로 나누어서 위에는 질문을 쓰고 아래에는 답을 썼는데, 그것은 다른 필체로 작성된 것이다. 이 책의 내용은 주제별로 나누어져 있지 않다. 마지막 장에는 여러 이야기가 수록되어 있다(91~335장).

필사본. 1885년에 필사되었다.[124] 355장에 필사기가 있다. "영국 대사관, 1885년 1월 10일(甲申十一月二十三日小貞洞畢書)".

애스턴 문고. 29cm×25cm, 본문의 크기 24cm×19cm, 1책, 519장: 164장(장 번호 없음)+355장, 장 번호 한자, 1면당 8~10행, 서양식 궐련 종이(회계용지), 본문은 여러 필체로 먹으로 기록됨, 해서와 초서가 섞여 있음, 서양식 장정.

124 【역자주】 음력으로는 1884년에 해당한다. 페트로바는 음력을 양력으로 변환하여 표기한 것으로 판단된다.

| 156 |

D 29 (F 52)

重刊老乞大 (Чунъган ногольдэ)
"다시 간행한 (중국어 학습서)『노걸대』"

- **편찬자:** 이수(李洙), 자는 악부(樂夫), 본관은 금산(金山), 1721~?
- **언어:** 백화

중국의 백화로 된 대화들이 수록되어 있다. 이 대화에는 한국어 번역과 한글로 된 발음 표시가 없다.

정조 연간에 사역원에 『노걸대』라는 중국어 교과서를 수정·보충·재간행하라는 명령이 내려졌다. 이 책은 역과(譯科)를 준비할 때 필수적으로 읽어야 하는 책이었다. 이수를 비롯하여 여러 역관들이 이 일을 맡아서 완성했다. 마지막 2장에는 이 책의 인쇄를 담당한 관료들의 명단이 수록되어 있다.

목판본. 1795년에 간행되었다. 마지막 장에 간기가 있다. "을묘 8월에 사역원에서 다시 간행하였다(乙卯仲秋本院重刊)."

애스턴 문고. 30cm×20cm, 1책, 46장, 장 번호 한자, 한지, 서양식 장정이 아님. 손상 정도: 낡은 책임.

- **해제:** M. Cour., Bibl. cor. No. 85; 朝鮮圖書解題, 1915. 180쪽; 朝鮮圖書解題, 1932. 341쪽

• **목록:** 古鮮册譜 책 3, 2010쪽.

| 157 |

D 18

重刊老乞大諺解 (Чунъган ногольдэ онхэ)
"한글 주해가 있는 재간행한 (중국어 학습서) 『노걸대』"

• **편찬자:** 이수 (해제 156번 참조)
• **언어:** 백화, 한글

이 책에는 중국어로 된 대화들이 수록되어 있는데 한국어로 된 발음도 함께 적혀 있다. 각 한자 오른쪽 아래에는 북쪽(북경)의 발음이 있고, 왼쪽 아래에는 남쪽(남경)의 발음이 있다.

그리고 각 중국어 문장은 그 밑에 동그라미 속에 한국어 번역이 있다. 성조는 붉은색의 먹으로 필사되어 있다.

목판본. 간행 연도 기록 없음. 『중간노걸대』가 1795년에 간행되었기 때문에 이 책 역시 정조 연간에 간행한 것으로 판단된다.

애스턴 문고. 31.5cm×20cm, 2책, 135장, 장 번호 한자, 한지, 서양식 장정이 아님. 손상 정도: 낡은 책임.

• **해제:** M. Cour., Bibl. cor. No. 86; 朝鮮圖書解題, 1915. 180쪽; 朝鮮圖書解題, 1932. 341쪽; 한글갈, 291~292쪽; 조선서지학개관, 175쪽.
• **목록:** 朝鮮書籍目錄 No. 55, 46쪽; 古鮮册譜 책 3, 2011쪽.

| 158 |

D 25 (F 48)

華音啓蒙 (Хоаым кэмонъ)
"아동을 위한 중국어 회화 학습서"

- **편찬자:** 이응헌(李應憲), 자는 치초(稚草), 본관은 금산(金山), 1838~?
- **언어:** 백화, 한글

이 학습서는 중국어로 된 대화를 담고 있으며 두 부분으로 구성되어 있다. 부록으로는 『천자문』과 『백가성』이 수록되어 있는데 뒤에는 이 책들의 정식 발음과 속어 발음이 기록되어 있다. 또한 60간지 목록, 28개의 별자리, 숫자 등의 두 가지 발음이 한글로 적혀 있다.

이 책에는 윤태준(尹泰駿)이 쓴 서문이 있다. 이 서문에서 그는 한국에서 사용된 중국어 학습서인 『노걸대』, 『박통사』 등이 오래되고 현대 중국어 발음을 반영하지 못하기 때문에 이응헌이 이 책을 만들었다고 설명하였다. 이 서문은 1883년(癸未)에 쓰여졌다.

활자본. 간행 연도 및 간행 장소 기록 없음.

애스턴 문고. 30cm×20cm, 2권 1책, 36장, 장 번호 한자, 서양식 장정이 아님.

- **해제:** M. Cour., Bibl. cor. No. 69; 朝鮮圖書解題, 1915. 180~181쪽; 朝鮮圖書解題, 1932. 341~342쪽; 조선서지학개관, 90쪽.
- **목록:** 朝鮮書籍目錄 48쪽, No. 60; 古鮮册譜 책 1, 82~83쪽.

| 159 |

D 17

華音啓蒙諺解 (Хоаым кемонъ онхэ)
"한국어 주해가 있는 아동을 위한 중국어 회화 학습서"

- **편찬자:** 이응헌 (해제 158번 참고)
- **언어:** 백화, 한글

이 학습서는 위의 책의 설명서이다. 각 한자는 한글로 된 발음 표시가 있고, 각 중국어로 된 문장에는 한국어로 된 번역이 있다. 이 책에 실린 대화들은 앞의 책과 동일하다. 이 책은 한국 학생들이 중국어를 배우는 데 도움을 주기 위해 편찬되었다.

활자본. 간행 연도 및 간행 장소 기록 없음.

애스턴 문고. 30cm×20cm, 2권 1책, 75장, 장 번호 한자, 서양식 장정이 아님.

- **해제:** M. Cour., Bibl. cor. No. 70; 朝鮮圖書解題, 1915. 181쪽; 朝鮮圖書解題, 1932. 342쪽
- **목록:** 古鮮册譜 책 1, 83쪽.

| 160 |

C 7

華語類抄 (Хоао рючхо)
"중국어 회화 학습서"

- **저자:** 미상
- **언어:** 백화, 한글

이 학습서는 다음과 같은 항목으로 구성되어 있다.

1. 『천자문』(해제 145번 참고) 2. 『백가성』("100개의 성씨")

3. 간지 및 산수 4. 공식 발음과 속어 발음이 한글로 표기된 『천자문』과 『백가성』에 수록된 한자들 5. 한국어 발음과 번역이 있는 중국어로 된 문장 6. 단어를 종류별로 정리한 어휘사전: 천문학, 시간, 계절, 기후, 지리, 궁궐, 정부, 관직과 직위, 명절과 예식, 성과 보루, 다리와 건축, 학교, 궁궐과 집, 무기, 수렵과 어업, 역원, 창고, 사찰, 존경과 멸시, 직업, 숭배, 실수, 신체, 임신과 출산, 호흡, 운동과 안정, 의례, 장례과 상례, 의복과 장식품, 세수와 단장, 음식, 친척 관계, 잔치, 질병, 약물, 점복, 계산, 갈등, 죄와 벌, 장사, 보석, 양잠, 바느질, 농사, 곡식, 야채, 무기, 마구, 배, 수레, 악기와 놀이, 새, 동물, 벌레, 물고기, 나무, 중국 18도의 명칭.

목판본. 간행 연도 기록 없음. 1880년에 간행된 것으로 추정된다.

애스턴 문고. 27cm×18cm, 1책, 49장, 장 번호 한자, 얇은 한지, 서양식 장정이 아님.

- **해제:** M. Cour., Bibl. cor. No. 72; 朝鮮圖書解題, 1915. 180쪽; 朝鮮圖書解題, 1932. 342쪽; 조선서지학개관, 88쪽.
- **목록:** 朝鮮書籍目錄 48쪽, No. 59; 東洋文庫朝鮮本分類目錄, 6쪽, VII-I-34; 古鮮册譜 책 1, 87~88쪽.

| 161 |

C 56 (C 67)

譯家必備 (Ёкка пхильби)
"역관을 위한 필수 참고서"

• **언어**: 백화

한국에 들어오는 중국 무역선을 담당하는 역관을 위해 만든 참고서이다. 이 참고서에는 선장과의 대화 예문, 서류, 간독, 배의 서류 등의 견본이 있다. 참고서는 24권 2책으로 되어 있다. 권마다 다음과 같은 주제로 구성되어 있다.

1. 역관 첫 방문(初進館) 2. 중국 배의 항구 도착(唐船進港) 3. 배의 화물을 종류별로 정리(今將本船粗細貨物開列干後) 4. 화물의 정리(本船起貨) 5. 창고(貨庫) 6. 창고에서 화물 정리 및 보관비 납부(淸庫又日淸貨). 7. 왕에게 선물 진상하기(王取) 8. 쌀 부리기, 배 청소, 배 색칠, 닻 올리기, 세금, 돛 내리기(起米洗艙油桅起石鈔籩) 9. 식량 보급(領衣食) 10. 가격 의논(講價) 11. 화물 배송, 화물 제출, 화물의 무게 달기(出貨文貨稱貨) 12. 사찰에 방문(拜聖) 13. 사찰에서의 경문 암송(誦經) 14. 나무 달기(稱椅楠) 15. 배의 수리, 청소, 덱의 수리, 배에서 나가기, 운전, 수리 감독(修船燂洗修衫板放船看舵看修理) 16. 삭구 설치(打索路) 17. 선물 드리기(八朔繳禮) 18. 배에서의 하급 노동자, 덱에서 일하는 사람, 돛의 담당, 승객(下頭番監挩捕蓬下搭客) 19. 구리의 적재(裝銅) 20. 감독, 공급자, 저울 다는 사람, 짐꾼 등(看包頭講包頭稱包頭裝包頭稱添退包頭雜色) 21. 감찰 배, 야채를 강으로 내려보내기(巡船河下送水菜紫文) 22. 계산서 정리(對賬), 즉 계산부 기록 23. 배 송달, 화물 적재, 표 붙이기(問船搬庫領牌) 24. 순풍 기다리기(口外守風).

본문은 모두 중국어로 작성되었으며, 한국어 번역이나 발음 표시가 없다. 본문에는 붉은색 먹으로 끊어 읽기 표시와 수정 표시를 하였다.

필사본. 필사 연도 및 필사 장소 기록 없음.

印: 애스턴의 ex-libris

애스턴 문고. 27cm×19cm, 본문의 크기 21cm×14cm, 24권 2책, 118장, 장 번호 없음, 면당 11행, 얇고 튼튼한 한지, 먹으로 기록됨. 손상 정도: 두 책 모두 벌레 먹음.

간찰서식집

| 162 |

B 2 / Ⅲ–2

언간독 (Онгандок)
“편지를 쓰기 위한 참고서”

• **언어:** 한글

이 책은 여러 가지 경우에 작성되는 편지와 그 답장의 견본이다.

1. 아들, 아버지, 조카, 삼촌, 동생, 형(오라버니), 외삼촌, 계부, 시부모, 장인과 장모, 어르신들에게 보내는 편지 2. 알리는 편지 3. 초대하는 편지: 봄날에 산에 가자는 초대 편지, 단풍놀이 가자는 초대 편지. 4. 축하하는 편지: 새해 축하, 출산 축하, (과거)시험 합격 축하, 부임 축하 5. 상고(죽음을 알리는 편지), 문병하는 편지, 동정하는 편지 6. 여자를 위한 편지의 견본: 시부모, 아버지, 어머니, 삼촌, 이모, 오라버니, 언니, 올케, 계부모, 지인에게 보내는 편지, 출산을 알리는 편지, 제삿날을 알리는 편지. 친구에게 보내는 편지, 죽음에 대해 동정하는 편지 7. 신분이 낮은 사람이 자신보다

신분이 높은 사람에게 보내는 편지.

이 책은 한국어의 역사를 공부하는 언어학자들이 주목할 만한 자료이다. 이 책은 옛 한국어 편지 문체 및 사회계층 간 문체의 스펙트럼이 나타난다.

목판본. 간행 연도 기록 없음. 1880년에 간행된 것으로 추정된다.

애스턴 문고. 23cm×19cm, 32장, 장 번호 한자, 한지, 서양식 판지 장정.

해제: M. Cour., Bibl. cor. No. 40

| 163 |

C 34 (E 595)

簡禮彙纂 (Канне хючхан)
"편지 견본의 모음집"

- **저자:** 미상
- **언어:** 한문

여러 경우에 필요한 정보 및 편지의 견본.

1. 편지에서 사용되는 월의 명칭
2. 편지에서 사용되는 사회적 사건 및 개인적 사건의 명칭
3. 태조를 비롯한 왕, 왕비, 왕세자의 호칭, 생몰년도, 재위 연도, 왕릉의 명칭 및 위치
4. 사례(관례, 혼례, 상례, 제례)에 관한 간략한 정보 및 사례에서 쓰이는 문장의 견본, 과거 시험 통과를 알리는 편지, 상례 시의 규범
5. 각 계절 및 매월에 맞는 편지의 견본, 주소를 쓰는 방법, 부모에게 편지를 쓰는 방법, 형이 동생에게 편지를 쓰는 방법, 축하 편지, 위

로 편지, 여러 명절을 축하하는 편지 및 답장하는 견본

6. 독서에 관한 조언, 고전 서적의 목록
7. 시 창작, 시의 견본
8. 연구
9. 서예, 붓, 종이, 먹물, 벼루의 명칭
10. 신체 부분 명칭
11. 덕행(이성, 자애, 겸손, 정직, 충실, 화목) 및 행실(효심, 우정, 자비심, 육친애, 공순, 동정심)
12. 여러 기예(의식, 음악, 활쏘기, 마차 모는 법, 서예, 회계)
13. 통치(음식, 장사, 공물, 일, 교육, 법, 환대, 군대) 및 다섯 가지 일(몸가짐, 말씨, 보기, 듣기, 생각)
14. 언어
15. 맞는 것, 맞지 않은 것. 지성, 자연, 법률, 육친애에 대한 편
16. 돈을 빌려달라는 부탁
17. 한 해의 명절
18. 혼례, 생일
19. 축하
20. 선물 송부
21. 추천
22. 휴가를 내달라는 부탁
23. 병
24. 사망
25. 장례
26. 과거 시험
27. 문과 관직, 주요 관직의 명단과 명칭

28. 무과 관직, 주요 관직의 명단과 명칭

29. 지방의 통치자

30. 사령관

31. 성의 사령관

32. 지방과 지역, 지방의 문학적 명칭

33. 벌 받은 사람에게 보내는 동정

34. 유배 가는 사람에게 보내는 애도

35. 왕에게 용서받은 사람에게 보내는 축하

36. 관직에 오른 사람에게 보내는 축하

37. 궁궐의 축일

38. 국상

39. 서명

40. 관직에 대한 요청

목판본. 간행 연도 기록 없음. 본문 연대가 1863년까지인 것으로 보아 19세기 후반에 간행된 것으로 추정된다.

드미트렙스키 문고. 1907, St. P., 30cm×20cm, 1책 2종, 65장, 장 번호 한자, 얇은 한지, 서양식 장정이 아님.

- **해제:** M. Cour., Bibl. cor. No. 29
- **목록:** 朝鮮書籍目錄, 52쪽, No. 72; 古鮮册譜 책 1, 205쪽.

| 164 |

C 38 (E 591)

簡牘精要 (Кандок чонъё)

"편지의 기본 작성법"

• **언어:** 한문

이 책은 앞의 책과 유사하다. 그러나 이 책은 '사례(四禮)'에 관한 항목이 없다.

목판본. 간행 연도 기록 없음. 마지막 장에 간기가 있다. "서울 유동에서 새로 간행되었다(油洞新版)." 본문에 적힌 연대가 1850년도까지인 것으로 보아 19세기 후반에 제작된 것으로 판단된다.

드미트렙스키 문고. 1907, St. P., 25.5cm×16.5cm, 1책, 70장, 장 번호 한자, 얇은 한지. 손상 정도: 낡은 책임.

• **해제:** M. Cour., Bibl. cor. No. 30; 朝鮮圖書解題, 1932. 35쪽(필사본).
• **목록:** 古鮮册譜 책 1, 196~197쪽.

한국 기록문화유산의 해제 (하)

XII 문학

한문과 한글로 기록된 문학 작품집

| 165 |

D 34 (F 55)

東文選 (Тонъмунсон)
"한국의 좋은 문학 작품의 모음집"

- **편찬자:** 서거정(徐居正), 자는 강중(剛中), 호는 사가정(四佳亭), 본관은 대구(大丘), 1420~1488
- **언어:** 한문

서문(3장)에서 언급하듯이 서거정은 왕명에 따라 1478년에 이 책을 편찬하였다(成化紀元之十四年蒼龍戊戌二月). 이 서적은 신라 말부터 고려와 조선까지의 한문으로 기록된 한국문학의 선집이다.

서문에서 서거정은 한국문학의 원류와 발달, 광종(950~975)에 의한 과거의 시작을 서술하였다. 그리고 저자는 한국문학의 독특한 성격을 강조하였는데, 한국문학이 중국문학과 다르다는 것을 이야기하였다.

이 문집에서는 여러 시대에 살았던 작가들의 작품이 실려 있다. 가장 오래된 작가는 최치원(崔致遠)이다. 최치원의 자는 해운(海雲), 또는 고운(孤雲), 본관은 경주(慶州)이다.

그는 9세기 말에 신라에서 살았다. 그는 신라왕에게 본인이 저술한 28책을 선물했는데, 그중에 3책은 시집이었다. 886년에 신라왕에게 올리는 글에서 최치원은 이 작품들을 중국에 있을 당시 창작하였다고 언급하였다.

이 책은 다음과 같은 문학 장르로 구성되어 있다.

1. 사(辭)(권 1) 2. 부(賦)(권 2, 3) 3. 오언고시(伍言古詩)(권 4, 5) 4. 칠언고시(七言古詩)(권 6~8) 5. 오언율시(伍言律詩)(권 9, 10) 6. 오언배율(伍言排律)(권 11) 7. 칠언율시(七言律詩)(권 12~17) 8. 칠언배율(七言排律)(권 18) 9. 오언절구(伍言絶句)(권 19) 10. 칠언절구(七言絶句)(권 20~22)

그다음에는 산문이 있다.

11. 조칙(詔勅)(권 23) 12. 교서(敎書)(권 24) 13. 제고(制誥)(권 25~27) 14. 책(冊)(권 28, 29) 15. 비답(批答)(권 30) 16. 표전(表箋)(권 31~44) 17. 계(啓)(권 45, 46) 18. 장(狀)(권 47, 48) 19. 격서(檄書)(권 49) 20. 명(銘), 송(頌), 찬(贊)(권 49~51) 21. 주의(奏議)(권 52~55, 56) 22. 차자(箚子)(권 56) 23. 서(書)(권 57~63) 24. 기(記)(권 64~82) 25. 서(序)(권 83~95) 26. 설(說)(권 96~98) 27. 논(論)(권 99) 28. 전(傳)(권 100, 101) 29. 발(跋)(권 102, 103) 30. 치어(致語)(권 104) 31. 변(辨)(권 105) 32. 첩(牒)(권 106) 33. 잡저(雜著)(권 107, 108) 34. 제문(祭文)(권 109, 110) 35. 소(疏)(권 111~113) 36. 도량문(道場文), 재사(齋詞)(권 114) 37. 청사(青

詞)(권 115) 38. 애사(哀詞)(권 116) 39. 행장(行狀)(권 117) 40. 비명(碑銘)(권 118~121) 41. 묘지(墓誌)(권 122~130).

이상의 장르들 속에는 각 작가의 작품이 연대기 순으로 실려 있다. 예를 들어 '사(辭)'라는 항목에서는 이인로(李仁老, 1152~1220)의 작품이 가장 오래된 것이다. 이인로의 자는 미수(眉叟), 호는 와도헌(臥陶軒)이다. 그 이전의 작품이 있었다고 하더라도 이 문집에는 실리지 못하였다. '부(賦)'는 유명한 역사학자 김부식(金富軾, 1075~1151)의 작품부터 시작하고, 이인복(李仁復)의 작품으로 끝난다. 이인복(李仁復, 1308~1374)의 자는 극례(克禮), 호는 초은(樵隱)이다.

하륜은 태종 때의 좌의정으로, 자는 대림(大臨), 호는 호정(浩亭)이다. 1347년에 태어났고, 본관은 진양(晉陽)이다. 이처럼 이 문집에는 9세기 말부터 15세기 초까지 작품들이 수록되어 있다.

본문은 130권 43책과 목차 3책을 합하여 총 46책이다. 16세기에는 신용개(申用漑)라는 편찬자가 이 선집에 21책을 더 추가하였다. 본 소장본에는 추가된 책들은 없는 것으로 보아, 이 책이 1478년의 간행본이거나 그 판본을 복간한 간행본으로 판단된다.

목판본. 간행 연도 및 간행 장소 기록 없음.

印: 소유자의 도장은 모든 책에서 잘려 있음. 다만 목차(총 3책)에는 붉은색의 도장이 각 책마다 있음. 모든 책의 표지 이면에는 애스턴의 장서인이 찍혀 있음.

애스턴 문고. 32cm×21cm, 133권 46책(목차 3책은 上中下라는 표시가 있다. 본문의 책은 1부터 43까지 번호 표시가 있다), 3445장+225장 목차로 총 3670장, 장 번호 한자 권별로 매김, 서양식 장정이 아님. 손상 정도: 책 1, 3, 10, 11, 16, 18, 21, 23, 25, 27, 31, 34, 36, 37 표지에 벌레 먹음, 책 13 표지와 첫째 장은 액체가 쏟아짐. 책 21의 첫째 장은 벌레가 먹음.

- **해제:** M. Cour., Bibl. cor. No. 483, 484, 3016; 朝鮮圖書解題, 1915. 336쪽; 朝鮮圖書解題, 1932. 559쪽; 조선서지학개관, 214쪽.
- **목록:** 東洋文庫朝鮮本分類目錄, 57쪽, Ⅶ-5-1001, Ⅶ-4-265; 古鮮册譜 책 2, 1498~1500쪽.

| 166 |

D 52 (F 75)

佔畢齋集 (Чом пхиль чэ чип)

"점필재 김종직의 문집"

- **저자:** 김종직 (해제 122번 참조)
- **언어:** 한문

여기서는 작자의 문학작품만을 살펴보겠다. 한국은 중국의 '시(詩)' 장르를 전용하였다. 그러한 시에서는 운이 엄격하게 정해져 있었으며, 운을 사전(韻書)에서 찾아볼 수 있었다. 이러한 장르는 한국 시인들이 좋아하는 장르가 되었다. 모든 한국의 유학자들은 시를 창작하였다. 재주가 없더라도 운의 표를 가지고 시를 지을 수 있었다. 그래서 시가 없는 유학자의 전집은 거의 없다.

김종직의 전집에서 5책(권 1~4, 권 5~9, 권 10~14, 권 15~19)은 시집이다. 시는 주제별로 나눈 것이 아니며 연대별로 정리되어 있다. 1465년부터 1489년까지 작성된 것들이다. 각 책은 권별 제목이 따로 있지 않다. 시의 내용은 서정시부터 공식적인 송시까지 다양하다.

각 시는 제목을 가지고 있다. 또한 많은 시들은 그것을 짓게 된 사연까지 기록되어 있다. 그리고 시에 대한 헌사도 있다. 김종직의 시는 당시에만 인기를 누린 것이 아니고, 후세에도 인기를 얻었다. 그리고 7책으로 편집된 서적으로 간행되었다. 그 서적의 제목은 『청구풍아(靑丘風雅)』[125]이다.[126]

형태 사항에 대해서는 122번의 해제를 참조.

| 167 |

D 54

退溪先生文集 (Тхё ге сонсэнъ мунчжип)

"퇴계 이황의 문집"

- **저자**: 이황 (해제 123번 참조)
- **언어**: 한문

이황은 한국에서 학자, 유학자, 철학자로서뿐만 아니라 작가로서도 인기가 많았다. 그는 수많은 한시를 창작하였다. 그의 전집 가운데 권 1, 2, 3, 4, 5, 그리고 부록의 책 20(2권으로 됨)이 시집이다.

권 1에는 1533~1550년도에 쓰여진 여러 가지 주제의 시들이 실려 있다. 이 권은 학자 길재에게 바친 시부터 시작한다(過吉先生閭). 그것은 1533년(癸巳)에 작성된 것이다. 권 1은 이황의 148수의 시가 있다. 여러 시는 같은 주제를 가지고 있으며 같은 제목 밑에 기록된 경우가 있다. 예를 들어 술에 관한 20수의 시가 있다(和陶集飮酒, 49~52장).

권 1에 있는 시의 주제는 다양한데, 주로 자연의 아름다움을 묘사한

---

125 '청구'는 한국의 다른 명칭이다.

126 【역자주】『청구풍아』는 김종직이 여러 시인들의 작품을 편집한 시선집이다.

시들이다.

권 2는 1551년(辛亥)에 작성한 "16일에 내린 비"(十六日雨)라는 시부터 시작된다. 권 2는 이황이 1551년부터 1558년까지 쓴 135수의 시가 있다.

권 3은 "가을날 도산에 산책가고 저녁에 돌아왔다"(秋日陶山夕歸)라는 시부터 시작된다. 이 시는 1559년(己未)에 작성되었다. 권 3에는 1559~1564년도에 작성한 197수의 시가 들어갔다. 권 3은 권 1과 권 2처럼 3~20개의 주제별로 묶은 형식으로 된 시들도 있다. 3~4장에는 15수의 시가 "산에서의 삶"이라는 주제로 묶여 있다. 그 시들은 다음과 같은 제목을 지니고 있다. "이른 봄"(早春), "초여름"(初夏), "초가을"(初秋), "초겨울"(初冬), "즐거운 시절"(樂時), "은둔"(幽居) 등이다. 이 시에서는 자연을 묘사하였다.

권 4에서는 1565~1567년도에 쓴 92수의 시가 들어갔다. 이 시에서는 왕조에 공훈이 많았던 유학자, 그들을 위해 만든 사당들을 서술하는 10수의 시(書院十詠, 1~2장), 여러 계절의 아름다움에 대한 16수의 시(山居四時各四吟共十六絶, 5~8장) 등이 있다. 이 권의 마지막에는 명종대왕만사가 있다 (明宗大王輓詞, 28~30장).

권 5에서는 1568~1569년에 작성된 시들이 들어갔는데 모두 155수이다.

부록의 책 20은 두 권으로 되어 있다. 권 1에는 가장 이른 시부터 시작하여 이황이 여러 시절 동안 창작한 시들이 수록되었다. 예를 들어 "석해(石蟹)"라는 시는 15세에 작성하였다(1장). 그다음에는 "등상주관수루(登尙州觀水樓)"라는 시를 1533년에 작성하였다. 그다음에 1534, 1536, 1540, 1543, 1544, 1545, 1546, 1548년에 창작한 시들이 있다.

권 2는 1549년에 창작한 시부터 시작되며, 마지막에 실린 시는 1565

년에 작성된 것이다(21장). 이 책에 대한 형태 사항, 해제 및 이황의 생애는 해제 123번 참조.

| 168 |

D 49

一齋先生集 (Иль чэ сонсэнъ чжип)

"일재 이항의 문집"

• **저자:** 이항 (해제 124번 참조)
• **언어:** 한문

책 1에는 이항의 시 24수가 수록되어 있는데, 그것은 대체로 송규암(宋圭菴)부터 시작하여 조사웅(趙士凝)까지 여러 유학자들에게 바친 시들이다. 시들은 창작 날짜가 없다. 책 2『일재선생집 부록』에서는 여러 사람들에게 바친 6수의 시가 있다.

이 책의 형태 사항과 해제, 저자의 생애에 대해서는 해제 124번 참조.

| 169 |

D 47 (F 81)

李忠武公全書 (Ли чхунъмугонъ чжонсо)

"이순신 수군 통제사의 전집"

• **저자:** 이순신 (해제 33번 참조)
• **언어:** 한문

책 2에는 이순신이 창작한 시들이 실려 있다. "이별에 대한 시"(贈別宣使), "제목 없는 운"(無題韻), "한산도 밤의 노래"(閑山島夜吟) 등을 비롯하여 모두 35수의 시이다.

이 책의 형태 사항과 해제 및 저자의 생애에 대해서는 해제 33번 참조.

| 170 |

D 53 (F 79)

西厓集 (Со э чжип)
"서애 류성룡의 문집"

• **저자**: 류성룡 (해제 35번 참조)

책 1(권 1, 권 2)에는 자연에 관한 152수의 시가 있다. 권 1(1~36장): 141수, 권 2(1~33장): 111수의 시가 있다. 그것은 1566~1600년 사이에 작성된 것으로 연도별로 정리되어 있다. 책 8『별집』(권 1, 1~33장)에는 150수의 시가 있다. 그것은 여러 주제에 관하여 1600~1607년 사이에 작성된 시들이다.

이 책의 형태 사항과 해제 및 저자에 대해서는 해제 35번 참조.

| 171 |

D 60 (F 72)

白沙集 (Пэк са чжип)
"백사 이항복의 문집"

• **저자:** 이항복 (해제 134번 참조)
• **언어:** 한문

시는 책 1, 2(권 1~4)에 수록되어 있다. 백사 이항복의 시는 다른 유학자들의 시처럼 엄격하고 자연을 묘사하는 범주에서 크게 벗어나지 않는다. 그중 몇 수는 여러 인물들에게 바치는 것이다. 시들의 창작 날짜는 거의 적혀 있지 않다. 권 1에는 49수의 시가 있는데, 그중에 마지막 시는 평안도 류평사[127]에게 바치는 시이다(送關西柳評事). 이 시는 임진왜란 때 지은 것이다. 권 2는 98수의 시가 있다. 권 2는 "임진년 6월 왕을 따라가며"(壬辰六月扈), 즉 1592년에 지은 것이다. 그다음에는 임진왜란에 대한 몇 수의 시가 있는데, 그것은 1593~1595년도에 작성된 것이다(8~9장). 이항복의 다른 시집과는 달리 이 시에서는 생활과 전쟁의 주제가 나타나는데, 자연을 묘사하는 시와 함께 수록되어 있다.

권 3은 다양한 주제에 관한 146수의 시가 있다. 그중에는 임진왜란 당시 유명해진 인물들에 관한 시들이 있다. 류성룡(18~19장), 이순신(19장), 이덕형(24장) 등이다.

권 4는 38수의 시가 있다. 이 중 일부는 이항복 사후에 보충한 시들이다. 그 시들은 대체로 역사에 관한 시들이다.

이 책의 형태 사항과 해제, 저자에 대해서는 해제 38번 참조.

| 172 |

D 58 (F 73)

127 여기서 언급된 류평사는 류성룡(1542~1607)으로 판단된다.

知守齋集 (Чи су чжэ чжип)
"지수재 유척기의 문집"

- **저자**: 유척기 (해제 135번 참조)
- **언어**: 한문

문집의 책 1에는 여러 주제에 관한 91수의 시가 있다. 그것은 대부분 여러 인물에 바치는 시인데 그중에는 숙종에게 바치는 5절의 시가 있다(6~7장).

이 책의 형태 사항과 해제, 저자에 대해서는 해제 135번 참고.

| 173 |

D 58 (F 77)

楓皐集 (Пхунъ го чжип)
"풍고 김조순의 문집"

- **저자**: 김조순 (해제 127번 참조)
- **언어**: 한문

책 1은 2권으로 되어 있는데, 권 1에는 여러 주제에 관한 103수의 시가 있다. 주로 자연을 묘사하는 시이며 정조에게 바치는 시도 있다(33~34장). 그리고 "일곱 가지 생각"(七思)이라는 유교적 내용의 시가 있다(31~32장). 권 2는 1821년에 쓴 시부터 시작되는데, 총 128수의 시가 있다.

책 2의 권 3에는 다양한 주제의 시가 144수 있다. 권 4에는 127수의 시가 있다. 그중에 2수의 시는 창작 날짜가 알려져 있다. 1819년 1월(己卯元月三, 20장), 1819년 5월(己卯伍月二十八日, 32장).

책 3의 권 5에는 159수의 시가 있는데, 그중 몇 수는 1826년(丙戌)에 작성되었다(42~43장). 권 6에는 136수의 시가 있는데 그중 하나(1장)는 1827년(丁亥)에 작성되었다.

이 책의 형태 사항과 해제, 저자에 대해서는 해제 127번 참고.

| 174 |

C 39 (E 591)

恥菴集 (Чхи ам чжип)

“치암 이지렴의 문집”

- **저자:** 이지렴(李之濂), 자는 양이(養而), 호는 치암(恥菴), 본관은 함평(咸平), 1628~1691
- **언어:** 한문

자유시간을 이용하여 시를 짓던 유학자나 관료들과는 달리 치암은 본래 시인이었다. 이 전집은 5책으로 구성되어 있는데 그중에 4책은 시집이다.

책 1(권 1, 권 2)에서는 자연묘사, 유교와 역사에 관한 시가 들어 있다. 권 1에는 164수의 시가 있고 권 2에는 183수의 시가 있다.

책 2에는 여러 시들이 있다. 권 3에는 167수의 시가 있고 권 4에는 109수의 시가 있다.

책 3에는 시인이 국내를 여행할 때 쓴 시들이 수록되어 있다. 그 시들은 주로 자연을 묘사하고 있다. 권 5에는 139수의 시가 있고, 권 6에는 122수의 시가 있다.

책 4에는 여러 사람들에게 바친 시들이 들어갔다. 권 7에는 94수의 시가 있고, 권 8에는 72수의 시가 있다.

책 5는 9권과 10권으로 되어 있는데 치암의 산문이 들어갔다. 편지, 서문, 기록, 제문, 비석문 등이다. 함평 이수봉(李壽鳳)이 1844년에 쓴 서문이 있다. 서문은 목판본인데 원본을 판각한 것으로 보인다.

활자본. 간행 연도 및 간행 장소 기록 없음.

드미트렙스키 문고. 1907년, St. P., 20cm×18cm, 10권 5책, 오행 순서에 따라 책 번호를 매김, 453장, 장 번호 한자, 권별로 매김, 얇은 한지. 손상 정도: 책 2의 뒷표지와 마지막 4장은 구멍이 뚫려 있다. 책 3은 앞표지에 구멍이 뚫려 있다. 책 4는 뒷표지와 모든 장이 두 군데에 구멍이 뚫렸다.

- **목록:** 東洋文庫朝鮮本分類目錄, 72쪽, VII-4-145(활자본, 낙질본, 권 1~4, 7, 8). 古鮮册譜 책 3, 1315쪽.

| 175 |

Д 55 (E 592)

梅山集 (Мэ сан чжип)
"매산 홍직필의 문집"

- **저자:** 홍직필 (해제 128번 참조)
- **언어:** 한문

홍직필 문집의 권 1~3에는 그의 부(賦)와 시(詩)가 있다.

권 1에는 주희에게 바친 유교에 대한 부(賦)가 몇 개가 있다. 그것들은 1837년에 작성되었다(2~3장). 가장 이른 시기에 작성된 시는 1787년(매산 12세 때)에 쓰여진 것이다. 그다음 시들은 1791년, 1792년, 1795년, 1796년, 1800년, 1801년, 1803년, 1805년, 1806년, 1808년, 1812년, 1813년에 작성되었고, 가장 마지막 시는 1815년에 작성되었다. 모두 179수의 시가 있다.

권 2에는 여러 주제의 시들이 있다. 주로 여러 유학자들에게 바친 시들이다. 시들은 1817년, 1818년, 1819년, 1821년, 1822년, 1823년, 1824년, 1826년, 1829년, 1831년, 1837년에 작성되었는데 모두 174수의 시가 있다.

권 3에는 1842~1850년에 쓴 시들이 있다. 주로 유교와 유교학자들에게 바친 시들이다. 모두 153수의 시가 있다.

이 책의 형태 사항과 해제, 저자에 대해서는 해제 128번 참고.

| 176 |

C 40 (E 586)

四忠集 (Сачхунъ чжип)
"충신 4인의 문집"

• **언어**: 한문

1. 김창집(金昌集)의 시는 책 1, 책 2(권 1~4)에 수록되어 있다. 이 시들은 주제별로 나눠져 있지 않다.

권 1에는 103수의 시가 있는데 주제가 다양하다. 그중에 몇 수는

1661년, 1662년, 1666년, 1687년, 1687년, 1688년, 1694년, 1695년에 작성되었다.

권 2에는 77수의 시가 있는데 그중 첫 번째 시는 1686년에 쓰였다.

권 3에는 이이명(李頤命)이 쓴 발문이 있고 1720년(崇禎紀元九十三年庚子八月)에 김창집의 형이 쓴 두 번째 발문이 있다. 권 3에는 89수의 시가 있다.

김창집은 1721년에 거제도로 유배되었다. 권 4는 "남쪽으로 유배 갔을 때의 기록(南遷錄)"이라는 제목으로 38수의 시가 수록되어 있다.

그리고 마지막에 "중국 위응물(韋應物) 시인의 시(韋詩集句)"라는 제목으로 엮은 시들이 있는데 1757년에 작성된 시들이다.

2. 우의정이었던 이이명(李頤命)의 시는 책 6(권 1~2)에 있다.

권 1에는 76수의 시가 있는데, 2개는 부(賦)이고 74개는 시(詩)이다. 첫 번째는 '매화'라고 하는 시로 1692년에 작성되었다. 두 번째 시는 김창집에게 바친 시이며 1721년에 작성되었다. 세 번째 시는 1678년에 작성되었다. 그다음 시들은 1680년, 1681년, 1682년, 1692년에 작성되었다.

권 2에는 61수의 시가 있는데 주로 여러 인물들에게 바친 시이다.

3. 좌의정 조태채(趙泰采)의 시는 책 16(권 1, 권 2)에 수록되어 있다. 권 1에는 136수의 시가 있는데 그중 첫 번째 시는 조태채가 13살에 쓴 시이다. 다른 시들은 창작 연도가 미상이다. 권 2에는 98수의 시가 있다.

책 19에는 이건명(李健命)의 시가 수록되어 있다. 권 1에는 163수의 시가 있고, 권 2에는 148수의 시가 있다. 주로 여러 인물에게 바친 시이다.

이 책의 형태 사항과 해제, 저자에 대해서는 해제 132번 참고.

| 177 |

D 80 (E 40)

耳溪遺集鈔 (И гэ ючжипсо)
“이계의 사후 문집을 필사한 책”

- **저자**: 홍양호 (해제 126번 참조)
- **언어**: 한문

홍양호는 정조 연간에 사신으로 중국에 갔었고 한시를 잘 지었다. 그의 문집의 책 1에는 331수의 여러 주제 시들이 있다. 그리고 청나라 예식장관 기윤(紀昀)이 쓴 서문이 있다. 그 서문에서 기윤은 홍양호의 시 짓는 재주를 높이 평가하였다. 시의 창작 연도는 대부분 적혀 있지 않은데, 그 대신 창작 장소가 표시되어 있다. “영보산에서(登永保山)”라는 시와 다른 16수는 홍주에서 지었다. 또한 “여주의 청심루(驪州淸心樓)”와 다른 42수의 시들은 여주에서 썼다. 그다음의 26수의 시는 신라시대에 관한 시들인데 경흥에서 썼다. 홍양호가 사군(四郡)을 여행할 때 쓴 43수의 노래와 시가 수록되어 있다. 그리고 마지막으로는 평안도에 감사로 갔을 때 쓴 45수의 시가 있다.

이 책의 형태 사항과 해제, 저자에 대해서는 해제 126번 참고.

| 178 |

D 50 (F 89)

林庄世稿 (Римчжанъ сего)
“임천 정씨 사대가 쓴 글의 모음”

• **저자**: 정영방(鄭榮邦, 1577~1650) 석문유고(石門遺稿),
정혼(鄭焜, 1602~1656) 익재유고(益齋遺稿),
정요천(鄭堯天, 1639~1700) 눌재유고(訥齋遺稿),
정요성(鄭堯性, 1650~1724) 수와유고(睡窩遺稿),
정도건(鄭道鍵, 1668~1740) 천연대유고(天然臺遺稿),
정태래(鄭泰來, 1683~1721) 송설헌유고(松雪軒遺稿).
그들은 모두 동래(東萊) 정(鄭)씨이다.[128]
• **언어**: 한문

이 초고본은 정씨 집안에서 전해 내려왔다. 그리고 정인목(鄭仁睦)이 이 책을 편집하였다는 기록이 이시수(李蓍秀)가 쓴 서문에 있다. 문집은 6권 2책으로 구성되어 있다.

권 1에는 석문의 시들이 있는데, 주로 자연의 아름다움을 묘사하는 시이다. 거기에는 "익장제영(益庄諸詠)"이라는 제목으로 묶은 시 10수, "임천제영(林泉諸詠)"이라는 제목으로 묶은 시 10수와 다른 시가 들어갔는데 총 32수이다. 부록에는 석문에 바친 애문과 시들이 있다.

권 2에는 익재의 시 36수와 유고 제문, 비문, 애문이 들어갔다.

권 3에는 눌재가 쓴 여러 주제의 시(약 20수), 편지, 제문이 있다. 부록에는 눌재에 바친 여러 시인의 시, 그의 생애와 비문이 있는데, 그가 1760년에 62세로 사망하였다는 기록이 있다.

권 4에는 수와가 쓴 여러 주제의 시 59수, 비문, 서문, 자서전, 임천과 다른 지역의 묘사(林泉山水記), 역사와 유교에 관한 의논(論), 보고서(策), 제문, 여러 전들이 있다.

권 4 부록에는 수와의 생애가 있는데, 거기에 그의 사망일이 기록되어 있다. 경종갑신사월이십오일(景宗甲辰四月二十伍日), 즉 1784년인데 그 당

128 【역자주】 원본에서는 임천 정씨라 하였다.

시 수와는 75세였다.

권 5에는 천연이 쓴 부(賦)와 시(詩) 21수, 기록, 서문, 제문이 있다. 끝에는 그의 생애가 있는데 그는 1800년 73세에 사망하였다고 한다.

권 6에는 송설의 초고들이 있다. 시 16수, 편지와 그의 답장, 기행기, 의논, 제문, 애문, 비석문이 있다. 마지막에 그의 생애가 있는데, 거기서 그는 1781년에 39세로 사망하였다고 한다.

책 2의 끝에는 연도를 알 수 없는 문집의 발문이 있다.

목판본. 간행 연도 및 간행 장소 기록 없음. 19세기로 추정된다.

드미트렙스키 문고. 1907, St. P., 32cm×21cm, 6권 2책, 178장, 장 번호 한자, 권별로 매김, 한지, 서양식 장정이 아님. 손상 정도: 책 2의 표지에 곰팡이가 있다.

- **목록**: 古鮮册譜 책 3, 1942쪽.

| 179 |

D 56 (E 593)

圭齋遺稿 (Кю чжэ юго)
"규재 남병철의 유고"

- **저자**: 남병철(南秉哲), 자는 자명(字明), 호는 규재(圭齋), 본관은 의령(宜寧), 1817~1863
- **언어**: 한문

남병철은 수학자, 천문학자였다. 그가 쓴 『해경세초해(海鏡細艸解)』(주해가 있는 삼각법, 1861)와 『추보속해(推步續解)』(천체 운행의 법,

1862)가 유명하다. 이 문집에는 그의 문학 작품만 수록되어 있다. 문집은 6권 3책으로 되어 있다.

책 1의 권 1에는 자연의 아름다움을 묘사하거나, 여러 인물들에게 바치는 시 59수가 있다. 권 2에는 남병철이 국내에서 여행했을 때 쓴 시 100수가 있다. 그리고 여러 서문이 있다. 첫째 양주(楊州) 조두순(趙斗淳)이 1864년에 쓴 서문이다(上之元年甲子季秋). 둘째 동년 7월 3일(甲子秋七月旬有三日)에 윤정현(尹定鉉)이 쓴 서문이다. 셋째는 영가(永嘉)의 김병학(金炳學)이 쓴 서문이다. 넷째는 동양(東陽)의 신석희(申錫禧)가 쓴 서문이다. 다섯째 반남(潘南)의 박규수(朴圭壽)가 쓴 것이다. 그리고 여섯째는 광산(光山)의 김상현(金尙鉉)이 쓴 서문이다.

책 2(권 3, 권 4)는 왕과 왕 가족들에게 바친 설명문, 의논, 평론과 제문, 비문, 여러 유학자들의 책에 쓴 서문이 수록되어 있다.

책 3(권 5, 권 6)에는 기록, 발문, 편지, 비문, 지리, 천문과 다른 과학에 관한 설명문을 수록하고 있다. 권 6에는 『주역』, 『서경』, 『시경』, 『논어』, 『중용』, 『맹자』, 『예기』, 『효경』에 대한 독서사기(讀書私記)가 있다.

활자본. 1864년에 간행되었다. 저자의 남동생인 남병길(南秉吉)이 1864년(甲子九月)에 쓴 발문이 있다.

드미트렙스키 문고. 1907, St. P., 30cm×20cm, 6권 3책, 227장, 장 번호 한자 권별로 매김, 한지, 서양식 장정이 아님. 손상 정도: 손상된 표지. 책 2는 표지부터 6장까지 구멍이 뚫림. 책 3은 표지와 1~15 왼쪽 아랫부분이 찢어짐. 책 1, 책 3에는 제첨(題簽)이 찢어졌다.

- **해제:** M. Cour., Bibl. cor. No. 740; 朝鮮圖書解題,. 535쪽.
- **목록:** 東洋文庫朝鮮本分類目錄, 80쪽, VII-4-160(1864년 활자본); 古鮮册譜 책 1, 381쪽.

| 180 |

C 57 (C 68)

三隱詩 (Самын си)
"불교 은자 세 명의 시 모음"

- **저자**: 한산(寒山), 풍간(豊干), 습득(拾得)
- **언어**: 한문

중국 천태산(天台山) 국청사(國淸寺)의 승려인 한산과 7세기에 살았던 풍간(豊干), 습득(拾得)의 시들이다. 이러한 내용은 책 1에 있는 동시대 사람인 여구윤(閭丘胤)이 쓴 서문에서 확인할 수 있다.

책 2의 끝부분에는 백광훈(白光勳)이 쓴 서문이 있다. 백광훈의 자는 창경(彰卿), 호는 옥봉(玉峯), 본관은 해미(海美), 1537~1582. 그는 서문에서 금강산(金剛山)의 정양암(正陽菴)에서 이 책을 발견하여 1571년에 옮겨 적었다고 하였다.

필사본. 필사 연도 기록 없음.

드미트렙스키 문고. 1907, St. P., 28.5cm×18.5cm, 본문의 크기 21cm×14cm, 2책, 79장, 장 번호 없음, 1면당 10행, 목판으로 찍은 인찰공책지에 필사함, 한지, 서양식 장정이 아님.

- **해제**: M. Cour., Bibl. cor. No. 318
- **목록**: 古鮮册譜 책 1, 646쪽.

| 181 |

C 61 (C 80)

杜律 (Ту рюль)
“두보의 시집”

• **저자:** 두보(杜甫), 자는 자미(子美), 호는 소릉(少陵), 712~770
• **언어:** 한문

위대한 중국의 시인 두보의 시집이다. 각 시의 아래에는 주해가 있고, 어려운 한자를 한문과 한글로 설명해 놓았다.

필사본. 필사 연도 및 필사 장소 기록 없음. 소유자 강주익(姜周翼)의 이름이 적혀 있는데, 강주익이 필사자로 판단된다.

기타 입수. 레닌그라드, 1957, 27.5cm×20cm, 본문의 크기 24cm×16cm, 1책, 54장, 장 번호 없음, 1면 8행 3열로 기록됨, 짙은 노란색 한지, 본문은 먹으로 기록됨, 서양식 장정이 아님. 손상 정도: 오래되고 손상된 표지. 뒤표지에는 본문과 상관없는 기록이 있고 먹이 묻어 있음.

• **해제:** M. Cour., Bibl. cor. No. 323

| 182 |

C 45 (Д 586)

八大家文抄 (Пхаль тэга мунчхо)
“당송시대의 문장가 여덟 명의 문집”

• **편찬자:** 모곤(茅坤), 자는 순보(順甫), 호는 녹문(鹿門), 1512~1601
• **언어:** 한문

이 책은 모곤이 1579년에 편찬한 문집의 한국 재간행본이다. 이 문집에는 다음과 같은 저자들의 작품이 있다.

1. 한유(韓愈), 자는 퇴지(退之), 호는 창려(昌黎), 768~824. 그의 문집에는 표장(表狀), 서(書), 계장(啓狀), 서문(序), 기전(記傳), 원논의(原論議), 변해의(辨解議), 잡저(雜著), 비명(碑銘, 墓誌銘), 제문(祭文), 행장(行狀) 등이 있다. 다른 저자들의 글도 이와 같은 순서로 정리되어 있다. 한유의 문집은 6책(16권)으로 되어 있다.

2. 유종원(柳宗元), 자는 자후(子厚), 호는 유주(柳州), 773~819. 그의 문집은 4책(12권)이다. 나머지 저자들은 송나라 때 사람들이다.

3. 구양수(歐陽修), 자는 영숙(永叔), 호는 육일(六一), 1007~1072. 그의 문집은 16책(32권)으로 되어 있다. 이 문집에는 위에서 언급한 성격의 글들 외에 20권으로 된 『오대사(伍代史)』라는 역사기록이 있다.

4. 소식(蘇軾), 자는 자담(子膽), 호는 동파(東坡), 1037~1101. 그의 문집은 9책(28권)으로 되어 있다.

5. 소철(蘇轍), 자는 자유(子由), 호는 영빈(穎濱), 1039~1112. 그의 문집은 7책(20권)으로 되어 있다.

6. 왕안석(王安石), 자는 개보(介甫), 호는 반산(半山), 임주(臨州), 1021~1086. 그의 문집은 6책(16권)으로 되어 있다.

7. 소순(蘇洵), 자는 명윤(明允), 호는 노천(老泉), 미산(眉山), 1009~1066. 그의 문집은 3책(10권), 책 2 낙질.

8. 증공(曾鞏), 자는 자고(子固), 호는 남풍(南豐), 1019~1083. 책의 문집은 3책(10권)으로 되어 있다.

활자본. 간행 연도 및 간행 장소 기록 없음.

드미트렙스키 문고. 1907, St. P., 25cm×16cm, 53책(원래 164권 54책이 되어야 하는데 소순의 문집 책 2가 낙질임), 4098장, 장 번호 한자, 권별로 매김, 얇은 한지, 서양식 장정이 아님. 손상 정도: 소식 문집의 책 9 표지가 찢어짐. 증공의 문집 책 3 표지와 책 3 권 10의 17장에 구멍 뚫렸음.

• **해제:** M. Cour., Bibl. cor. No. 440

| 183 |

C 11

百聯抄解 (Пэнъён чхохэ)
"한글 주해가 있는 연구(聯句) 100수"

• **편찬자**: 김인후(金麟厚), 자는 후지(厚之), 호는 하서(河西), 담재(湛齋), 본관은 울산(蔚山), 모재(慕齋) 김안국(金安國, 1478~1543)의 제자, 1510~1560
• **언어:** 한문, 한글

연구(聯句)는 7자의 한자로 작성된 2줄 시이다. 보통 한 사람은 처음 줄을 지었고, 다른 사람이 두 번째 줄을 지었다. 이와 같은 형식은 중국, 일본, 한국에서 유행하였다. 이 책에는 한시 100수가 있는데, 각 시의 밑에는 한국어 발음 표시와 한국어 번역도 함께 있다.

최현배는 이병기(李秉岐)의 발문에 의거해서 이 책의 편찬과 한국어 번역을 김인후가 했다고 하였다. 그러나 첫 번째 목판본의 간행 연도는 미상이라고 하였다. 『한글갈』 174쪽에서는 경종 연간에 찍은 목판본의 첫째 장을 영인한 사진이 있다. 본 해제에 수록된 책은 그 사진과 일치하지 않는다. 그리고 애스턴이 작성한 자신의 한국 고서 목록에서는 이 책을

1582년 간행본이라 하였는데, 근거가 될 수 있는 자료를 제시하지 않았다.

일본인 한국학자인 오구라 신페이(小倉進平) 교수는 도쿄대학교 도서관에서 다른 목판본 이본이 있다고 하였는데, 그것은 명종 연간에 간행된 초간본으로 판단된다. (『한글갈』 175쪽 참고)

목판본. 간행 연도는 1582년으로 추정된다.

印: 첫째 장에서 붉은색의 소장자 도장이 있음. 애스턴의 ex-libris

애스턴 문고. 25.5cm×17cm, 1책, 26장, 장 번호 한자, 본문의 크기 24.5cm×14.5cm, 1면당 8행, 서양식 장정이 아님, 서양 종이로 만든 표지. 손상 정도: 매우 손상된 책이지만 보수된 상태임. 손상된 장에 새로운 하얀색 한지를 다시 붙였음. 본문의 손상된 글자는 먹으로 수정되었음. 8~10장은 노란색 반점이 있는데 해독이 가능함. 21, 23, 25, 26장은 액체가 묻었음.

- **해제:** M. Cour., Bibl. cor. No. 339; 한글갈 174~175쪽.
- **목록:** 古鮮册譜 책 3, 1646쪽.
- **번역서:** Пэкрен Чхохэ. Антология лирических стихотворений рен-гу с корейским переводом. Издание текста, перевод и предисловие Д. Д. Елисеева. М., 1960. Памятники литературы народов Востока. Тексты. Малая серия VI.

| 184 |

D 74

五倫歌 (Орюнга)
“오륜에 대한 가사”

• **언어**: 한글

인조의 명에 따라 유학을 보급할 목적으로 1623년에 간행되었다.

본 해제에 수록된 이 필사본은 간행본을 옮겨 적은 책으로 판단된다. 본문은 한글로 한자의 발음만이 적혀 있고 한국어 번역은 없다. 시들은 한 장에 3열로 적혀 있는데, 각 줄에 14줄 7운이 있다. 소제목은 없다.

필사본. 필사기에 따르면 소장자가 필사한 것이다. "책 주인 박향숙(冊主朴享淑)." 뒤표지 이면에도 같은 필사기가 있다. "경술년(1790년 혹은 1850년) 6월 17일(庚戌六月拾七日謄書)."

印: 소장자의 원형 도장

기타 입수. 33cm×20cm, 1책, 11장, 장 번호 없음, 본문의 크기 29cm×14cm, 1면당 3열, 각 열당 14행, 한지, 먹으로 기록됨, 서양식 장정이 아님. 손상 정도: 표지에 먹이 묻어 있음. 본문에도 큰 반점이 있음.

• **해제**: 한글갈, 191쪽.
• **목록**: 古鮮册譜 책 1, 613쪽.

| 185 |

B 2C

제목 없음
"시집"

• **언어**: 한문

이 필사본은 "앞에 있는 흰 봉우리처럼 무슨 노인이 서 있느냐. 뒤쪽

숲에서 들려오는 노래를 어떤 젊은이가 부르느냐(前峰白立何處翁 後林歌出誰家童).”라는 시부터 시작한다. 그다음에는 ‘농부가(農夫歌)’, ‘목동가(牧童歌)’, ‘정부사(征夫詞)’, ‘협사가(俠士歌)’, ‘소년행(少年行)’ 등이 있다. 마지막에는 ‘추천사(鞦韆詞)’가 있다.

장들이 잘려 있고 그 뒷면에는 한글로 작성된 기록들이 있는데, 몇몇은 위의 한시에 대한 한국어 해석이고 대부분은 본문의 내용과 상관없는 것들이다. 마지막 장에는 한자 기록이 있는데 누구한테 어떤 물건(식품)을 빌려 주었는지에 관한 것이다.

필사본. 1850년에 필사한 것으로 추정된다. 필사기가 있다. “1850년 5월 2일. 이명욱(庚戌伍月初二日李明郁).” 2장에는 소유자의 도장이 찍혀 있다.

기타 입수. 22cm×15cm, 1책, 17장, 장 번호 없음, 본문의 크기 20cm×12cm, 1면당 2열, 각 열은 8행, 노란색 한지, 본문은 먹으로 작성됨, 서양식 장정이 아님. 손상 정도: 손상된 책임. 앞에 있는 장 몇 개가 잘림. 8, 10, 17장은 찢어졌고 첫 번째와 마지막 장은 벌레 먹음.

| 186 |

B 2 / IV–3

남훈ᄐᆡ평가 南薰太平歌 (Намхун тхэпхёнъга)
“남훈에서의 평화의 노래”

- **언어**: 한글

편집자와 간행 연도는 미상이다. 『남훈태평가』라는 제목은 우화적이다. 남훈(南薰)은 중국의 순임금(舜, 기원전 2255~2205)의 궁궐 이름이다. 미상의 편집자는 한국에서 태평의 상징으로 남훈을 택하였다.

이 책에는 시조, 즉 3장, 각 장이 2구로 나누어지는 형식의 시가 224수 있다. 그리고 가사 7수가 있다. 따라서 이 책에는 모두 231수의 시가가 있다. 이 시가들은 보통 악기를 연주하면서 읊어졌다.

목판본. 간행 연도 및 간행 장소 기록 없음. 19세기 초중반으로 추정된다.

애스턴 문고. 23cm×19cm, 합철본의 책 4의 세 번째 목판본임, 28장, 장 번호 한자, 회색의 부드러운 한지.

- **해제:** M. Cour., Bibl. cor. No. 425; 조선서지학개관, 198쪽.
- **목록:** 朝鮮書籍目錄, 33쪽, No. 41; 東洋文庫朝鮮本分類目錄, 85쪽, VII-4-128(필사본); 古鮮册譜 책 3, 1547~1548.

민중 서사문학

| 187 |

B 2 / I-1

슉영낭ᄌᆞ전 淑英娘子傳 (Сук ёнъ нанъчжа чжон)

"숙영낭자전"

- **언어:** 한글

세종 연간에 경상도에서 백상군이라는 관료가 살고 있었다. 그에게는 선군이라는 아들이 있었는데, 똑똑하고 학식이 높았다. 어느 날 숙영이라는 선녀가 선군의 꿈에 나타나서 그들 둘이 천생연분이라고 하였다. 이때부터 선군은 그 선녀를 잊지 못하고 그리워하였다. 선녀가 선군의 꿈에 다시 나타나서 선군을 위로하기 위해 자신이 그려져 있는 그림을 주었다. 하지만 선군은 그때부터 미인을 그리워하는 마음이 더욱 커지고 죽을 지경에 이르렀다. 그때 선녀가 다시 그의 꿈에 나타나서 그녀를 실제로 만날 수 있는 장소를 알려주었다. 선군은 그곳에 가서 선녀를 만나고 그녀를 집으로 데려와서 혼인하였다. 얼마 후 선군은 과거를 보기 위해 서울로 가야 하였다. 선군은 아내가 그리워서 서울을 떠나 집으로 와서 몰래 아내의 방에서 머물렀다. 다음날 밤에 백상군은 며느리 방에서 나는 남자의 목소리를 들었다. 그는 며느리를 의심하여 시녀를 보내 그 방을 확인하게 하였다. 시녀는 원래부터 숙영을 싫어하였다. 그녀는 마을의 한 남자를 시켜 문 앞에 지키고 있다가 백상군이 가까이 오면 숙영의 방에서 도망쳐 나오는 것처럼 하게 하였다. 백상군이 분노하여 며느리에게 그것을 설명하라고 하였다. 숙영은 남편이 몰래 집으로 되돌아왔음을 알려주고 싶지 않아 말하였다. "제가 잘못이 있다면 제 비녀가 제 가슴에 박힐 것이고, 제가 잘못이 없다면 돌에 박힐 것입니다." 비녀는 돌에 박히게 되었다. 그 이후부터 젊은 부부가 계속 행복하게 살았다.

목판본. 간기가 있다. "1860년에 홍수동에서 새로 판각하였다(庚申二月紅樹洞新刊)." 본문에는 먹으로 한자를 필사한 부분이 있다.

애스턴 문고. 한국 민중 문학 모음집. 23cm×19cm, 합철본 책 1의 첫 번째 목판본임, 18장, 장 번호 한자, 저품질 한지, 서양식 장정(裝幀).[129]

---

129 【역자주】 본문에서 기록된 합철본으로 엮은 목판 소설의 장수(張數)는 페트로바가 표기한

• **해제**: M. Cour., Bibl. cor. No. 823; 한글갈, 99쪽; 조선서지학개관, 205, 210쪽.
• **목록**: 東洋文庫朝鮮本分類目錄, 87쪽, VII–4–228 (필사본).

| 188 |

B 2 / I–2

쇼대셩젼 蘇大聲傳 (Со дэ сонъ чжон)
"소대성전"

• **언어**: 한글

명나라 성화 연간(1465~1487) 해동 즉 한국에서 소량이라는 장관이 살고 있었다. 그는 부유롭고 걱정할 거리가 없었지만 아들이 없음을 슬퍼하였다. 그는 중앙아시아 영보산에 있는 청룡사에 은 오만 냥을 시주하였다. 시주의 보은으로 아들을 낳게 되었는데 이름을 대성이라고 하였다. 아들은 자라서 뛰어난 무예를 갖추고 수도를 침략하는 오랑캐에 맞서는 대장이 되었다. 소대성은 승리를 하였고 황제가 그를 노국왕으로 봉하였다. 이 소설은 본래 한문으로 창작되었지만, 이후에 한글로 번역되었다.

목판본. 간행 연도 및 간행 장소 기록 없음.

애스턴 문고. 한국 민중 문학 모음집. 23cm×19cm, 합철본 책 1의 두 번째 목판본임, 36장, 장 번호 한자.

것과 『Описание письменных памятников корейской традиционной культуры 2. Корейские письменные памятники в рукописном отделе Института Восточных рукописей РАН』(트로체비치, 구리예바, 2009), 『러시아 영국에 있는 한국 전적1』(국외소재문화재재단, 2015)에 표기된 것과는 차이가 난다.

• **해제:** M. Cour., Bibl. cor. No. 811; 조선서지학개관, 204쪽.
• **목록:** 東洋文庫朝鮮本分類目錄, 85~86쪽, VII-4-235 (목판본), VII-4-246(필사본); 古鮮册譜 책 2, 1175~1176쪽.

| 189 |

C 54

앞의 책과 동일함

필사본. 마지막 장에 필사기가 있다. "병진자월일(丙辰子月日)." 병진년은 1796년 혹은 1856년에 해당한다. 책의 외형적 특징으로 보아 1796년의 것으로 판단된다.

기타 입수. 27cm×18cm, 본문의 크기 17cm×14.5cm, 67장, 장 번호 없음, 1면당 10~11행, 노란색 한지, 먹으로 필사되어 기록됨, 서양식 장정이 아님. 손상 정도: 매우 손상된 책. 책의 가장자리는 본문까지 손상되어 있음. 표지에 천을 붙였는데 많이 손상되었고 벌레 먹음. 표지 이면에 작품 본문과 관련이 없는 기록이 있음.

| 190 |

B 2 / I-3

됴웅전 趙雄傳 (Чо унъ чжон)
"조웅전"

• **언어:** 한글

송나라 문종이 붕어(崩御)한 후 두병이라는 대신은 왕세자에게 왕위를 빼앗는다. 조웅은 왕자에 대한 충성을 지키며 두병의 악행을 기록하여 궐문에 붙여놓은 후 먼 지방으로 도망간다. 그곳에서 조웅은 무예를 익히고, 이후 군대를 모아 수도로 돌아와서 두병을 죽이고 왕세자를 왕위에 오르게 한다. 왕은 조웅에게 높은 벼슬을 내려준다.

목판본. 간행 연도 및 간행 장소 기록 없음.

애스턴 문고. 한국 민중 문학 모음집. 23cm×19cm, 합철본 책 1의 세 번째 목판본임, 21장, 장 번호 한자.

- **해제**: M. Cour., Bibl. cor. No. 801; 조선서지학개관, 204쪽.
- **목록**: 東洋文庫朝鮮本分類目錄, 88쪽, VII-4-235(목판본).

| 191 |

B 2 / I-3

심청전 沈淸傳 (Сим чхонъ чжон)

"심청전"

- **언어**: 한글

'심청전'은 설화를 바탕으로 하여 만들어진 작품인데 '춘향전', '흥부전'보다 이른 시기에 창작되었다. 근래의 한국문학 연구자들은 이 작품이 18세기 전반기에 형성되었다고 보고 있다. 한국의 문학사 연구자인 김태준(金台俊)은 『조선소설사』에서 이 작품이 17세기의 60년대에 창작되었다고 하였다.[130] 이 작품의 내용은 다음과 같다.

성화 연간에 남경에서 심이라는 성을 가진 선비가 살았다. 그는 시력을 잃었고 그의 딸 심청이 걸식을 해야 할 만큼 집이 가난하였다. 어느 날 새로운 절을 짓는 데 시주를 하는 승려가 그에게 왔는데, 쌀 삼천 섬을 바치면 눈도 다시 뜨고 높은 지위에도 오르게 될 것이라고 하였다. 심봉사는 그렇게 하기로 약속을 하였고, 아버지가 약속을 지킬 수 있게 하기 위해서 심청은 쌀 삼천 섬에 자신을 팔았다. 심청을 산 사람은 유구(오키나와) 섬과 거래를 하는 상인이었고, 그는 심청을 바다 신에게 바치기 위해서 산 것이었다. 심청은 바다에 던져졌지만 죽지는 않았다. 신들은 그녀의 효심을 보상하여 그에게 마법의 음료를 주고 그녀를 아름다운 꽃 속에 숨겼다. 그 꽃은 심청이가 바다에 던져진 곳에서 자라났다. 상인들은 돌아오는 길에 그 신기한 꽃을 보고 황제에게 바치기 위해 꺾어서 가져갔다.

얼마 후에 꽃이 피어 열렸는데 그 속에서 심청이가 나왔다. 황태자는 그녀와 혼인하였다. 황태자는 이후 황제가 되었다. 그는 황비가 항상 슬퍼하는 것을 이상히 여겨 그 이유를 물어보았다. 심청은 꽃의 아름다움을 보지 못하는 자들 때문에 슬퍼한다고 대답하였고 전국의 맹인을 위한 잔치를 여는 것을 허락해달라고 하였다. 이 잔치에서 심청은 아버지를 다시 찾았는데, 심봉사는 딸의 목소리를 듣자 다시 눈을 뜨게 되었다. 심봉사는 높은 지위에 봉작되었다.

목판본. 간행 연도 및 간행 장소 기록 없음.

애스턴 문고. 한국 민중 문학 모음집. 합철본 책 1의 네 번째 목판본임, 16장, 장 번호 한자.

---

130 【역자주】 페트로바는 본문에서 17세기의 60년대라고 기록하였는데, 김태준의 책에서는 "〈심청전〉의 발생도 효종에서 정조 때까지의 일인 듯하다"라고 서술되어 있다. 김태준 저, 박희병 역, 『교주 증보조선소설사』, 한길사, 1990, 147쪽.

• **해제:** M. Cour., Bibl. cor. No. 809; 한글갈, 95쪽; 조선서지학개관, 206쪽.
• **목록:** 東洋文庫朝鮮本分類目錄, 88쪽, VII-4-235(필사본).
• **번역서:** H. N. Allen. Sim Chung, The Dutiful Daughter, Korean Tales, New York & London, 1889. pp. 157~170. Сказание о девушке Сим Чен. Пхеньян, 1958. Повесть о Сим Чхон (пер. Г. Рачкова и Лим Су), История о верности Чхун Хян. Средневековые корейские повести. М., 1960. с.179~244.

| 192 |

B 2 / I-4

금방울전 金鈴傳 (Кым банъуль чжон)
“금방울전”

• **언어:** 한글

원나라 말기에 장원이라고 하는 관료는 전쟁 때문에 피난하여 부인과 함께 산속에서 살고 있었다. 어느 날 밤에 부인의 꿈에 천사가 나타나 그는 본래 용의 아들인데, 다른 용의 딸과 산책하는 중에 그녀를 죽였기 때문에 다시 천상으로 돌아갈 수 없다고 말하였다.[131] 그리고 부인 속에 자신을 숨겨달라고 하였다. 부인은 입을 열었고 천사가 빨간빛이 되어 그녀의 몸으로 들어갔다. 아홉 달 후에 부인은 아들을 낳았고 이름을 해룡이라 하였다. 동시에 김삼랑의 부인 막씨는 꿈에서 선녀를 보았는데 선녀가 그녀의 딸이 되고 싶다고 하였다. 이때 김삼랑은 도적이 되어 부인을 버린 것이었고, 막씨는 뜻밖에 임신하게 되어 매우 슬펐다. 그녀는 금방울을 낳

131 【역자주】 작품의 원래 내용에서는 용왕의 딸은 요괴의 공격에 의해 죽는다.

았고 금방울은 살아 있는 아이처럼 움직였다. 막씨는 금방울을 불 속으로 던졌는데, 5일 후에 방울은 원래보다 더욱 반짝이고 있었다. 결국 금방울은 기이한 능력을 보이기 시작하였다. 비를 내리게 할 수도 있었고 바람을 그치게 할 수도 있었다. 금방울은 여자로 변해 해룡의 친구가 되었다. 그들은 둘이서 적들과 싸우고 승리를 얻었다.

목판본. 간행 연도 및 간행 장소 기록 없음.

애스턴 문고. 한국 민중 문학 모음집. 합철본 책 1의 다섯 번째 목판본임, 22장, 장 번호 한자.

- **해제:** M. Cour., Bibl. cor. No. 804; 조선서지학개관, 205쪽.
- **목록:** 東洋文庫朝鮮本分類目錄, 88쪽, VII-4-247; 古鮮册譜 책 1, 311쪽.
- **번역서:** Предание о золотом бубенчике, или повесть о том, что можно увидеть, но трудно объяснить (пер. Д. Д. Елисеева). История о верности Чхун Хян. Средневековые корейские повести. М., 1960. с. 548~604.

| 193 |

B 2 / II-I

님장군전 林將軍傳 (Рим чанъгун чжон)

“임장군전”

- **언어:** 한글

임경업(林慶業, 1594~1646)은 1637년에 만주가 조선을 침략하였을 때 의주 부윤이었다. 왕이 만주의 황제에게 항복한 후 임경업은 만주의 편에서 명나라와 전투하는 조선 군대의 대장으로 임명되었다. 그는 중국으로 가서 명나라 군대와 몰래 통하여, 흙으로 채운 탄환과 촉이 없는 화살을 사용할 것이라 알렸다. 그 전투에서는 아무도 죽지 않았다. 만주는 그것을 이상히 여겨 임 장군을 조선으로 돌려보냈다. 임 장군은 돌아가는 길에 도로를 알아보고 만주 군대를 공격할 계획을 세웠다. 이후 그는 계속 명나라와 몰래 접촉하였다. 그것이 밝혀지자 그는 사찰로 들어갔다. 임 장군은 명나라와 연락하고 큰 배를 준비하여 쌀장사하러 가는 것처럼 꾸며 명나라로 갔다. 명나라로 도착하여 또다시 돕고자 하는데 만주인들에게 잡혔다. 그는 협박과 감언에도 불구하고 만주에게 굴복하는 것을 거절하였다. 만주인들은 임 장군의 충성심에 감동하여 그를 처벌하지 않고 다시 조선으로 돌려보낸다. 조선에서는 김자점(金自點)이라는 대신이 만주인들에게 충성을 보이기 위해 임 장군을 역모죄로 모해하여 사형을 당하게 만든다.

목판본. 간행 연도 및 간행 장소 기록 없음.

애스턴 문고. 한국 민중 문학 모음집. 합철본 책 2의 첫 번째 목판본임, 27장, 장 번호 한자.

- **해제:** M. Cour., Bibl. cor. No. 815; 한글갈, 94쪽, 조선서지학개관, 204쪽.
- **목록:** 東洋文庫朝鮮本分類目錄, 85쪽, VII–4–249(필사본), VII–4–235 (목판본); 古鮮册譜 책 3, 1941~1942.

| 194 |

B 2 / II–2

적성의전 赤聖義傳 (Чок сонъ ый чжон)

“적성의전”

• **언어:** 한글

이 소설은 '翟成義傳', '狄成義傳' 같은 제목도 있다.

안평국(安平國)의 적왕(赤王)의 둘째 아들의 이름은 성의이고 첫째 아들의 이름은 향의이다. 왕비가 병이 들자, 성의는 이영주(二永珠)[132]라는 약을 찾기 위해 중앙아시아에 있는 청룡사(青龍寺)로 갔다. 오랫동안 성의에게 아무 소식이 없었고, 향의는 그를 찾으러 갔다. 향의는 배를 타고 떠났다. 향의는 바다에서 고향으로 돌아오는 성의의 배를 만났다. 향의는 동생의 눈을 멀게 하고 그를 바다에 던져 버렸다. 이후에 동생이 구한 약을 어머니에게 가져왔는데, 왕비는 그것을 먹고 회복되었다. 바다에 던져진 성의는 죽지 않고 어느 섬에 이르렀다. 그는 누군가가 소리를 듣게 되어 그를 구할 것이라고 생각하여 대나무로 피리를 만들어 계속 연주하였다. 다행히도 이때 중국 사신이 안남에서 돌아오고 있었다. 사신의 배는 성의가 앉아 있는 바위를 지나가고 있었는데 사신은 피리 소리를 들어 선원을 보내 조난을 당한 사람이 없는지를 확인하게 하였다. 사신은 성의를 구하여 북경까지 데리고 왔다. 성의는 궁궐에 있는 공원에서 살게 되었는데, 그가 유일하게 하는 일은 피리 연주였다. 왕비는 둘째 아들이 돌아오지 않자 편지를 써서 그것을 거위의 발에 묶어 보냈다. 거위는 북경에 도착하여 주인인 성의를 찾았다. 성의는 어머니의 편지를 받아 곧바로 눈을 다시 뜨게 되었다. 성의는 과거를 통과하여 문관직에 올랐다. 황제는 성의의 이야기를 알게 되자 그를 사위로 삼았다.

본문에는 한글 단어를 설명하기 위해 그 옆에 한자를 먹으로 기록해 놓았다.

---

132 【역자주】 적성의가 찾으러 간 약을 '일영주'라고도 한다.

목판본. 간행 연도 및 간행 장소 기록 없음.

애스턴 문고. 한국 민중 문학 모음집. 합철본 책 2의 두 번째 목판본임, 23장, 장 번호 한자.

• **해제:** M. Cour., Bibl. cor. No. 822; 한글갈, 95쪽.

| 195 |

B 2 / II-3

장풍운전 張風雲傳 (Чанъ пхунъ ун чжон)
"장풍운전"

• **언어:** 한글

송나라 때에 장희지(張希之)라는 대신이 살고 있었다. 그의 아들 풍운은 재주가 뛰어났다. 장풍운은 무예를 익혀 대원수가 되었다. 그리고 서쪽 오랑캐와 전투에서 대승을 거두었다. 장풍운이 수도로 돌아왔을 때 한 신하가 황제 앞에서 그를 모해하였고, 황제는 장풍운을 죽이기로 하였다. 장풍운은 외국으로 도망하였는데 그곳에서 고향을 그리워하다 죽게 되었다.

본문에는 한글 단어를 설명하기 위해 그 옆에 한자를 먹으로 기록해 놓았다.

목판본. 간행 연도 및 간행 장소 기록 없음.

애스턴 문고. 한국 민중 문학 모음집. 합철본 책 2의 세 번째 목판본임, 31장, 장 번호 한자.

• **해제**: M. Cour., Bibl. cor. No. 794; 조선서지학개관, 204쪽.
• **목록**: 古鮮册譜 책 3, 1372쪽.

| 196 |

B 2 / III–3

구운몽 九雲夢 (Ку ун монъ)
"구운몽"

• **저자**: 김만중(金萬重), 자는 중숙(重淑), 호는 서포(西浦), 1637~1692
• **언어**: 한글

한 설에 따르면 김만중은 이 소설을 병든 어머니를 위해 1689년에 지었다고 한다. 김만중은 작가뿐만 아니라 17세기의 유명한 학자였다. 그는 1665년에 과거에 합격하였고, 1686년에 대제학(大提學)이 되었다. 1687년에는 선천(宣川)에 유배를 가게 되었다.[133] 선천에서 돌아온 다음 해에는 남해(南海)로 유배를 갔다가 그곳에서 1692년 6월 14일에 세상을 떠났다. 『구운몽』은 중국어로 된 많은 주해를 붙여 중국에서 간행되었다. 동방학연구소에 소장되어 있는 이본의 내용은 다음과 같다.

당나라 때 인도의 승려 육관이 중국으로 와서 형산에서 설교를 하기 시작하였다. 그의 설법이 유명해졌고 동정호의 용왕마저도 노인 모습으로 변하여 그의 설법을 듣기도 하였다. 어느 날 육관대사는 제자 성진(性眞)을 용왕의 궁궐로 보내 설법에 참여해주신 것에 대한 감사를 드리게 하였

133 【역자주】 페트로바는 원본에 '영해(嶺海)'라고 기록하였으나, 『서포연보』에 의하면 김만중은 1587년에 평안도 선천(宣川)으로 유배를 갔다. 김병국 외, 『서포연보』, 서울대학교 출판부, 1992, 226쪽.

다. 성진은 용왕궁에서 돌아오는 길에 호숫가에서 목욕하고 있는 여덟 명의 선녀를 만났다. 그들은 성진에게 꽃다발을 주고 학으로 변하여 날아갔다. 성진이 대사에게 돌아왔을 때 대사는 성진이 세속적 욕망을 품었다고 나무라다가 지옥의 심판관인 염왕(閻王)에게 보낸다. 여덟 명의 선녀도 심판관 앞에 서게 되었다. 성진과 선녀들은 다른 모습으로 환생하는 벌을 받게 되었다. 성진은 황제의 고문이 되고, 여덟 명의 선녀는 명문가 집안의 딸로 태어나 성진의 부인이 되었다. 성진은 그들과 함께 즐거움이 가득한 삶을 살고 있었는데 육관대사가 나타나 지팡이로 두들겨 성진을 기절하게 하였다. 성진이 정신을 차렸을 때 궁궐과 여자들은 사라지고 없었다. 그는 세상이 꿈뿐임을 깨닫게 되었다.

목판본. 간행 연도 기록 없음. 첫 장에서 간기가 있다. "효교에서 새로 판각되었다(孝橋新刊)."

애스턴 문고. 한국 민중 문학 모음집. 합철본 책 3의 세 번째 목판본임, 32장, 장 번호 한자.

- **해제:** M. Cour., Bibl. cor. No. 770, 771; 朝鮮圖書解題, 365쪽; 한글갈, 91~93쪽; 조선서지학개관, 205쪽.
- **목록:** 東洋文庫朝鮮本分類目錄, 85쪽, VII-4-24(1803년에 간행된 목판본), VII-4-250(필사본), 古鮮册譜 책 1, 257쪽.
- **번역서:** J. S. Gale. The Cloud Dream of the Nine, London, 1922. Ким Ман Чжун. Облачный сон девяти. Роман. Пер. с кор. А. Артемьевой и Г. Рачкова. М.–Л., 1961.

| 197 |

B 2 / III-6

진딕방젼 陳大方傳 (Чин дэ банъ чжон)

"진대방전"

• **저자**: 미상[134]
• **언어**: 한글

중국 송대 때 탁주(涿州)에서 자기의 부모를 존경하지 않는 진대방이라는 사람이 살고 있었다. 그는 부인의 말에 따라 자기의 부모[135]를 집에서 쫓아냈다. 어머니는 효심을 높이 평가하는 김의백이라는 마을 수령에게 호소하였다. 수령은 어머니의 호소를 들어주고 진대방과 그의 부인을 불렀다. 진대방의 부부가 오자 수령은 그의 어머니에게 아들을 잘못 키웠기 때문에 그가 나쁜 사람이 되었다고 한다. 그다음 수령은 아우를 진대방 앞에 서게 하고, 부인을 어머니 앞에 서게 하였다. 그리고 진대방을 보고 이 마을에서 이러한 불효자가 있어서 하늘이 수령에게 벌을 줄 것이고, 진대방이 행동을 고치지 않으면 수령이 그에게도 벌을 줄 것이라고 하였다. 후에 효자가 어떻게 보상을 받게 되는지를 설명하였다. 진대방 부부가 그 말에 감동을 하였고 이후부터 온 가족이 잘 살게 되었다. 진대방은 모범적인 효자가 되었고 그의 효심이 유명해졌다. 황제가 진대방의 효심을 알게 되어서 그를 부르고 호북에 있는 강릉의 사령관으로 임명하고 그의 집 대문에 칭찬하는 글을 기록하도록 하였다.

목판본. 간행 연도 및 간행 장소 기록 없음.

---

134 【역자주】 페트로바는 '화암(花巖)'이라고 기록하였으나, 그것은 모리스 쿠랑의 서적에서 인용한 것으로 판단된다. M. Courant, 『Bibliographie Coreenne』, 1894, (tome premiere), pp. 410~411. 쿠랑 저, 이희재 역, 위의 책, 275~276쪽.

135 【역자주】 이 소설의 내용은 모리스 쿠랑의 『한국 서지』에서 참고하여 서술한 것으로 보인다. 그러나 『한국 서지』에서도 진대방은 부모를 집에서 쫓아내는 것이 아니라 어머니와 아우를 쫓아낸다고 되어 있다.

애스턴 문고. 한국 민중 문학 모음집. 합철본 책 3의 네 번째 목판본임, 18장, 장 번호 한자.

• **해제:** M. Cour., Bibl. cor. No. 792, 목록: 古鮮册譜 책 3, 1385쪽.

| 198 |

B 2 / III-4

뇽문젼 龍門傳 (Рёнъ мун чжон)

"용문전"

• **언어:** 한글

성화 연간에 용훈이라는 농부가 살고 있었다. 용훈과 부인 관씨는 자식이 없어서 매우 슬퍼하였다. 어느 날 용훈이 집에 없을 때 관씨의 꿈에서 오색구름을 타고 있는 용이 나타나서 부인의 허벅지를 잡았다. 관씨는 매우 놀라 꿈에서 깼다. 용훈이 집에 돌아왔을 때 집 안에 기이한 향기가 났다. 시간이 지나 관씨는 아들을 낳았는데 이름을 문이라고 지었다. 작품에서는 용문의 여러 가지 공적들과 왕위에 오르고 나라를 잘 다스리는 일이 서술된다.

목판본. 간행 연도 및 간행 장소 기록 없음. 본문에는 먹으로 한자가 기록되어 있다.

애스턴 문고. 한국 민중 문학 모음집. 합철본 책 3의 여섯 번째 목판본임, 25장, 장 번호 한자.

• **해제**: M. Cour., Bibl. cor. No. 826
• **목록**: 古鮮册譜 책 3, 1915쪽.

| 199 |

B 2 / IV–1

양풍젼 梁豊傳 (Рянъ пхунъ чжон)

“양풍전”

• **언어**: 한글

한나라 때 양태백이라는 관료가 있었는데 그는 삼남 삼녀를 두었다. 아들 한 명의 이름은 풍이었다. 양태백은 심히 아끼는 애첩이 있었다. 어느 날 애첩이 병들어 양태백은 그녀를 병문하러 갔다. 애첩은 양태백에게 정실부인이 집을 떠나지 않으면 자신의 병이 낫지 않을 것이라고 하였다. 양태백은 곧바로 부인과 아이들을 집에서 쫓아냈다. 부인과 아이들은 갈 곳이 없어 조상들의 묘지기의 오두막에서 살면서 추위와 배고픔으로 괴로워하였다. 부인은 병이 들어 세상을 떠나기 전에 손가락을 찔러, 남편 양태백에게 아이들을 다시 집으로 받아주어 죽음을 면하게 해달라는 혈서를 보냈다. 양태백은 아이들을 받아주려 하였는데 애첩이 반대하여 편지를 가져다 준 사람마저 방망이로 내쫓았다. 이후 풍이라는 아들은 성장하여 무인이 되었다. 그는 적군과 전투에서 계속 대승을 거두어 명성을 떨쳤다. 황제는 양풍을 초왕으로 봉하였다. 그때 양태백은 나이가 들고 눈이 멀게 되었다. 애첩은 그를 조롱하며 다른 남자들과 간통하였다. 어느 날 양풍은 아버지가 살고 있는 곳을 알게 되어 그를 방문하였다. “저는 아버지의 아들입니다."라고 하자 양태백은 다시 눈이 보이게 되었다.

목판본. 간행 연도 및 간행 장소 기록 없음.

애스턴 문고. 한국 민중 문학 모음집. 합철본 책 4의 첫 번째 목판본임, 25장, 장 번호 한자.

- **해제:** M. Cour., Bibl. cor. No. 781
- **목록:** 東洋文庫朝鮮本分類目錄, 88쪽, VII-4-235(간행본); 古鮮册譜 책 3, 1930쪽.

| 200 |

B 2 / IV-2

백학션젼 白鶴扇傳 (Пэк хак сон чжон)
"백학선전"

- **언어:** 한글

명나라 조(趙) 대신의 딸 은하(恩河)는 유(劉) 대신의 아들 백로(白露)와 결혼하였다. 그 가문은 여러 세대 동안 내려오는 백학의 깃털로 만든 부채가 있었다. 얼마 후 백로는 대원수로 임명되어 삼만 군대로 오랑캐의 침략을 막으러 나갔다. 하지만 군대는 패배하였고 백로는 생포되었다. 아내 은하는 남편의 복수를 하기로 하여 다른 군대의 대원수가 되어 부적인 백학선의 도움으로 적군을 이기고 남편을 구하였다.

목판본. 간행 연도 및 간행 장소 기록 없음.

애스턴 문고. 한국 민중 문학 모음집. 합철본 책 4의 두 번째 목판본임, 24장, 장 번호 한자.

• **해제**: M. Cour., Bibl. cor. No. 807, 조선서지학개관, 204쪽.
• **목록**: 古鮮册譜 책 3, 1593쪽.

| 201 |

B 2 / IV-4

슉향젼 淑香傳 (Сук хянъ чжон)
"숙향전"

• **언어**: 한글

송나라 때 하남 남양에서 김선(金璇)이라는 사람이 살고 있었다. 어느 날 김선은 거북이를 잡아서 먹으려고 하는 어부들을 만났는데, 그는 어부들에게 거북이의 값을 주고 거북이를 풀어주었다. 얼마 후 김선이 탄 배는 난파를 당하였는데 은혜를 기억하는 거북이가 김선을 살려주었다. 거북이는 김선을 등에 올려 바닷가까지 데려다주고 진주 구슬을 주었다. 김선은 장 씨를 아내로 맞이하였을 때 그녀에게 그 진주 구슬을 주었다. 김선 부부는 딸을 낳고 이름을 숙향이라고 하였다. 숙향이 다섯 살이 되었을 때 적군이 쳐들어와 피난 가던 김선 부부는 그녀를 강가 바위에서 잃어버렸다. 적군들은 아이를 죽이려 하다가 생각을 바꾸어 그녀를 발견한 곳에서 살려두고 갔다. 숙향은 그곳에서 배고픔에 시달렸고, 매들이 날아와서 그녀를 날개로 덮어주며 따뜻하게 해주었다. 한 사슴은 그녀를 등에 태워 아이가 없는 장승상의 집으로 데려다 주었다. 그날 밤에 장승상은 꽃 옆에 예쁜 여자아이가 있는 꿈을 꾸었다. 잠에서 깨어 정원으로 들어가 숙향을 발견하였다. 장승상은 숙향을 친딸처럼 키웠다. 숙향이 자랐을 때 장승상의 시녀 중에 한 명이 숙향을 질투하였다. 시녀는 숙향이를 모해하여 집에서 쫓겨나게 하였다. 숙향은 장승상의 집에서 쫓겨나서 강물에 몸을 던졌다. 그때 거북이가 나타나 그녀를 구하였다. 숙향은 숲속에 숨었는데 산불이 일어나 그녀의 옷이 모두 불타 숙향은 벗은 몸으로 남게 되었다. 어느 노파가 그녀를 발견하여 수도로 데려가 수놓는 일을 하게 하였다. 숙향은 수놓는 재주가 뛰어나 가난한 노파의 집이 부유해졌다. 어느 날 숙향은 천상에 올라가 큰 잔치에 참여하는 꿈을 꾸었다. 그때 가장 높으신 신이 숙향에게 "너도 원래는 천상에서 사는 신선이며 장수별인 태을(太乙)의 애인이다. 죄를 얻어 적강되었지만, 징벌 시간이 다 되어 이제는 애인과 함께 할 수 있다."고 말하였다. 숙향은 이 이야기에 민망해져 반지를 떨어뜨렸는데 태을이 곧바로 그것을 주웠다. 숙향은 꿈에서 깨어보니 반지 하나가 없었다. 그녀는 그것을 설명할 수 없어서 다시 수를 놓기 시작하였다. 꿈에서 본 장면을 비단에다가 수놓았다. 그 그림이 매우 아름다워 어느 상인이 십만 냥을 주고 사갔다. 이상서는 오랫동안 부처님께 아들을 낳게 해달라는 기도를 드렸는데 마침내 아들을 얻어 이름을 이선이라고 하였다. 이선은 매우 총명하고 재주가 뛰어났다. 그의 재주가 유명하여 숙향이 수놓은 그림을 사간 상인은 이선에게 가서 그 장면에 대한 시를 지어달라고 하였다. 이선도 또한 숙향과 같은 꿈을 꾸었는데, 그 장면을 바로 알아보았다. 그는 이 그림을 이십만 냥을 주고 산 후에 수를 놓은 사람이 누구인지를 알게 되었다. 이선은 노파를 찾아가서 숙향과 혼인하게 해달라고 하였다. 이선은 숙향이 민간 여자이기 때문에 공개적으로 아내로 맞이하지 못하였다. 이상서는 아들이 몰래 어떤 여자와 혼인하였다는 소식을 들어 수령에게 숙향을 잡아 죽이라고 명령하였다. 이때 수령은 바로 김선이었고 그는 잡아서 죽이고자 하는 여자는 자신의 딸임을 몰랐지만, 숙향을 불쌍히 여겨 풀어주었다. 숙향은 몸을 숨겨 수놓는 일을 계속

하였다. 이후 이상서는 숙향의 재능을 알게 되고, 아들이 그녀와 혼인하는 것을 허락하였다. 이선은 호북에 있는 형주의 통치자가 되었다. 다행히 김선도 이 지역에 있게 되었고 그곳에서 숙향을 만나 그녀가 자신의 딸임을 알게 되었다. 이후부터 모두가 행복하게 살았다.

목판본. 간기가 있다. "1858년 10월에 (서울에 있는) 야동에서 새로 판각되었다(戊吾十月冶洞新刊)."

애스턴의 기록이 있다. "Another version of this last story is found in a M. S. in my possession. Unfortunately it only contains the first part. It is there told at shorten length. The speaches of the personages being much part out."

애스턴 문고. 한국 민중 문학 모음집. 합철본 책 4의 네 번째 목판본임, 20장, 장 번호 한자.

- **해제:** M. Cour., Bibl. cor. No. 793, 한글갈, 69쪽; 조선서지학개관, 205쪽.
- **목록:** 古鮮册譜 책 2, 830, 831쪽.

| 202 |

B 2 / V-2

셜인귀젼 薛仁貴傳 (Сор ин гю чжон)

"설인귀전"[136]

이 작품에서 묘사되는 사건들은 중국 당나라 초기에 일어난 것들이

136 【역자주】 원문에는 이 서적의 언어가 표시되어 있지 않다.

다. 설인귀는 어릴 때 고아가 되었다. 그는 똑똑하고 튼튼한 아이였다. 그는 생계를 잇기 위해 구걸을 해야 하였다. 조금 자라 그는 부잣집에 종으로 들어갔다. 어느 날 13살인 주인집 딸이 그들 집 정원에 용이 들어오는 꿈을 꾸었다. 잠에서 깨자 그녀는 정원으로 가서 자고 있는 설인귀를 보게 되었다. 그 소년이 매우 잘생겨서 부잣집 딸은 자신의 금빛 저고리를 벗어 그에게 선물하였다. 설인귀는 그녀에게 감사를 표하고 이 저고리를 자신의 옷 안에 입었다. 어느 날 설인귀가 마당을 쓸고 있을 때 바람이 불어 그의 옷이 드러났는데 주인은 자기 딸의 저고리를 보게 되었다. 주인은 자신의 딸과 설인귀가 사통하였다고 하여 둘을 집에서 쫓아냈다. 설인귀는 태종 때 자주 일어나던 전투에 참여하게 되었고, 곧바로 성공하여 장군이 되어 높은 칭호를 받았다. 설인귀는 티베트족과의 전투에서 군대를 지휘하였고 682년에 투르크족의 침략에 반격하였다. 668년에 설인귀는 당나라와 고구려 간의 전쟁에 참가하였다. 이 전투에 대한 기록은 중국의 작품 『정동기(征東記)』에 서술되었다.

목판본. 간행 연도 및 간행 장소 기록 없음.

애스턴 문고. 한국 민중 문학 모음집. 합철본 책 5의 두 번째 목판본임, 20장, 장 번호 한자.

- **해제:** M. Cour., Bibl. cor. No. 787
- **목록:** 古鮮册譜 책 2, 1131쪽.

| 203 |

C 52

앞의 책과 동일함

목판본. 간행 연도 기록 없음. 서울에서 간행되었다.

기타 입수. 27cm×20.5cm, 1책, 40장, 장 번호 한자, 서양식 장정이 아님.

| 204 |

B 25

설인귀전 (Сор ин гю чжон)

"설인귀전"

내용은 해제 202번과 같지만, 축약된 것이다.

목판본. 간행 연도 및 간행 장소 기록 없음. 표지에 먹으로 '薛仁貴傳'이라는 제목이 기록되어 있다.

기타 입수. 24cm×18cm, 1책, 20장, 저품질 한지, 서양식 장정이 아님. 손상 정도: 매우 손상된 책. 표지가 찢어지고 벌레 먹음. 몇몇 부분에는 본문이 읽을 수 없을 만큼 지워졌음. 보수가 필요한 책.

| 205 |

B 2 / V–3

장화홍년전 (Чанъ хоа хонъ нён чжон)

"장화홍련전"

• **언어:** 한글

장화와 홍련이라고 하는 자매에 관한 작품이다. 그들은 악한 계모의 모함으로 아버지에게 죽음을 당하였다.

목판본. 간행 연도 및 간행 장소 기록 없음.

표지 이면에 애스턴이 쓴 기록이 있다. 소설의 간략한 내용과 이 목판본에 관한 다음과 같은 기록인데 가치가 있어 보인다. "This book looks nice large plain print, but in reality the letters are badly formed, misprints abnormal, and the spelling is odious. It is also below the average in literary merit. It is not to be recommended to study. W. G. Aston, Mentona, Jan. 1887."

애스턴 문고. 한국 민중 문학 모음집. 합철본 책 5의 세 번째 목판본임, 28장, 장 번호 한자.

- **해제**: M. Cour., Bibl. cor. No. 810[137]; 조선서지학개관, 205쪽.
- **목록**: 古鮮册譜 책 2, 1178쪽.
- **번역서**: W. G. Aston, Corean popular literature. Transactions of the Asiatic Society of Japan, XVIII, 1890, pp. 107–113. Повесть о Чан Хва и Хон Нён (пер. Г. Рачкова), История о верности Чхун Хян. Средневековые корейские повести. М., 1960. с. 605~629.

| 206 |

B 2 / VI–2

흥부젼 興甫傳[138] (Хынъ бу чжон)

137 【역자주】 쿠랑의 『한국 서지』에서 〈장화홍련전〉은 819번이다. 쿠랑 저, 이희재 역, 위의 책, 289~292쪽.

138 '興夫傳'이라는 제목이 보다 자주 사용된다.

"흥부전"

• **언어**: 한글

이 작품은 18세기 말에 제작되었으며 수많은 이본이 있다. 주요 내용은 다음과 같다. 형 놀부와 아우 흥부는 경상도와 전라도의 경계선에서 살고 있었다. 형 놀부는 악하였고, 부모가 남긴 재산을 혼자 가졌으며 아우를 박해하였다. 어느 날 흥부의 집 지붕 아래 둥지에서 제비 새끼가 떨어져 발이 부러졌다. 착한 흥부는 제비의 발을 치료해주고 낫는 동안에 그를 먹여주었다. 봄이 되자 감사하는 제비가 그에게 호박씨를 가져다주었다. 흥부는 그 씨를 심었고 호박이 커지자 하나를 땄다. 호박 안에 여러 가지 보물이 들어가 있었다. 놀부가 그것을 시기하여 제비 새끼를 잡아 일부러 발을 부러뜨렸다. 그 이후 발을 치료하면서 먹이를 주었다. 다음 해 봄에는 제비가 그에게 호박씨를 가져다주었는데 놀부는 그 씨를 심었다. 호박이 커지자 놀부는 호박을 땄다. 첫 번째 호박에서는 거지들이 가지고 다니는 속이 빈 호박이 나왔고, 둘째 호박은 비어 있었으며 셋째에서는 아주 나쁜 냄새만 날 뿐이었다. 놀부가 모든 호박을 따자 큰 소리가 들리면서 박줄 밑에서 똥물이 나왔는데 놀부의 집이 잠기게 되었다. 놀부 가족은 결국 집에서 도망하여 흥부에게 의탁해야 하였다.

목판본. 간행 연도 및 간행 장소 기록 없음.

애스턴 문고. 한국 민중 문학 모음집. 합철본 책 6의 두 번째 목판본임, 25장, 장 번호 한자.

• **해제**: M. Cour., Bibl. cor. No. 820, 한글갈, 95쪽, 조선서지학개관, 206, 211쪽.
• **목록**: 東洋文庫朝鮮本分類目錄, 88쪽, VII-4-235; 古鮮册譜 책 1, 547쪽.
• **번역서**: H. N. Allen. Hyung Bo and Nahl Bo, Korean Tales, New York & London, 1889. pp. 89~115. Хын Бу и Ноль Бу. Корейские сказки. Пхеньян,

1956, стр. 3～16. Повесть о Хын Бу (пер. А. Васильева), История о верности Чхун Хян. Средневековые корейские повести. М., 1960, стр. 408–490.

| 207 |

B 2 / VI–3

춘향전 (Чхун хянъ чжон)

“춘향전”

• **언어:** 한글

한국 민중 문학 가운데 최고의 작품 중에 하나이다. 기생의 딸 춘향과 전라도 남원 원님의 아들 이몽룡의 사랑에 대한 이야기이다. 두 주인공은 많은 시련 끝에 행복을 얻게 된다. 이 작품은 민중의 고난과 지배계층의 잔혹함을 드러내고 있다. 전국에서 이야기로 전해지고 판소리로 불렸던 이 작품은 수많은 이본이 있다. 이 이야기는 18~19세기에 문학 작품으로 가공되었다.

『조선도서해제』(1932)에서는 이 소설의 저자를 여규향(呂圭享)이라고 기록하였는데 이 이야기를 문학 작품으로 편집한 사람 중에 한 명으로 생각된다.

이 해제에서 서술된 이본은 이른 시기에 민중에서 형성된 내용을 바탕으로 하고 있는 이본이다.

목판본. 간행 연도 및 간행 장소 기록 없음.

애스턴 문고. 한국 민중 문학 모음집. 합철본 책 6의 세 번째 목판본임, 30장, 장 번호 한자.

- **해제:** M. Cour., Bibl. cor. No. 816; 朝鮮圖書解題, 1932, 336쪽; 한글갈, 99쪽; 조선서지학개관, 206, 207, 210쪽.
- **목록:** 東洋文庫朝鮮本分類目錄, 85쪽, VII–4–248(필사본), VII–4–235(한국 간행본); 古鮮冊譜 책 2, 833쪽.
- **번역서:** Чун–Хианг, Живописное обозрение, 1893. Любовь И–Торенга к прекрасной Чун–Хианг (пер. с французского М. П. Чехова), Вестник иностранной литературы, 1895. Н. Г. Гарин–Михайловский, Из дневников кругосветного путешествия (По Корее, Маньчжурии и Ляодунскому полуострову). Корейский фольклор – Любовь. М., 1950. стр. 399~401. Повесть о вернейшей из верных жен, о не имевшей себе равных ни прежде, ни теперь, о Чхунхян (пер. А. Ф. Троцевич). Корейские повести. М., 1954. стр. 75~188. История о верности Чхун Хян (пер. А. Ф. Троцевич). История о верности Чхун Хян. Средневековые корейские повести. М., 1960. с. 33~130. J. H. Rosny et Hong Tjyoung Ou. Printemps parfume. Paris, 1892. H. N. Allen. Chun Yang, The Faithful Dancing Girl Wife. Korean Tales. New York & London, 1889. pp. 116~151.

| 208 |

B 2

단틱죵젼 唐太宗傳 (Танъ тхэчжонъ чжон)

"당태종전"

- **언어:** 한글

당나라 태종 연간(626~649)에 운수라는 선비가 살았다. 어느 날 어부들이 운수에게 잉어를 선물로 주면서 그물을 어디에다가 넣으면 물고기를 많이 잡을 수 있는지를 물어보았다. 운수는 물고기를 잘 잡을 수 있는 몇 군데를 가르쳐 주었고, 어부들은 물고기를 많이 잡았다. 그때부터 어부들은 운수를 칭찬하고 물에서 사는 모든 존재를 잡아버릴 것이라고 자랑하였다. 물고기들이 그것을 듣고 용왕에게 호소하였는데 용왕은 운수를 죽이기로 하였다. 용왕은 사람 모습으로 변해 운수를 찾아가서 비가 언제 내릴 것인지를 물었다. 운수는 내일 정오에 비가 내릴 것이라고 대답하였다. 그러자 용왕은 만일 내일 정오에 비가 내리지 않으면 운수를 죽일 것이고, 만일 비가 내리면 운수가 자신을 죽이라는 내기를 하자고 하였다. 비를 내리려면 반드시 용왕의 협동이 필요했고 하늘신은 아직 그에게 비를 내리라는 명령을 하지 않았기 때문에 용왕은 이 내기에서 이길 생각이었다. 그러나 바로 그때 하늘신이 용왕에게 내일 정오에 비를 내리라고 명령하였다. 용왕은 비를 그보다 약간 늦게 내리게 하였고, 운수에게 내기에서 이겼으니 그의 목을 벨 것이라고 하였다. 운수는 용왕이 그를 죽이지 못하고 내일 정오에 하늘신의 명령을 어긴 죄로 죽을 것이라고 하였다. 그러자 용왕은 운수에게 자신을 구해달라고 하였다. 운수는 용왕이 태종에게 이 일을 사실대로 이야기하여 도움을 요청하라고 하였다. 만약 태종은 용왕을 구하기로 하면 위징이라는 신하를 정오에 잠들지 못하게 할 것이라고 하였다. 위징은 잠들면 그의 혼백이 신체와 떨어져 하늘로 올라가는데, 하늘신의 명을 어긴 죄인을 죽였다. 운수는 위징이 정오에 잠들지 않으면 용왕이 살아남을 것이라고 하였다. 용왕은 태종에게 일을 사실대로 이야기하였고 태종은 그를 구하기로 하였다. 다음 날에 태종은 위징을 불러 (잠들지 못하게 하기 위해) 장기를 두었다. 그러나 곧 태종도 졸음을 이기지 못하여 위징을 돌려보냈다. 태종이 잠을 깼을 때 정오가 이미 지났고 위징도 잠들어 있었다. 태종은 위징을 깨워 잠자는 동안에 그의 혼백이 무엇을 하였는지 물었다. 안타깝게도 위징의 혼백은 하늘로 올라가 하늘신의 명을 받고 용왕의 목을 이미 벤 것이었다.

목판본. 간행 연도 및 간행 장소 기록 없음.

애스턴 문고. 한국 민중 문학 모음집. 합철본 책 6의 네 번째 목판본임, 31장, 장 번호 한자.

• **해제**: M. Cour., Bibl. cor. No. 786; 조선서지학개관, 205쪽.
• **목록**: 古鮮册譜 책 3, 1493쪽.

| 209 |

B 2 / VI–5

옥쥬호연 玉珠好緣 (Окчу хоён)
"옥주호연"

• **언어**: 한글

오대십국(伍代十國, 907~960) 시대에 절강에서 최문경이라는 귀족이 살았다. 자식이 없음을 슬퍼하다가 우왕의 묘에 가서 기원하였다. 집으로 돌아오는 길에서 옥구슬 세 개를 찾았다는 꿈을 꾸었다. 아홉 달 후에 최문경의 아내가 아들 세 명을 낳았는데 이름을 완, 진, 경이라고 지었다. 동시에 태주에서 사는 유원경이라는 귀족은 아이를 얻기 위해 불상에 많은 재산을 시주하였다. 어느 날에 그는 진주 구슬 세 개를 찾았다는 꿈을 꾸었다. 이후 그의 아내는 딸 세 명을 낳았는데, 이름을 자주(자줏빛 진주), 벽주(푸른빛 진주), 명주(빛나는 진주)라고 지었다. 딸 세 명이 자라 몰래 무예를 익히기 시작하였다. 유원경은 그것을 알고 그들을 죽이고자 할 만큼 분노하였다. 자매는 놀라 남복을 입고 집을 떠났다. 길을 가다가 도사에게 배우러 산으로 가던 최문경의 세 아들을 만났다. 여섯 명 모두 친해지고 도사에게 같이 가기로 하였다. 도사에게 병술을 익혀 이후에 송나라를 건국한 영웅의 부하가 되었다. 세 명의 남자는 높은 직위에 올랐고 나머지 세 명은 여자임을 알게 되자 그들과 혼인하였다.

목판본. “1851년 무교(서울에 있는 지명)에서 새로 간행하였다(辛亥元月武橋新刊).”

애스턴 문고. 한국 민중 문학 모음집. 합철본 책 6의 다섯 번째 목판본임, 20장, 장 번호 한자.

• **해제:** M. Cour., Bibl. cor. No. 790

| 210 |

B 2 / VII-2

삼셜긔 三說記 (Самсольги)
“삼설기”

• **언어:** 한글

책 1은 없다.

책 2는 다음과 같은 이야기부터 시작된다. 어느 선비가 산을 가고 있었는데, 밤이 되자 한 집에서 머물게 되었다. 그 집에는 예쁜 여자가 있었는데 자신이 항우의 첩이라고 하였다. 갑자기 하늘과 땅이 열리듯이 큰 소리가 났는데 항우가 십만 군대를 이끌고 온 것이었다. 처음에는 항우가 선비를 죽이려고 하였는데, 선비가 항우의 악행을 책망하였다. 결국 항우도 선비가 옳다고 인정할 수밖에 없었다.

두 번째 이야기는 "통찰력이 있는 세 명의 아이"(三子遠從記)라는 것이다. 고려시대 때 한문을 공부하는 세 명의 아이가 있었다. 선생님은 그들에게 앞으로 어떤 사람이 되고 싶은지를 물었다. 첫째 아이는 평안도 통치자가 되고 싶다고 하였고, 둘째 아이는 돈이 많은 사람이 되고 싶다고 하였다. 세 번째 아이는 높은 관료가 되고 싶다고 하였다. 이후에 아이 세 명의 꿈이 모두 이루어졌다.

세 번째 이야기는 "노처녀의 노래"(老處女歌)라는 것이다. 병이 많으며, 귀머거리, 맹인, 꼽추, 절름발인 처녀가 결혼 못한 채 나이가 들었다. 그녀는 너무나도 결혼하고 싶어했고, 〈노처녀가〉를 지어 이 작품에서 결혼 생활에 대한 자신의 꿈을 서술하였다.

목판본. 간행 연도 및 간행 장소 기록 없음.

애스턴 문고. 한국 민중 문학 모음집. 합철본 책 7의 두 번째 목판본임, 26장, 장 번호 한자.

- **해제**: M. Cour., Bibl. cor. No. 825; 한글갈, 95쪽.
- **목록**: 古鮮册譜 책 2, 685쪽.

| 211 |

B 2 / VII-2

앞의 책과 동일함

- **언어**: 한글

앞의 작품 〈삼설기〉의 책 3이다. 다음과 같은 이야기들이 수록되어 있다.

첫 번째 이야기는 황새 심판에 대한 것이다. 옛날에 경상도에서 한 부자가 살았는데, 그의 아버지는 아들의 돈을 많이 썼다. 결국 부자는 참지 못하여 아버지를 데리고 심판 앞으로 왔다. 아버지는 심판에게 뇌물을 바쳤고 심판은 공평치 않게 아들이 유죄하다고 하였다. 그러자 아들은 이야기 하나를 해주겠다고 하였다. 심판은 원래 이야기를 듣는 것을 좋아하였는데 그것을 허락하였다. 재산을 잃은 부자는 다음과 같은 이야기를 하였다.

옛날에 뻐꾸기, 꾀꼬리와 두루미가 있었다. 그들 중에 어느 새의 우는 소리가 더 좋은지를 다투었는데 황새에게 심판해달라고 하였다. 두루미는 자신의 우는 소리가 좋지 못함을 스스로도 알고 있었다. 그는 늪에서 개구리와 벌레를 잡아다가 황새에게 바쳤다. 심판하는 날에 황새는 새들의 우는 소리를 들어보고 꾀꼬리의 소리는 매우 약하며, 뻐꾸기의 소리는 매우 단조롭고, 두루미의 소리는 매우 듣기 좋다고 하였다. 부자는 심판을 황새와 비유하여 부끄러움을 알게 하였다.

두 번째 이야기는 다음과 같다. 곤륜산(崑崙山)에 모든 동물이 존경하는 늙은 사슴이 살고 있었다. 사슴의 생신 잔치에서 모든 동물이 그를 축하하고 시를 짓는 겨루기도 하였다.

세 번째 이야기는 다음과 같다. 화월산(花月山)에서 장이라고 하는 노루가 살았다. 어느 날 노루는 잔치를 열어 모든 동물을 초대하였다. 좋은 자리에 앉히기 위해 동물들 중에 나이가 가장 많은 동물을 정해야 하였다. 두꺼비는 나이가 가장 많다고 하였는데 아무도 그것을 다투지 않았으며 두꺼비가 가장 좋은 자리에 앉았다. 잔치 중에 초대를 받지 못한 호랑이의 포효가 들렸다. 모두가 두려워졌고 노루가 꾀가 많은 여우에게 호랑이를 달래서 그들을 해치지 않게 해달라고 하였다. 여우는 호랑이를 찾아가 절을 하여 인사하였다. 호랑이는 왜 자기를 초대하지 않았냐고 물었다. 여우는 호랑이가 산의 왕이고, 아무도 차마 그에게 잔치에 오라고 번거롭게 할 수 없었다고 대답하였다. 호랑이는 그 말을 좋아하며 떠났다. 여우는 잔치 자리에 돌아왔을 때 모두가 숨어버려서 아무도 없었다. 동물들은 다시 나왔지만 두꺼비를 오랫동안 찾을 수 없었다. 두꺼비는 모래 속에 숨은 것이었고, 짓밟힐 뻔하였다. 동물들은 두꺼비를 찾아 용서를 구하였고, 잔치는 계속 이어졌다.

목판본. "1848년에 유동(서울에 있는 지명)에서 새로 판각되었다(戊申十一月...日由桐新板)."

애스턴 문고. 한국 민중 문학 모음집. 합철본 책 7의 두 번째 목판본임, 26장, 장 번호 한자.

| 212 |

B 2 / VII–3

양산빅젼 楊山柏傳[139] (Янъ сан бэк чон)

"양산백전"

• **언어:** 한글

명나라 때 양씨 성을 가진 대신이 살고 있었는데 50살이 되도록 자식이 없었다. 어느 날 밤에 신이 그에게 귀여운 남자 아이를 내려주는 꿈을 꾸었다. 아침에 부인에게 꿈을 이야기하였는데 부인도 같은 꿈을 꾸었다고 하였다. 이후 부부가 아들을 낳았는데 이름을 산백이라고 지었다. 양

139 【역자주】이 작품의 한자 제목은 '梁山伯傳', '梁山柏傳'으로도 표기한다.

산백은 열 살이 되자 경전을 공부하러 사찰로 들어갔다. 그때 추 씨 성을 가진 관리의 딸 양대가 남장을 하여 이 사찰로 공부하러 들어갔다. 양산백과 추양대는 몇 년 동안 함께 공부하였다. 양산백이 자기의 친구 양대가 여자임을 알게 되었고 그녀에게 반하였다. 추양대는 혼인하기 전에 그와 연인이 되는 것을 거절하였다. 그리고 명성을 지키기 위해 몰래 집으로 돌아갔다. 몇 년 후에 양산백도 사찰을 떠나 추양대가 사는 마을로 갔다. 양대의 집을 찾아갔는데 사람들이 그녀가 아버지의 명령에 따라 다른 남자와 결혼하였다고 하였다. 양산백은 집으로 돌아가 슬픔을 이기지 못하여 죽게 되었다. 추양대 또한 양산백이 죽었다는 소식을 듣고 또한 세상을 떠났다. 그러나 잠시 이후 그 둘은 환생하여 결혼하였다. 양산백은 오랑캐와 전투에서 이름을 알리게 되었다. 양산백과 추양대는 행복하게 살다가 다시 세상을 떠났다.

목판본. 간행 연도 및 간행 장소 기록 없음.

애스턴 문고. 한국 민중 문학 모음집. 합철본 책 7의 세 번째 목판본임, 24장.

• **해제:** M. Cour., Bibl. cor. No. 806

| 213 |

B 2 / VII–4

삼국지 (Самгукчи)

"삼국지"

• **저자:** 나관중(羅貫中), 1330 추정~1400

• **언어:** 한글

이 소설의 원래 제목은 '삼국지연의(三國志演義)'이다. 이 소설은 한나라의 멸망과 서로 간에 전쟁을 하였던 위, 오, 촉 삼국의 건국을 묘사하고 있다. 나관중은 진수(陳壽, 233~297)라는 역사학자의 기록을 바탕으로 이 작품을 창작하였다. 이 역사 소설은 민중들이 이해할 수 있는 백화(白話)체로 창작되었고, 중국에서 널리 유통되었으며 주변 국가의 언어로도 번역되었다.

애스턴 문고 『삼국지』는 축약한 한글 번역본이다. 원래 3책으로 구성된 이본인데, 동방학연구소에는 책 3만 있다.

목판본. 1859년에 간행되었다. 간기가 있다. "1859년 초 여름에 홍수동에서 새로 간행하였다(己未孟夏紅樹洞新刊)."

애스턴 문고. 한국 민중 문학 모음집. 합철본 책 7의 네 번째 목판본임, 20장, 장 번호 한자.

• **해제:** M. Cour., Bibl. cor. No. 755, 766, 2124; 漢籍解題, 73쪽, 한글갈, 100쪽.
• **목록:** 東洋文庫朝鮮本分類目錄, 87쪽, VII-4-255(필사본), VII-4-35(한국 간행본); 古鮮册譜 책 2, 671쪽.

| 214 |

C 51

앞의 책과 동일함

목판본. 1859년에 간행되었다. 간기가 있다. "1859년 석교에서 새로 간행하였다(己未石橋新刊)."

기타 입수. 25.5cm×18cm, 책 3만 있음, 22장, 장 번호 없음, 서양식 장정이 아님, 손상 정도: 매우 손상된 책. 본문은 새로운 한지에다가 붙이는 방법으로 보수가 되었지만 떨어지고 있다.

| 215 |

B 3

최츙젼 崔忠傳[140] (Чхё чхунъ чжон)

"최충전"

• **언어:** 한글

옛날에 신라에서 최충이라는 선비가 살았다. 신라의 마지막 왕은 그를 문창의 수령으로 임명하였다. 최충은 부임을 받고 기뻐하지 않았다. 문창의 수령으로 부임된 사람 모두가 아내나 딸을 잃었다는 것을 알고 있었기 때문이다. 최충은 아내를 매우 사랑하였다. 최충은 부임을 거절할 수도 없었고, 아내를 두고 갈 수도 없어서 아내와 함께 문창에 도착하였다. 어느 날에 최충이 일하고 있었을 때 태풍이 불어 주변이 깜깜해졌고 아내가 사라졌다. 최충은 곧바로 아내를 찾으러 떠났다. 아내의 몸에 묶여 있는 빨간 실을 따라가다가 산굴 속에서 그녀를 찾았다. 최충의 아내는 다른 여자들도 그랬듯이 금돼지로 인해 납치된 것이었다. 아내는 꾀를 써서 금돼지를 죽이고 남편과 함께 집으로 돌아왔다. 6개월 후 아내는 아들을 낳았다. 최충은 아이가 자신의 아들이 아니라 금돼지의 아들이라 생각하

140 【역자주】 이 작품의 한자 제목은 '崔冲傳'으로도 표기한다.

여 아이를 버리도록 하였다. 아이는 비록 버려졌지만 살아남아 여러 기이한 일을 하며 뛰어난 시도 창작하였다. 이 아이에 대한 소식은 중국 황제에게까지 들리게 되었다. 황제는 석함 안에 계란을 놓고 석함을 신라에 보내어 신라의 시인들로 하여금 함 속에 들은 물건에 대해 시를 짓게 하였다. 최치원은 시를 지어 승상의 딸을 아내로 얻었다. 그다음에 중국 황제는 최지원을 궁궐에 불러 어려운 문제를 내주고 시를 짓게 하였다. 궁궐의 모든 시인들이 시 짓는 겨루기에서 최치원을 이길 수 없었다. 황제는 최치원에게 상을 주는 대신에 그를 무인도로 쫓아냈다. 최치원은 그곳에서 살아남았다. 어느 날 무인도에는 황제에게 공물을 바치러 가는 남쪽 배가 도착하였다. 최치원은 그 사람들을 통해 황제에게 자신의 시를 보냈다. 황제는 그 시를 보고 최치원이 살아 있다는 것을 알고 놀랐다. 황제는 최치원에게 사신들을 보냈는데 최치원은 분노하여 그들을 만나주지 않았다. 황제는 다른 사신들을 보내 최치원을 정중하게 궁궐로 모시라고 하였다. 최치원은 호신패를 사용하여 용으로 변하였고 궁궐에 와서 신하들의 비겁과 아부를 폭로하였다. 최치원은 황제에게 존경을 받으면서 한때 궁궐에서 살았는데 신라로 돌아갔다. 신라에서 아내가 그를 기다리고 있었는데 나이가 들고 백발이 되었다. 최치원은 아내에게 영약을 마시게 하였고 아내는 다시 젊어졌다. 그다음에 최치원은 아내와 함께 가야산으로 들어갔는데 이후부터 아무도 그를 만나지 못하였다. 오직 정덕 연간(1506~1521)에 어떤 나무꾼이 그를 만난 적이 있었다.

필사본. 필사 연도 및 필사 장소 기록 없음.

필사자 미상. 표지와 마지막 장에는 '蘇我氏'라는 소유자의 이름이 적혀 있다.

속표지 이면에는 다음과 같은 기록이 있다. "W. G. Aston. Choi-Chung. A Korean Märchen by W. G. Aston. Asiatic Society of Japan,

1900."

印: 애스턴의 ex-libris. 첫째 장과 마지막 장에 소장자의 네모난 도장이 있음.

애스턴 문고. 24cm×17cm, 1책, 본문의 크기 20cm×22cm, 43장, 장 번호 없음, 1면당 9행, 얇은 한지, 먹으로 기록됨, 서양식 장정이 아님.

- **번역서:** W. G. Aston. Choi-Chung. A Korean Märchen. Transactions of the Asiatic Society of Japan, v. XXVIII, 1900. pp. 1~31.

| 216 |

C 13

"Corean tales"
"한국의 옛이야기"

- **저자:** Kim Che Kuk[141]
- **언어:** 한글

속표지는 애스턴이 직접 영어로 작성하였다. "Corean tales. By Kim Che Kuk (my Corean teacher), a Christian which will account for the Reinecke Fuchs story no doubt introduced by the French missionaries. W. G. Aston". 그 밑에는 다음과 같은 기록이 있다. "Told not in the current literary popular style of narrative but in ordinary

141 【역자주】 애스턴은 Kim Che Kuk의 이름을 영문으로 Kim Che Kuk, 또는 Kim Chai Kuk으로 표기하였다.

colloquial."

이 책에는 다음과 같은 작품이 수록되어 있다.

1. 젼장호(傳掌虎) - 서로에게 호랑이를 전한 이야기
2. 미립음쥬(賣笠飮酒) - 갓을 팔아 술을 사 먹은 이야기
3. 걸인시혜(乞人施惠) - 거지가 은혜를 베푼 이야기
4. 빅호산군식랑(白虎山君食狼) - 산중의 왕인 흰 호랑이가 늑대를 잡아먹은 이야기
5. 니싱계주(李生戒酒) - 이생이 술을 마시지 않겠다고 다짐한 이야기
6. 의젹(義賊) - 의리 있는 도적
7. 멸샤긔(滅邪記) - 사악한 기운을 없앤 이야기
8. 최경 비리호숑 (非理好訟) - 최경[142]
9. 니김량셩긔(李金兩姓記) - 이씨와 김씨 두 가정에 관한 이야기
10. 용지취과(用智娶寡) - 지혜를 써서 과부와 결혼한 이야기

필사본. 김재국의 초고본이다. 마지막 장에 필사기가 있다. "을유년(1885년) 8월 7일. 영국 대사관(乙酉八月初七日貞洞書)."

애스턴 문고, 25cm×20cm, 1책, 본문의 크기 19cm×13cm, 196장, 장 번호 없음, 1면당 10행, 서양 종이, 먹으로 기록됨, 서양식 장정.

- **번역서:** W. G. Aston. On Corean popular literature. The transferable tiger. Transactions of the Asiatic Society of Japan, v. XVIII, 1890. pp. 113~115. Д. Д. Елисеев. Корейские новеллы XIX века. Восточный альманах, № 1, 1957. стр. 251~280. Корейские новеллы (пер. Д. Д. Елисеева). М.,1959.

---

142 【역자주】 페트로바는 이 작품의 제목을 '최경'이라고 적었다.

| 217 |

C 2

雙釧奇逢 쌰쳔긔봉 (Ссанъчхон кибонъ) "쌍천기봉"

• **언어:** 한글

이 소설은 이때까지 한국 문학계에서 거의 연구되지 않았던 장편소설 장르에 속한다. 장편소설은 17~19세기에 널리 유통되었다. 작자 및 창작 연도는 알려져 있지 않다.

이 작품은 중국 명나라를 배경으로 하고 있으며, 1382년에서 1572년 사이의 시기를 서술하였다. 이백 년 동안 이씨 가문의 5대 인물들의 생활 및 그들이 겪게 되는 여러 가지 사건이 서술되고 있다.

필사본. 필사 연도 및 필사 장소 기록 없음.[143]

애스턴 문고. 28.5cm×19.5cm, 본문의 크기 26cm×16cm, 22책, 1233장, 장 번호 한자, 장 번호는 책별로 매김, 1면당 10행, 기름 먹인 노란색 한지, 먹으로 기록됨, 여성의 필체로 보임, 서양식 장정이 아님.

• **번역서:** Ссянъчхон кыйбонъ (Удивительное соединение двух браслетов). Изд. текста, перевод и предисловие М. И. Никитиной и А. Ф. Троцевич. М.,

143 【역자주】 트로체비치와 구리예바는 권 3에 "甲申正月十二日"라는 기록이 있다고 밝혔다. (Троцевич А. Ф., Гурьева А. А. Описание, 2009. С. 173.)

1962. (Памятники литературы народов Востока. Тексты. Малая серия, XV).

| 218 |

C 4

東遊記 동유긔 (Тонъюги)

"동유기"

• **언어**: 한글

이 작품은 주인공이 동방, 즉 한국으로 여행하는 동안에 겪은 사건을 서술하고 있다.

필사본. 속표지 이면과 책 4의 표지 이면에는 "이칙의글시좁쎠다고욕말쇼(이 책의 글씨가 지저분한데 그것을 욕하지 마세요)"라는 기록이 있다. 그다음에는 연도가 적혀 있다. '무인년(戊寅年)'. 무인년은 1758년이나 1818년일 수가 있다. 글씨체와 종이를 고려하면 1758년일 가능성이 있다.

印: 애스턴의 ex-libris

애스턴 문고. 28cm×20cm, 본문의 크기 20cm×17cm, 4책(본래는 6책으로 구성된 이본인데, 책 1과 책 5는 낙질되었다), 장 번호 없음, 1면당 10행, 한지, 먹으로 기록됨, 서양식 장정이 아님. 손상 정도: 보수가 된 책임. 흰 종이를 붙였음. 2~60장은 벌레가 먹음. 책 3, 책 4의 몇 장에는 기름 반점이 있음. 책 6의 표지에도 벌레 먹음.

| 219 |

C 15

隋史遺聞 쉬ᄉ유문[144] (Cyca юмун)

"수사유문"

• **언어:** 한글

중국의 수나라(隋, 581~619) 시기에 관한 소설이다.

필사본. 필사 연도 및 필사 장소 기록 없음.

印: 애스턴의 ex-libris. 다른 소유자의 도장이 잘려 있음.

애스턴 문고. 23cm×19.5cm, 본문의 크기 21cm×17cm, 12책, 594장, 장 번호 없음, 1면당 12행, 한지, 먹으로 기록됨, 서양식 장정이 아님. 손상 정도: 책 1에는 노란색 액체가 쏟아졌는데 해독은 가능함.

| 220 |

C 17

報恩奇遇錄 보은긔우록 (Поын киурок)

"보은기우록"

• **언어:** 한글

명나라(明, 1368~1644) 때 중국을 묘사하는 소설이다.

144 【역자주】이 작품의 한자 제목은 '隋史遺文'으로도 표기된다.

필사본. 필사 연도 및 필사 장소 기록 없음.[145]

애스턴 문고. 28cm×20cm, 본문의 크기 23cm×16cm, 18책, 563장, 장 번호 없음, 1면당 10행, 한지, 먹으로 기록됨, 서양식 장정이 아님. 손상 정도: 표지가 손상되고 찢어짐. 장이 가운데로 잘리고 그 뒷면에 본문과 상관없는 기록들이 있음. 그림도 그려져 있음.

• **해제**: M. Cour., Bibl. cor. No. 862

| 221 |

D 14

"하진양문록"[146]

• **언어**: 한글

송나라(宋, 960~1279) 때 중국을 묘사한 소설이다.

필사본. 필사 연도 및 필사 장소 기록 없음.[147]

印: 애스턴의 ex-libris

애스턴 문고. 30cm×21cm, 본문의 크기 25cm×17cm, 25책, 801장, 장 번호 없음, 1면당 10행, 한지, 먹으로 기록됨, 서양식 장정이 아님.

• **해제**: M. Cour., Bibl. cor. No. 911

---

145 【역자주】 트로체비치와 구리예바는 권 1(32장 내면)에 "갑신구월초육일", 권 1(마지막 장 내면)에 "甲申四月十日", 권 14(마지막 장)에 "을유정월쵸오일묘동서"라는 기록이 있다고 밝혔다. (Троцевич А. Ф., Гурьева А. А. Описание, 2009. С. 176.)

146 【역자주】 원문에서는 이 책의 한글 제목, 한자 제목과 러시아어 발음이 적혀 있지 않다. 제목의 러시아어 번역만이 적혀 있다.

147 【역자주】트로체비치와 구리예바는 권 8(미지막 장)에 "무신칠월초사일뇽호필셔"라는 기록이 있다고 밝혔다. (Троцевич А. Ф., Гурьева А. А. Описание, 2009. С. 178.)

• **목록:** 東洋文庫朝鮮本分類目錄, 86쪽, VII-4-234(29책, 필사본)

| 222 |

D 16

玄氏兩雄雙麟記 현시양웅빵닌긔 (Хён-сси нянъунъ ссанънинги) "현씨양웅쌍린기"

• **언어:** 한글

이 작품은 중세 한국의 생활에 대한 소설이다.

필사본. 본문의 끝에 필사한 날짜가 기록되어 있다. "경오칠월열일막필셔". 경오년은 1810년이나 1870년일 수 있다.[148]

애스턴 문고. 33cm×21cm, 본문의 크기 28cm×18.5cm, 6책, 351장, 장 번호 없음, 1면당 13행, 한지, 먹으로 기록됨, 서양식 장정이 아님. 손상 정도: 손상된 책임. 책 6의 여섯 장은 먹이 쏟아졌는데 해독이 가능함.

• **해제:** M. Cour., Bibl. cor. No. 907

| 223 |

C 36

和靜善行錄 화졍션힝녹 (Хоа чжонъ сонхэнъ нок)

---

148 【역자주】 트로체비치와 구리예바는 권 5(60장)에 "甲申五月二十三日", "甲申三月初三日", 권 6(49장)에 "경오팔월념일막필셔"라는 기록이 있다고 밝혔다. (Троцевич А. Ф., Гурьева А. А. Описание, 2009. С. 179.)

"화정선행록"

• **언어**: 한글

이 작품은 중세 한국의 생활에 대한 소설이다.

필사본. 필사 연도 및 필사 장소 기록 없음.

애스턴 문고. 29cm×21cm, 본문의 크기 24cm×16.5cm, 15책, 770장, 1면당 9행, 두꺼운 한지, 먹으로 작성됨, 서양식 장정이 아님.

| 224 |

B 27

제목 없음[149]

• **언어**: 한글

소군연에 관한 소설이다.

필사본. 필사 연도 및 필사 장소 기록 없음.

본문의 시작은 다음과 같다. "녜째명시졀의활영산참총거경겻의사은ᄌᆡ샹이이시리셩은쇠오ᄌᆞ는군연이니송형셩의현손이라." 본문은 다음의 문장으로 끝난다. "팔효녀ᄌᆞ는녕녕터마ᄉᆞᆷ쇠셔는물이낫기즐러."

기타 입수. 24cm×15cm, 본문의 크기 21cm×12cm, 1책, 49장, 장 번호 없음, 1면당 8~14행, 한지, 먹으로 기록됨, 서양식 장정이 아님. 손상 정

149 【역자주】이 책은 단편소설인 〈소군연전〉으로 판단된다.

도: 매우 손상된 책임. 종이에 기름 반점이 있음. 표지에 벌레 먹음. 보수된 흔적이 있음. 뒷표지는 이미 사용되었던 종이를 붙였고 그 종이에는 목록이 적혀 있음. 마지막 장에는 보다 깨끗한 종이가 붙어 있음.

| 225 |

B 34

雪冤 (Соруон)[150]

"설원 (원망을 푼 이야기)"

- 첫째 장에는 '친사간상젼'이라는 다른 제목이 있다.
- **저자**: Kim Chai Kuk
- **언어**: 한글

사돈 간의 다툼에 대한 이야기이다.

표지 이면에는 애스턴이 다음과 같이 기록하였다. "A Corean Tale. Composed, written and bound by Kim Chai Kuk(my Corean teacher) Chin Sa Kan Sangchyŏn. W. G. Aston."

1885년의 필사본. 마지막 장에는 필사기가 있다. "을유년(1885년) 6월에 썼다. 영국 대사관(乙酉六月日義洞畢書)."

애스턴 문고. 22cm×17cm, 1책, 17장, 장 번호 없음, 1면당 10행, 한지.

- **번역서**: Месть свахи, или о том, как подрались сваты (пер. Д. Д .Елисеева). Корейские новеллы. М.,1959. стр. 185~195.

---

150 【역자주】이 서적은 1책으로 구성되어 있는 단편소설이다.

한국 기록문화유산의 해제 (하)

XIII 백과전서

| 226 |

D 8

東國文獻備考 (Тонъгук мунхон биго)
"한국의 백과사전"

• **언어**: 한문

『문헌비고』는 영조의 명에 따라 홍봉한(洪鳳漢)을 비롯하여 여러 학자들에 의해 편집되어, 1770년에 활자로 간행되었다.

서문에서 편찬자들은 한국의 고대 역사를 서술할 때 『삼국사기』, 『삼국유사』와 중국의 문헌을 참고하였고, 그 이후 시대를 서술할 때는 한국의 역사적 기록과 문헌을 참고하였다는 기록이 있다.

본문 부분 부분에는 특별한 기사들이 있는데, 그중에 1770년에 임금이 쓴 것들도 있다. 임금이 쓴 기사들은 좌승지(左承旨) 서호수(徐浩修)와 좌부승지 김종수(金鍾秀)에 의해 전사되었다. 김종수는 '예고(禮考)'라는 항목의 서문을 썼다.

이 필사본은 91권 45책으로 되어 있으며, 1770년의 간행본을 옮겨 적은 필사본이다. 그러나 완전히 일치하지는 않으며, 구성에서 차이가 난다. 1770년 간행본은 모리스 쿠랑의 『한국 서지』 2112번 해제에 의하면 13항목으로 되어 있으며 100권 46책[151]으로 되어 있다고 한다.

이 책의 항목은 다음과 같이 배열되어 있다.

1) 상위고(象緯考) - 천문학(별이 있는 하늘에 대해 설명, 하늘의 변화, 시간 계산 등), 권 1~2
2) 물이고(物異考) - 현상(사람, 동물, 식물에 대한 설명), 권 3~4
3) 여지고(輿地考) - 지리학(지리에 대한 정보 외에는 지지학에 관한 정보가 있다. 그리고 방어 및 해로에 관한 정보도 있다), 권 5~12
4) 궁실고(宮室考) - 궁의 건축물(이 분과에서는 이전 왕족 및 현재 왕조에 관한 정보도 수록되었다), 권 13~17
5) 예고(禮考) - 예식(유교 예식 및 의례의 묘사), 권 19~29
6) 예문고(藝文考)[152] - 문헌(역사 문헌, 여러 문학 작품, 연표의 문체와 문학의 개관), 권 30~40
7) 씨족고(氏族考) - 계보, 권 41~42
8) 악고(樂考) - 음악, 권 43~50
9) 전부고(田賦考) - 전부, 권 51~53
10) 재용고(財用考) - 국가의 이득과 지출, 권 54~56

151 【역자주】 모리스 쿠랑의 『한국 서지』에서 40책이라고 기록되어 있다. 쿠랑 저, 이희재 역, 위의 책, 506쪽.

152 【역자주】 본문에서는 '예식(禮文)'이라고 하였으나 '문헌(藝文)'이 옳기에 수정하였다.

11) 시적고(市糴考) - 시장 매매, 권 57~58

12) 선거고(選擧考) - 과거 시험, 권 59~66

13) 고과(考課) - 교육, 권 67~74

14) 직관고(職官考) - 국가의 직관(한국의 행정제도 설명, 직관, 정부와 기관에 대한 설명), 권 75~91

물이고, 궁실고, 예문고, 씨족고라는 항목은 쿠랑의 해제에는 없다. 그리고 그의 해제에 있는 병고(兵考), 형고(刑考), 호구고(戶口考) 분과는 필사본에 없다. 그리고 필사본에서는 교육에 관한 항목을 '고과(考課)'라고 하였는데, 쿠랑의 해제에서 '학교고(學校考)'라 하였다. 필사본에서 '학교고'는 '고과' 항목의 장들 가운데 하나이다. 모든 자료들은 연대기 순서로 정리되어 있다. 1770년의 간행본은 동방학연구소에 소장되어 있지 않기 때문에, 필사본에는 변화된 부분들을 비교하여 확인할 수 없었다.

동방학연구소에서 소장된 필사본은 1770년 간행본의 전사본이다. 그것은 2장에 있는 필사기를 통해 알 수 있다. "영조 46년(1770) 경인 1월 1일(歲庚寅元月報春前一日卽祚四十六年)." 그리고 예식장관 서명응(徐命應)의 이름이 있다. 그리고 영조가 작성하고 서명응이 글씨를 쓴 두 번째 서문에서는 다음과 같은 필사기가 있다. "경인년(1770년) 4월 1일(庚寅立夏前一日)." 김치인(金致仁)이 쓴 임금께 바치는 『문헌비고』의 소개는 또한 1770년에 작성되었다(乾隆三十五年閏五月). 『문헌비고』의 소개 다음에는 이 책의 편찬자 명단이 있다.

필사본. 1770년의 간행본을 옮겨 적은 필사본이다.

드미트렙스키 문고. 1907, St. P., 33cm×21cm, 본문의 크기 22cm×16cm, 1면당 10행, 91권 45책, 2963장, 장 번호 없음, 한지, 본문은 먹으로 기록됨, 서양식 장정이 아님.

• **해제:** M. Cour., Bibl. cor. No. 2112; 朝鮮圖書解題, 1915, 69쪽; 朝鮮圖書解題, 1932, 74쪽; 조선서지학개관, 90, 134쪽.
• **목록:** 東洋文庫朝鮮本分類目錄, 30쪽, Ⅶ-2-105(필사본, 낙질본, 권 77~79), 古鮮册譜 책 3, 1465~1467쪽.

| 227 |

D 1 (E 589)

앞의 책과 동일함

위에서 서술한『문헌비고』의 1770년 간행본 가운데 책 29이다. 앞에서 언급한 것처럼, 필사본의 항목은 간행본의 것과 서로 일치되지 않는다.

이 책의 본문은 권 69~71로 되어 있고 '재용고(財用考)'의 세 번째 항목인 '어염(漁鹽)'과 네 번째 항목인 '전화(錢貨)', 그리고 필사본에는 없는 '호구고(戶口考)'라는 항목이 있다.

옛 시대부터 1753년까지의 한국 인구 증가에 대한 정보는 관심을 받을 만하다. 1753년에 한국 인구는 7,298,732명이었다. 그리고 이 항목에서는 고대부터 당대까지의 노비 제도에 대한 정보가 수록되어 있다.

활자본. 1770년에 간행되었다.

印: 첫 번째 장과 마지막 장에 붉은색으로 찍은 궁궐 도서관의 네모난 도장.

드미트렙스키 문고. 1907, St. P., 30.5cm×18.5cm, 1책(책 29), 권 69~71, 86장, 장 번호 한자 권별로 매김, 한지, 서양식 장정이 아님. 손상 정도: 낡은 책임.

| 228 |

C 47 (Д 538)

文獻通考 (Мунхон тхонъго)
"국가 제도에 관한 백과사전"

- **편찬자:** 마단림(馬端臨), 자는 귀여(貴與), 낙평(樂平)에서 태어났다. 1323년 사망
- **언어:** 한문

1524년(嘉靖三年伍月初一日)에 간행된 중국 백과사전의 한국 간행본이다. 이 사전의 중국에서 첫 번째 간행은 1319년에 이루어졌다.

『문헌통고』는 다음과 같은 항목으로 구성되어 있다.

1) 전부고(田賦考) - 전세, 권 1~7
2) 전폐고(錢幣考) - 돈, 권 8~9
3) 호구고(戶口考) - 인구, 권 10~11
4) 직역고(職役考) - 관직 의무, 권 12~13
5) 정각고(征榷考) - 세금, 권 14~19
6) 시적고(市糴考) - 시장 매매, 권 20~21
7) 토공고(土貢考) - 연공, 권 22
8) 국용고(國用考) - 국가 지출, 권 23~27
9) 선거고(選擧考) - 과거, 권 28~39
10) 학교고(學校考) - 학교, 권 40~46
11) 직관고(職官考) - 국가 관직, 권 47~67
12) 교사고(郊社考) - 지방 숭배, 권 68~90
13) 종묘고(宗廟考) - 조상의 묘, 권 91~115

14) 왕례고(王禮考) - 왕의 예식, 권 116~127

15) 악고(樂考) - 음악, 권 128~148

16) 병고(兵考) - 군대, 권 149~162

17) 형고(刑考) - 형벌, 권 163~173

18) 경적고(經籍考) - 경적(참고 문헌), 권 174~249

19) 제계고(帝系考) - 왕의 계보, 권 250~259

20) 봉건고(封建考) - 봉급 제도, 권 260~277

21) 상위고(象緯考) - 천문학, 권 278~294

22) 물이고(物異考) - 물리학, 권 295~314

23) 여지고(輿地考) - 지리학, 권 315~323

24) 사예고(四裔考) - 사방 국가, 권 324~348

목판본. 간행 연도 기록 없음. 활자본의 번각본임. 본문에 붉은색 먹으로 수정을 하였음.

드미트렙스키 문고. 1907, St. P., 25cm×16cm, 348권 120책, 10224장, 장 번호 한자, 권별로 매김, 서양식 장정이 아님.

- **해제:** M. Cour., Bibl. cor. No. 2173
- **목록:** 古鮮册譜 책 3, 1695쪽.

| 229 |

Д 12

掾曹龜鑑 (Ёнчжо кюгам)

"향리들에 대한 기록을 모은 책"

• **언어**: 한문

관리들을 위한 안내서이다. 이 책에는 법전, 역사적 기록에서 발췌한 글과 증명서, 서문, 발문, 보고서, 기록과 조선시대 다른 문서들의 양식들이 있다.

이 책은 이민행(李敏行)이 1843년(崇禎元後四癸卯)에 쓴 서문이 있다.

이 서적은 3권 2책(1책 건(乾), 2책 곤(坤)이라 표시)으로 되어 있다. 목차는 없다.

목판본. 간행 연도 및 간행 장소 기록 없음.

드미트렙스키 문고. 1907, St. P., 31cm×21cm, 3권 2책, 167장, 장 번호 한자 권별로 매김, 한지, 서양식 장정이 아님. 손상 정도: 표지가 많이 벌레 먹음. 책 1 앞의 16장과 뒤의 6장 벌레 먹음. 책 2의 앞 22장과 뒤의 4장이 벌레 먹음.

• **해제**: M. Cour., Bibl. cor. No. 2407

XIV 의학

| 230 |

D 10 (F 10)

東醫寶鑑 (Тонъый богам)
"동의보감, 한국의 의학 백과사전"

- **편찬자:** 허준(許浚), 자는 청원(淸源), 호는 구암(龜巖), 1539~1615
- **언어:** 한문

허준은 1596년에 왕(선조)의 명령에 따라 의학 백과사전을 만들기 시작하였다. 이 작업을 위해 당시 한국에 있었던 모든 중국과 한국의 의학서를 모으고 편집하였다. 허준은 여러 의사들로 하여금 편집위원회를 만들고 편집위원장이 되었다. 임진왜란 당시 위원회는 해체되었지만 허준은 이 작업을 계속 진행하였다.

전쟁이 끝난 이후에도 허준은 백과사전 작업을 계속하라는 명령을 받았다. 허준은 도와주는 사람이 없이 혼자 그 편찬을 계속하였다. 1610년에 허준이 사망한 이후 내의원 의사들은 1611년에 이 책을 마무리하였다.

1613년에는 이 백과사전의 간행이 시작되었다. 이 사전은 25권(2권-목차, 23권-본문)으로 되어 있다. 본문은 다음과 같은 항목으로 구성되어 있다.

1) 내경편(內景篇) - 인체의 내부 구조, 권 1~4
2) 외형편(外形篇) - 인체의 외부 구조, 권 1~4
3) 병편(雜病篇) - 여러 병(감기와 다른 병, 상처, 전염병, 부인병, 소아병 등), 권 1~11
4) 탕액편(湯液篇) - 탕약 권 1~3
5) 침구편(鍼灸篇) - 침술, 권 1

이 백과사전에서는 각 병을 상세하게 서술하였으며, 각 병을 위한 약도 제시되었다. 사전의 본문은 체계적으로 구성되어 있어 자세한 설명을 담고 있다. 이런 측면에서 이 사전은 중국 의학사전보다 뒤쳐지지 않는다.

목차 권 2 끝에는 1613년(萬曆四十一年一月)에 행내의원 직장 이희헌(李希憲)과 행내의원 부봉사 윤지미(尹知微)가 쓴 서문이 있다. 서문에서는 허준의 사망과 내의원이 왕명에 따라 이 책의 간행을 맡은 사실에 대한 기록이 있다.

목판본. 1613년(萬曆四十一年)에 간행되었다.

印: 모든 책에 아시아국 도장이 있음.

아시아국 문고. 35cm×23cm, 25권, 1520장, 장 번호 한자, 권별로 매김, 한지, 파란색 천이 붙어 있는 중국식 책갑.

- **해제**: M. Cour., Bibl. cor. No. 2517; 朝鮮圖書解題, 1915, 162쪽; 朝鮮圖書解題, 1932, 328쪽; 조선서지학개관, 115쪽.
- **목록**: 古鮮册譜 책 3, 1433~1434쪽.

| 231 |

B 1 (Д 147)

앞의 책과 동일함

『동의보감』을 축약하여 간행한 18세기 말의 목판본이다. 이 책의 소유자인 중국학자 파벨 카멘스키(Павел Каменский)가 쓴 기록들이 흥미롭다. 파벨 카멘스키는 그 당시에 모스크바 대학교의 학생이었다. 책 1 표지 이면에는 다음과 같은 기록이 적혀 있다.

"1796년에 우리가 북경에 있었을 때 대중 도서관을 만들기 시작하였다. 도서관이 없어서 우리는 모국어도 잊곤 하였다. 현재 도서관에는 여러 언어로 된 500권의 책이 있다. 내가 책 100권 정도를 기증했고, 그중 번역이 있는 책들도 많다. 그중에 자연사 관련 책이 없는 것이 아쉽고, 다음 사절단과 함께 (자연사 관련 책을) 보내는 것을 잊지 말아야 한다. 가치 있는 책들을 종교 시설 및 학교로 보내는 것도 좋을 것이다. 그러한 행동은 우리 나라(러시아)로 하여금 (어느 정도) 좋은 평을 받게 할 수 있다. 사람들은 조용하고, 공부와 은둔을 좋아하는 소질이 있지만, 본성이 친절하다. 활발한 성격을 가진 사람은 그들에게 야만한 사람으로 보인다. 그들은 모든 행동에는 도량을 지킨다. 그곳은 영리한 사람의 천국이고, 무식한 사람의 지옥이다."

책 3 표지에는 기록이 이어진다.

"나는 자신이 없어질 때가 있다. 가끔 중요한 지적을 하고 열심히 하는 마음이 이겨낼 때도 있다. 중국에서 의학 공부는 내가 해야 하는 일이 아니었다. 이 공부는 보다 좋은 재능과 보다 넓은 지식이 필요하다. 내가 의사, 약사, 교수와 학생을 포함한 대사관 관리들의 명단을 보고 오랫동안 북경에서 살던 우리가 많은 질문을 받게 될 것이라는 생각을 하였다.

이 생각은 내가 의학서, 특히 자연사와 식물학에 대한 관심을 갖게 된 계기가 되었다. 나는 비록 실습에서 성공하지 못했고, 앞으로도 성공할 것이라고 생각하지 않지만, 미래에 모국이 내가 시작한 의학 공부를 바탕으로 자연사와 국내 (러시아) 의학에 대한 지식이 깊은 학자를 준비시켜 학생이나 성직자로 보낼 것이며 그 학자가 위대한 발견을 할 것이라는 희망을 갖는다. 그 학자는 두 가지의 의학을 올바르게 합하여 중요한 일을 하는 사람이 될 것이다. 현재 (중국에) 있는 승원관장에게는 그 생각도 전하였고 일부 교재도 전하였다. 이 일을 하려는 학생은 다른 과목에 주의를 돌리지 않고 중국어 공부만 해야 한다."

파벨 카멘스키는 『동의보감』을 공부했음을 알 수 있다. 그는 분과의 제목뿐만 아니라 처방까지 번역했고, 책 날개에는 치료 방법과 약 처방에 관한 그의 비평적 지적을 남겼다. 그가 동양 의학을 공부할 때 중국 의학서가 많았음에도 불구하고 한국의 의학서를 선택한 것은 이 책이 한국에서뿐만 아니라 중국에서도 높은 평가를 받았음을 증명한다.

목판본. 18세기에 간행되었다. 책 6에는 "모스크바대학교 학생 파벨 카멘스키의 서적"이라는 기록이 있다.

브로세 문고. 24cm×15cm, 6책, 458장, 장 번호 한자, 권별로 매김, 중국 종이, 파란색 천이 붙어 있는 중국식 책갑.

| 232 |

D 11

醫學入門 (Ыйхак иммун)

• **저자**: 이천(李梴), 본관은 남풍(南豊)

• **언어**: 한문

중국 의사 이천이 1575년에 편찬한 책의 한국 재간행본이다. 이 책이 1575년에 편찬되었다는 기록이 서문에 있다.

목차:

책 1. 권 1: 先天圖 - 혼돈의 그림(8장)과 해설, 天地人物氣候圖 - 하늘과 땅이 만들어진 도표, 인물과 기후의 도표(10장), 明堂仰伏圖 - 신경조직과 침술, 臟腑圖 - 사람 내면 기관의 도표 명칭, 萬藥檢方總目 - 약처방, 音字 - 병의 목록 (및 발음 표기)

책 2, 권 2: 歷代醫學姓氏 - 명대에 이르기까지의 유명한 의원들의 명단, 原道統 - 의학의 원류, 陰隲 - 의학의 은혜, 保養 - 예방, 運氣 - 올바른 호흡

책 3, 권 1: 經絡 - 혈관, 臟腑 - 내장, 觀形察色 - 환자 진찰, 聽聲審音 - 청진

책 4, 권 2: 問證 - 병을 결정하기 위한 물음, 診脈 - 맥박

책 5, 권 3: 針灸 - 침술과 뜸 (권 1~2,권 3)

책 6~10: 1~5분과 本草 - 약재(동물성 약, 식물성 약, 광물질)

책 11: 溫暑傷寒 - 더위와 추위에서 발생하는 병들

책 12~13: 雜病提綱 - 여러 가지의 병들

책 13~15: 婦人門小兒外科 - 부인병, 소아병, 외과

책 16~17: 雜病用藥賦 - 여러 가지 병들을 치료하는 약

책 18~19: 婦人門小兒外科用藥賦 - 부인병, 소아병, 외과의 병들을 치료하는 약

책 19(144장)에 대자로 찍은 간기가 있다. "내의원에서 다시 교정한 후 1818년에 개정하여 간행한다(內局重校戊寅改刊)."

그다음에 1820년(上之二十年庚辰)에 안동(安東) 김이교(金履喬)가 쓴 발문이 있다. 이 발문에는 이 책이 명대 신종(神宗) 때 이천에 의해 편찬되고 1580년(萬曆庚辰)에 목판으로 간행되었다고 기록되어 있다. 이 책은 임진왜란 때 조선을 도우러 온 중국 군대와 함께 한국으로 유입되었고, 『동의보감(東醫寶鑑)』(해제 230번)과 함께 의학 관련 책의 바탕이 되었다. 1818년에 이 책은 전라도에서 비용을 지원하여 다시 목판으로 간행되었다.[153]

책 끝에는 간행을 맡은 관리들의 명단이 있다. 그 앞에는 김이교가 1820년에 쓴 발문이 있다.

목판본. 1818년에 간행되었다.

책 1의 표지에는 다음과 같은 기록이 있다. "야츠우테(В. Я. Яцуте)의 사선생님께. 베베르(К.Вебер). 서울. 1889년 9월 8일."

印: 모든 책 표지에 아시아 박물관 도장.

본시텟트(Бонштедт)가 기증한 책. 32cm×21cm, 19책, 1184장, 장 번호 한자, 권별로 매김, 한지, 서양식 장정이 아님.

• **해제:** M. Cour., Bibl. cor. No. 2512

153 【역자주】 모리스 쿠랑의 『한국 서지』에서는 전라도와 경상도에서 모은 비용이라고 서술되어 있다. M. Courant, 『Bibliographie Coreenne』, 1894, (tome troisieme), pp. 105–107. 쿠랑 저, 이희재 역, 위의 책, 598쪽.

| 233 |

C 26

倭韓醫談 (Вакан идан)
"한국인과 일본인 간의 의학에 대한 문답"

- **저자:** 사카노우에 요시유키(坂上善之), 자는 겐초(元長), 호는 세이코(西湖), 본관 에도.
- **언어:** 일본어

1764년 3월 한국 사신들이 에도에 있었을 때, 일본 의사 사카노우에는 에도 아사쿠사에 있는 혼간지(本願寺) 절의 객관(客館)에서 사신들을 만나면서 그들과 한국 의학에 대한 이야기를 했는데 후에 그 문답을 기록하였다.

사카노우에와의 만남에는 다음과 같은 한국인들이 참석하였다. 남옥(南玉), 자 시온(時韞), 호 추월(秋月), 대사관의 시인. 성대중(成大中), 사숙(士執), 호 용연(龍淵), 대사의 필사가. 원중거(元重擧), 자 자재(子才), 호 현천(玄川), 대사 필사가의 조수. 김인겸(金仁謙), 자 사안(士安), 호 퇴석(退石), 필사가의 조수. 이좌국(李佐國), 자 성보(聖甫), 호 모암(慕菴), 의사.

사카노우에는 한국 의학에서 인삼과 다른 약재의 이용법, 여러 병의 치료법에 관한 이야기를 기록하였다. 이시 노부아키(石宣明)가 1764년에 쓴 서문이 있다(寶曆甲申夏四月). 끝에는 한글표가 붙어 있다.

목판본. 간행 연도 및 간행 장소 기록 없음.[154]

---

154 【역자주】 노조무 하야시와 피터 코니츠키는 이 책의 간행 기록을 다음과 같이 기록하였다. "寶曆14序刊 (百花街[=編者?]藏版)". Hayashi, Nozomu, and Peter F. Kornicki ed. Op. cit. p. 373.

印: 애스턴의 ex-libris

애스턴 문고. 27cm×18cm, 2권 1책, 42장+5장(서문)+2장(부록), 장 번호 한자, 권별로 매김. 손상 정도: 낡은 책임. 벌레 먹음. 보수가 필요함.

XV 등록, 서간

| 234 |

D 81 (M 1)

箚子謄錄 (Чха чжа тынънок)
"왕에게 올린 여러 대신과 관원들의 청원서 목록"

이 책에는 공식적 일과 개인적 일로 인해 왕에게 올린 청원서의 사본이 수록되어 있다. 현존하는 2책 중 하나의 표지에서 아마도 책 수의 표시로 보이는 '17'이라는 숫자와 간지 날짜가 있다(己酉, 庚戌 - 1669, 1670년). 이 책에서는 1669년 1월 18일부터 1670년 12월 12일까지 올린 청원서들을 기록해 놓았다. 다른 책은 표지가 없는데 아마도 낙장본인 듯하다. 이 책은 1706년 1월 6일부터 1708년 2월 10일까지 올린 청원서를 수록하고 있는 책이다.

필사본. 여러 필체로 작성되었다. 인찰공책지에 기록되었다. 이 책은 서기들이 작성한 등록의 원본으로 추정된다.

드미트렙스키 문고. 1907, St. P., 31cm×23cm, 본문의 크기 24cm×

18cm, 2책, 140+94장, 장 번호 없음, 1면당 12행, 한지, 먹으로 작성됨. 손상 정도: 매우 손상된 책임. 벌레가 먹음. 보수가 필요하지만 해독은 가능함.

| 235 |

C 56 (중국 문고)

"편지의 사본"

• **언어**: 한문, 만주어

순조가 중국 황제인 가경제(嘉慶帝)에게 보낸 편지의 전사본이다.

편지 1. 1813년 11월 22일에 작성되었다(嘉慶十八年十月十八日).[155] 이 편지에서 왕은 조류로 인해 한국 해변에 6명이 있는 외국 배가 표류해 왔다고 썼다.

편지2. 1813년 11월 22일에 작성되었다(嘉慶十八年十月十八日). 이 편지에서 왕은 황제가 보낸 선물에 대해 감사를 표시하고 있다.

편지3. 1813년 11월 1일에 작성되었다(嘉慶十八年十月初六日). 이 편지에서 왕은 황제 생일을 축하하고 있다.

편지4. 1814년 1월 14일에 작성되었다(嘉慶十九年正月初一日). 이 편지에서 왕은 황제에게 새해 복을 많이 받기를 바라는 내용을 썼다.

필사본. 필사 연도 및 필사 장소 기록 없음.

중국어와 만주어로 된 중국문헌 사본의 합철본에 있는 문서이다. 이 편지들은 이 자료(합철본)의 87(19)~113(45)쪽에 수록되어 있다.

---

155 【역자주】 페트로바는 음력 날짜를 양력으로 변환하여 기록한 것으로 판단된다.

| 236 |

E 1

“1897년의 시위대 예산 문서”

• **언어:** 한글, 러시아어

러시아어 제목 밑에는 한국어로 ‘시위딕건양이년돈문셔라’ “왕의 시위부대, 건양 2년 돈 문서(1897년)”라고 기록되어 있다. 비용 지출에 대한 서식이 새겨져 있는 용지에 한글과 러시아어로 기록된 문서이다.

1896~1898년에 한국 정부의 요청에 따라 러시아 장군들은 한국 군인들을 교육하였다. 러시아 교관의 첫 번째 일행은 1896년 10월 9일에 서울에 도착하였다. 두 번째 일행은 1897년 7월 17일에 도착하였다. 두 번째 그룹 교관 중에는 동시베리아 보병 사단의 대령인 니키타 드미트리예비치 쿠지민(Никита Дмитриевич Кузьмин)이 있었다. 나중에 그는 한국을 연구하였다. 이 책의 표지에는 도장이 2개 있다. 위에 있는 도장에는 ‘Н. Кузьмин’이라고 적혀 있고 아래 도장에 한글로 ‘구시민’이라 적혀 있다. 이것은 이 문서가 러시아 교관들이 서울에 머물렀을 때 작성된 것임을 증명한다.

간행된 서식용지에 작성되었다. 한글로 인쇄된 비용 지출 사항 옆에는 러시아어 번역이 필사되어 있다.

기타 입수. 39cm×33.5cm, 1책, 32장, 장 번호 없음, 두꺼운 한지, 지출 항목의 러시아어 번역은 잉크로 작성됨, 서양식 장정이 아님.

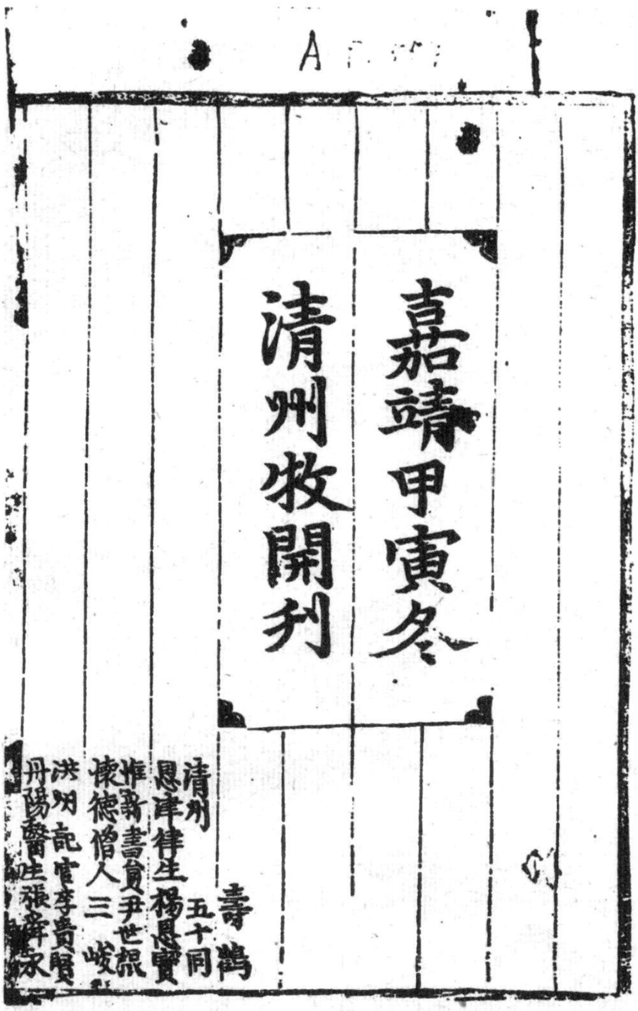

Табл. 1. «Диалоги Ли Янь-пина с его учеником Чжу Си». Колофон корейского издания 1554 г., № 177.

그림 1.『연평이선생사제자답문』. 1554년에 간행된 조선 간행본의 간기가 있는 면. 117번 해제.

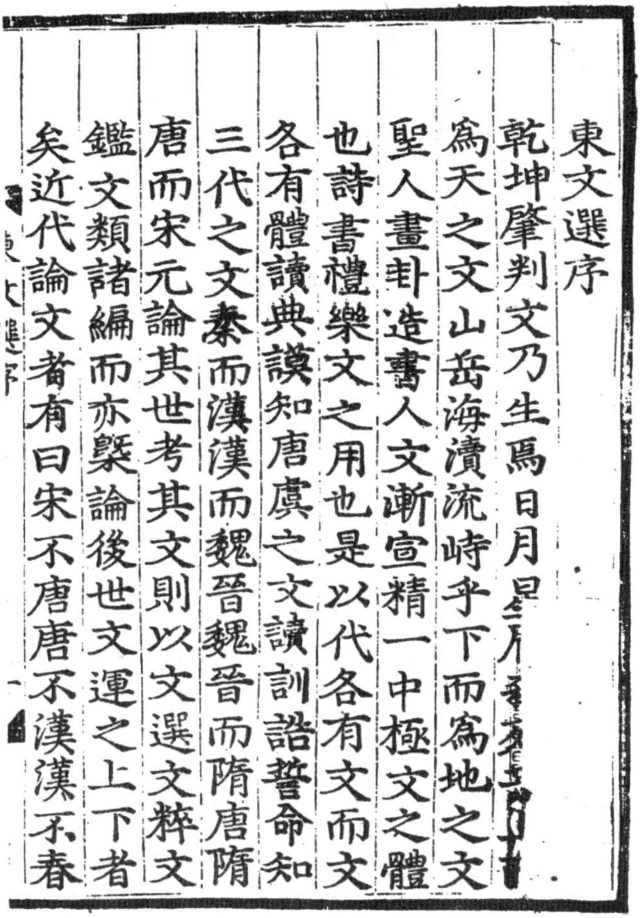
東文選序
乾坤肇判文乃生焉日月星辰森列乎上而
爲天之文山岳海瀆流峙乎下而爲地之文
聖人畫卦造書人文漸宣精一中極文之體
也詩書禮樂文之用也是以代各有文而文
各有體讀典謨知唐虞之文讀訓誥誓命知
三代之文秦而漢漢而魏晉魏晉而隋唐隋
唐而宋元論其世考其文則以文選文粹文
鑑文類諸編而亦槩論後世文運之上下者
矣近代論文者有曰宋不唐唐不漢漢不春
東文選序 一

Табл. 2. «Восточная антология». Собрание избранных произведений корейской литературы на ханмуне, т. I, л. 1 (из недатированного ксилографа), № 165.

그림 2. 『동문선』, 책 1, 첫 번째 장, 간행 연도 기록이 없는 목판본. 165번 해제.

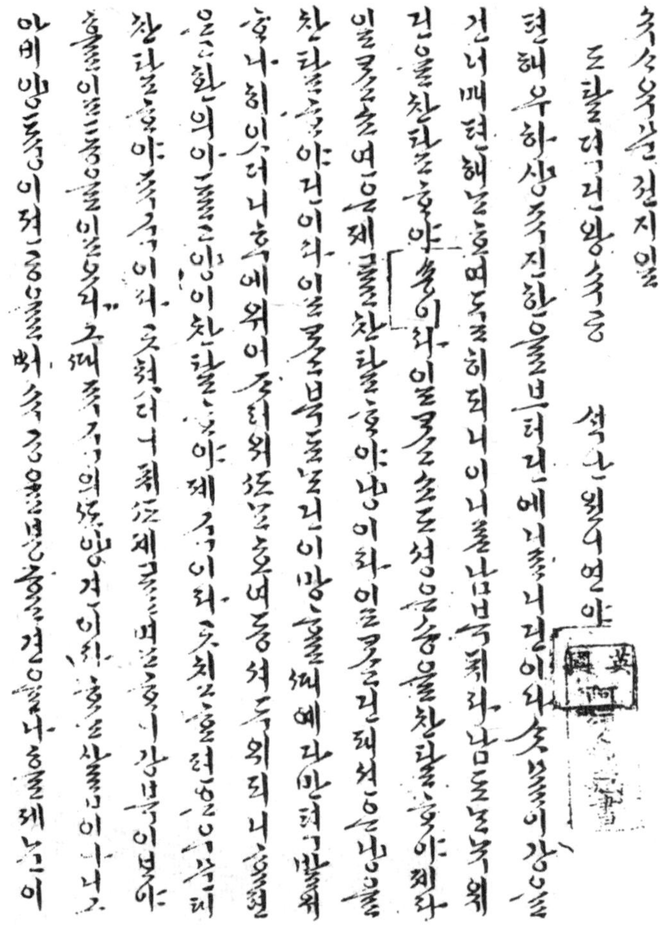

Табл. 3. «Предания из истории /династии/ Суй», т. 1, л. 1 (из недатированной рукописи), № 221.

그림 3. 『수사유문』, 책 1, 첫 번째 장, 필사 기록이 없는 필사본. 219번 해제.

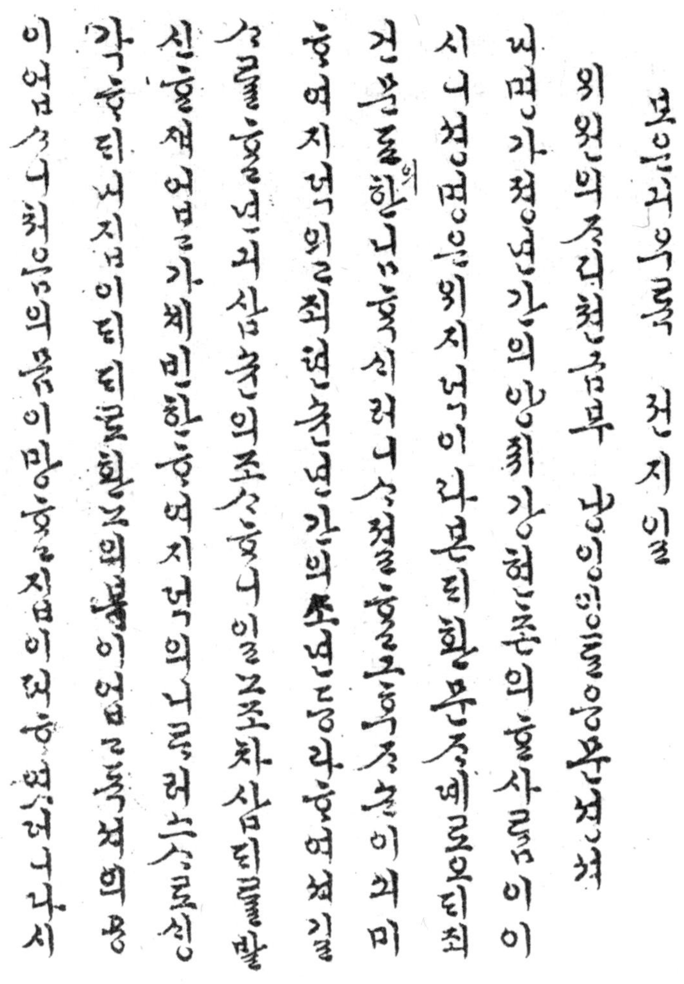

Табл. 4. «История вознагражденного благодеяния», т. I, л. 1 (из недатированной рукописи), № 222.

그림 4.『보은기우록』, 책 1, 첫 번째 장, 필사 기록이 없는 필사본. 220번 해제.

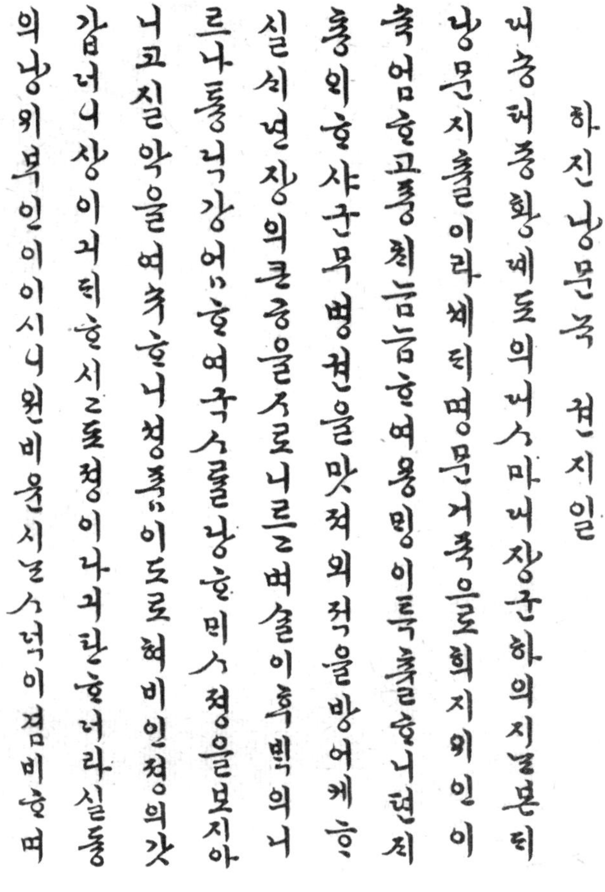

하진냥문녹 권지일
대송태종황뎨됴의대ᄉᆞ마대장군하의지ᄂᆞᆫ본ᄃᆡ
낭문지츌이라셰ᄃᆡ명문거족으로희지위인이
츅엄ᄒᆞ고총ᄎᆡ늠늠ᄒᆞ여용밍이특츌ᄒᆞ니편ᄌᆡ
총외ᄒᆞ샤군목병권을맛져외적을방어케ᄒᆞ
실셔년장의큰공을ᄌᆞ로니르ᄆᆡ슐이후ᄇᆡᆨ의나
르나ᄐᆞᆼ닉강어ᄂᆞᆫᄒᆞ여국ᄉᆞ를낭ᄒᆞ미ᄉᆞ졍을보지아
니고질악을여추ᄒᆞ니정ᄎᆞᆷ이도로혀비인정의갓
갑더니상이귀ᄃᆡᄒᆞ시ᄂᆞᆫ도졍이나귀란ᄒᆞ더라실동
의낭위부인이이시니원비운시ᄂᆞᆫᄉᆞ덕이겸비ᄒᆞ며

Табл. 5. «История двух семей Ха и Чжин», т. I, л. 1 (из недатированной рукописи: дата переписки 1811 или 1871 гг.) № 223.

그림 5. 『하진양문록』, 책 1, 첫 번째 장, 필사 기록이 없는 필사본. (1811년 또는 1871년 필사 추정)[156] 221번 해제.

156 【역자주】 이 기록은 『현씨양웅쌍린기』에 해당되는 기록으로 보인다.

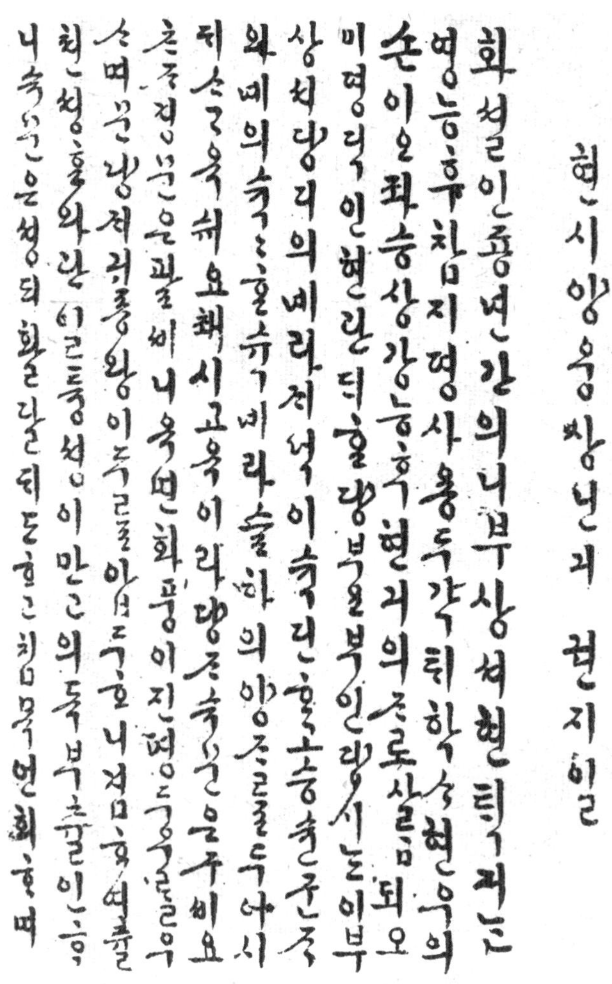

Табл. 6. «История двух доблестных сынов из рода Хён», т. I, л. 1 (из недатированной рукописи), № 224.

그림 6.『현씨양웅쌍린기』, 책 1, 첫 번째 장, 필사 기록이 없는 필사본. 222번 해제.

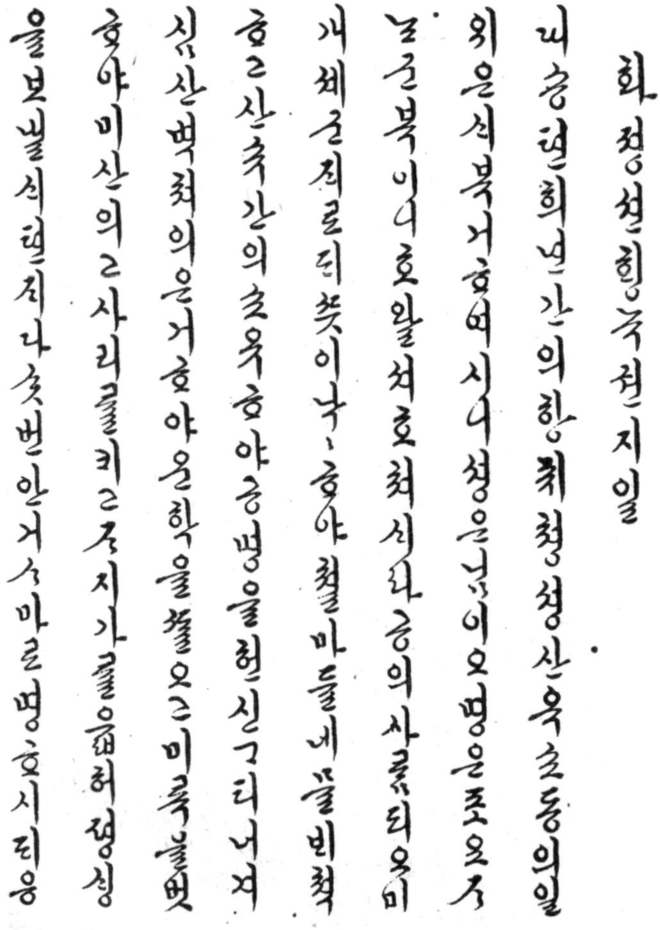

Табл. 7. «Повесть о добродетельном поведении Хоа Чонъ'а, т. I, л. 1 (из недатированной рукописи), № 225.

그림 7. 『화정선행록』, 책 1, 첫 번째 장, 필사 기록이 없는 필사본. 223번 해제.

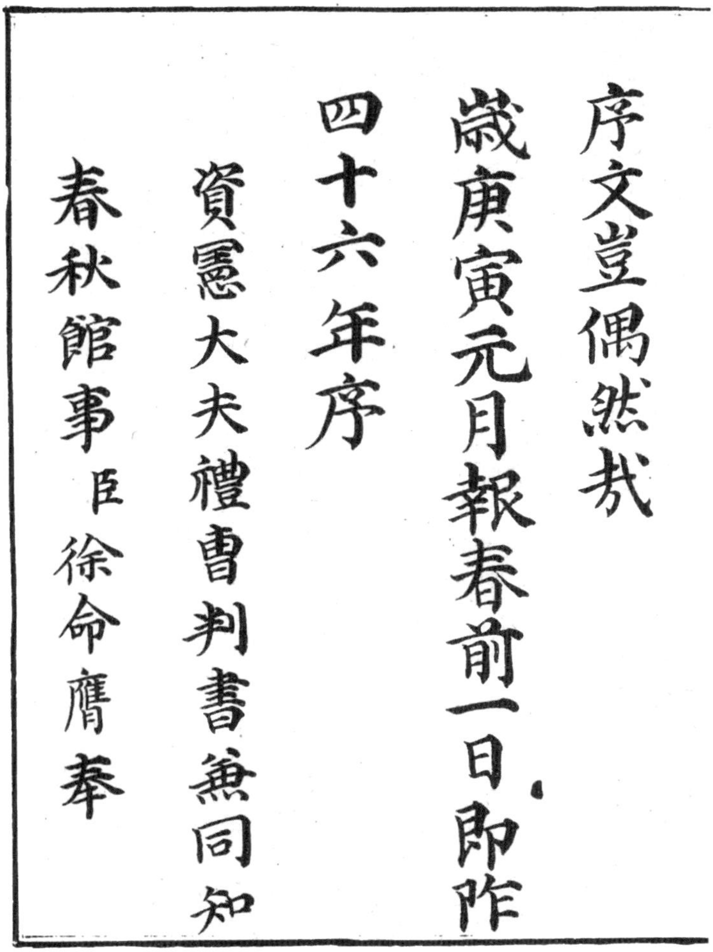

序文豈偶然哉
歲庚寅元月報春前一日即作
四十六年序
資憲大夫禮曹判書兼同知
春秋館事臣徐命膺奉

Табл. 8. «Корейская энциклопедия», т. I, л. 2. Колофон ксилографического издания 1770 г., № 229.

그림 8.『동국문헌비고』, 책 1, 두 번째 장, 1770년 서적의 간기 기록. 226번 해제.

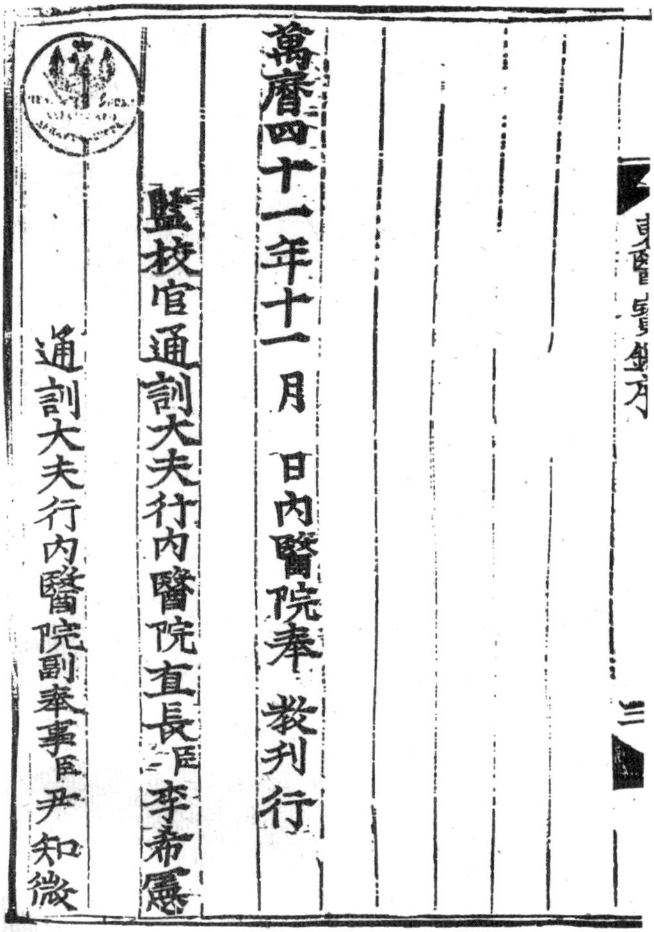

萬曆四十一年十一月 日內醫院奉 敎刊行

監校官通訓大夫行內醫院直長臣李希憲

通訓大夫行內醫院副奉事臣尹知微

Табл. 9. «Сокровищница восточной медицины» – Корейская медицинская энциклопедия. Оглавление, кн. 2, л. 67б. Колофон ксилографического издания 1613 г., № 233.

그림 9.『동의보감』. 권 2. 67번째 장. 1613년에 간행된 목판본의 간기. 230번 해제.

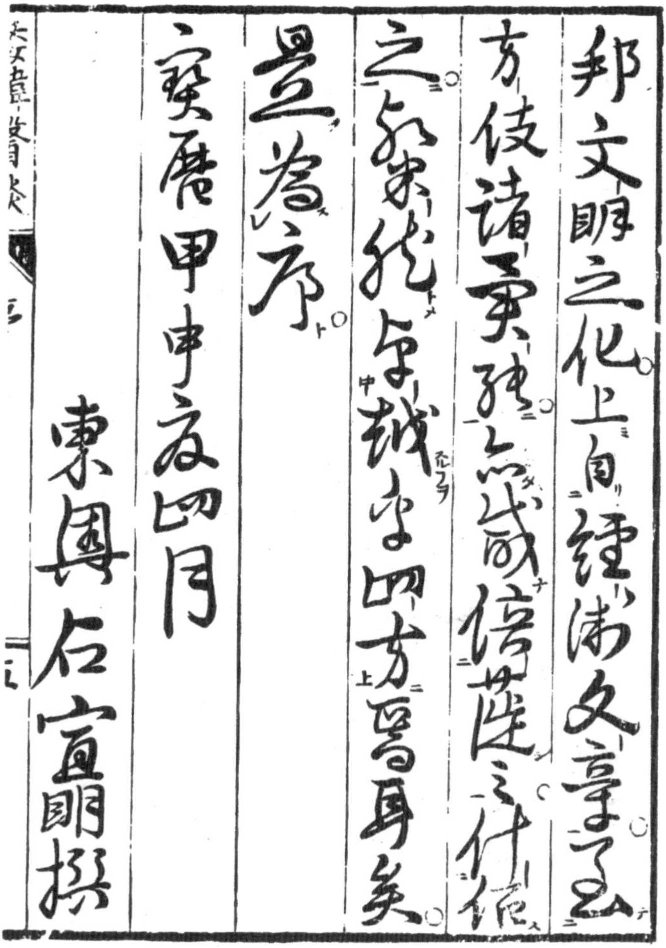

Табл. 10. «Беседы между японцем и корейцами о медицине», л. 5 (из недатированного ксилографа, дата предисловия – 1764 г.), № 236.

그림 10. 『왜한의담』. 다섯 번째 장. 간행 연도 기록이 없는 목판본. 서문은 1764년에 작성. 233번 해제.

도판 목록

• 서명 색인

• 인명 색인

저자 소개

페트로바 올가 페트로브나(Петрова Ольга Петровна)

페트로바 올가 페트로브나(1900~1993)는 러시아 이르쿠츠크에서 태어났다. 이르쿠츠크국립대학교를 졸업한 후 블라디보스토크에 있는 극동지역연구소, 극동국립대학교에서 근무하였다. 레닌그라드로 이주한 후 레닌그라드국립대학교, 해군대학교, 동방학연구소에서 근무하였다. 일본 해군 용어를 비롯하여 일본학 연구를 하였고 대학생을 위한 일본어 교재도 편찬하였다. 한국어에도 관심이 있어 한국의 언어와 문자에 관한 여러 글을 발표하였다. 동방학 연구소에 소장된 한국 고서와 일본 고서를 정리하여 해제를 작성하였다.

역주자 소개

코뱌코바 울리야나(Кобякова Ульяна Алексеевна)

러시아 사하공화국 야쿠츠크에서 태어났다. 2005년에 야쿠츠크국립대학교(Якутский государственный университет, 현 북동연방대학교 Северо-Восточный федеральный университет) 한국어과를 졸업하였다. 한국학중앙연구원 한국학대학원에서 고전문학을 전공하여 문학석·박사 학위를 받았다. 이후 캐나다 브리티시 컬럼비아 대학교(University of British Columbia)에서 박사 후 펠로십을 하였다. 현재 계명대학교 사범대학 국어교육과 조교수로 재직 중이다.